정말 알기 쉽고 바로바로 익히는

초등 영어
독학 단어장

정말 알기 쉽고 바로바로 익히는
초등 영어 독학 단어장

저 자 이민정, 장현애
발행인 고본화
발 행 반석북스
2025년 6월 05일 초판 3쇄 인쇄
2025년 6월 10일 초판 3쇄 발행
반석출판사 | www.bansok.co.kr
이메일 | bansok@bansok.co.kr
블로그 | blog.naver.com/bansokbooks

07547 서울시 강서구 양천로 583. B동 1007호
(서울시 강서구 염창동 240-21번지 우림블루나인 비즈니스센터 B동 1007호)
대표전화 02) 2093-3399   **팩 스** 02) 2093-3393
출 판 부 02) 2093-3395   **영업부** 02) 2093-3396
등록번호 제315-2008-000033호

Copyright ⓒ 이민정, 장현애

ISBN 978-89-7172-952-6 (63740)

- 교재 관련 문의 : bansok@bansok.co.kr을 이용해 주시기 바랍니다.
- 이 책에 게재된 내용의 일부 또는 전체를 무단으로 복제 및 발췌하는 것을 금합니다.
- 파본 및 잘못된 제품은 구입처에서 교환해 드립니다.

정말 알기 쉽고 바로바로 익히는

초등 영어
독학 단어장

머리말

　이번 책을 작업하면서 미국이라는 나라의 정보를 가능한 많이 담고자 노력했습니다.

　단순한 어학 서적 보다는 다양한 정보를 넣어 미국 생활을 보여 줄 수 있는 살아있는 느낌을 담고자 하였습니다. 언어는 단지 말만 잘하는 것이 아닌 그 안에 어떠한 정보와 지식이 담겨 있는 것이 더욱더 고급 언어를 구사하는 것이라고 생각했기 때문입니다. 그래서 미국의 지리적, 환경적, 문화적 요소들을 발췌해서 단어와 문장에 녹여내는 작업을 해보았습니다.

　이 책이 영어를 어렵게 생각하는 독자들에게 지루함과 고단함이 아닌 흥미와 관심 재미로 쉽게 다가가길 바랍니다. 그런 마음에 단어 하나하나에 정성스럽게 이미지를 그려 넣었습니다.

　사랑과 정성으로 만든 이 책이 여러분이 꿈의 지점에 도달하는 데 도움이 되길 바랍니다.

교재의 구성 및 특징은 다음과 같습니다.

1 10가지 대주제(Chapter)와 100개의 소주제(Unit)

　영어 공부를 하면서 한 번쯤은 반드시 사용할 단어들을 모아서 크게 10가지 주제로 구분하여 제시하였습니다. 대주제 안에는 관련 있는 여러 개의 소주제로 구성되어 있습니다. 소주제(Unit) 하나 당 약 20개 정도의 단어들이 수록되어 있고, 이 책 한 권을 끝낸다면 2,000개 이상의 단어를 배우게 됩니다.

2 대화를 통한 주제 이해

단어들을 상황에 맞게 잘 떠올릴 수 있도록 주제와 관련된 짧은 대화를 먼저 제시하였습니다. 눈으로 대화를 읽고, QR코드를 활용해서 대화를 들으면서 어떤 주제의 단어들을 배울지 미리 예상할 수 있습니다. 또한 각 대사를 적절한 상황에 맞게 활용할 수도 있습니다.

3 이미지를 통한 시각적 암기 효과

주요 단어마다 이미지를 제공하였습니다. 단어를 이미지와 결합시킴으로써 연상 작용을 통해 단어의 의미를 보다 더 쉽게 이해하고, 기억에 더 오래, 더 생생하게 남게 하는 효과가 있습니다.

4 시각과 청각을 활용한 입체적 학습 효과

대화부터 단어까지 원어민이 직접 읽어주는 음성 파일을 QR코드로 제공합니다. 매 Unit마다 정확한 발음을 익힐 수 있게 할 뿐만 아니라 그림을 보고, 귀로 들으면서 단어의 뜻을 머릿속으로 떠올리는 연습을 동시에 할 수 있습니다.

5 지속적 반복 학습을 통한 기억력 강화

영어를 잘 할 수 있는 유일한 방법은 꾸준한 반복 연습입니다. 본 교재는 학습 효과를 극대화하기 위해 5개 Unit이 끝날 때마다 연습문제를 제공하여 체계적이고 지속적으로 반복 학습을 할 수 있게 하였습니다.

이 책의 특징

QR코드를 활용하여 원어민 발음을 들을 수 있습니다.

대화를 통해 해당 Unit에서 배울 주제를 이해하고, 문장을 활용할 수 있습니다.

배울 단어와 그 뜻을 확인하고, 우리말 발음 기호를 참고하여 발음 연습을 할 수 있습니다.

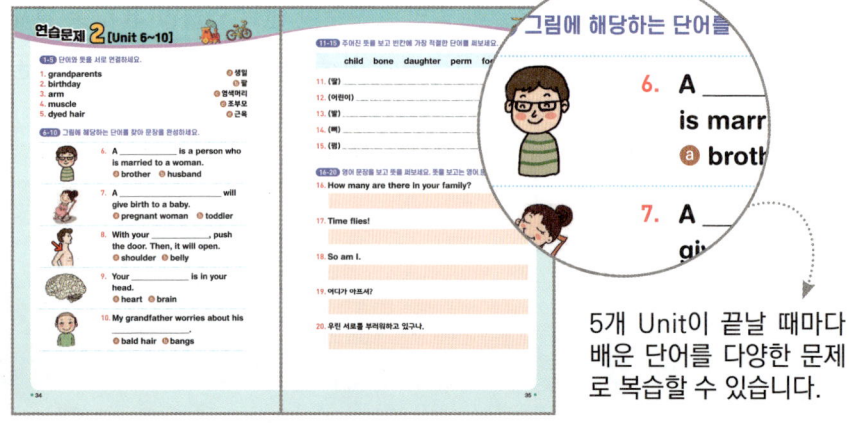

5개 Unit이 끝날 때마다 배운 단어를 다양한 문제로 복습할 수 있습니다.

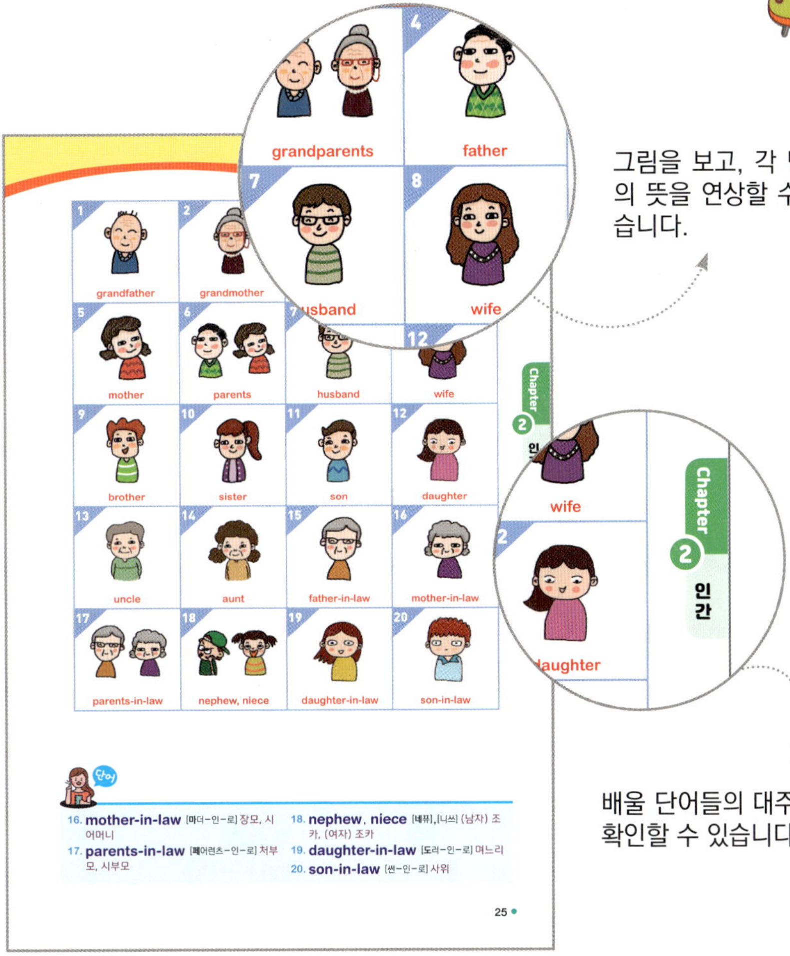

그림을 보고, 각 단어의 뜻을 연상할 수 있습니다.

1. grandfather	2. grandmother	3. grandparents	4. father
5. mother	6. parents	7. husband	8. wife
9. brother	10. sister	11. son	12. daughter
13. uncle	14. aunt	15. father-in-law	16. mother-in-law
17. parents-in-law	18. nephew, niece	19. daughter-in-law	20. son-in-law

16. **mother-in-law** [마더-인-로] 장모, 시어머니
17. **parents-in-law** [페어런츠-인-로] 처부모, 시부모
18. **nephew, niece** [네퓨], [니쓰] (남자) 조카, (여자) 조카
19. **daughter-in-law** [도러-인-로] 며느리
20. **son-in-law** [썬-인-로] 사위

배울 단어들의 대주제를 확인할 수 있습니다.

부록을 활용하여 대륙별 나라 이름, 국기, 수도를 배우고, 교육부에서 지정한 초등 필수 기본 영단어 800개를 암기할 수 있습니다.

목차

대륙별 국가, 국기, 수도 (14쪽)	Chapter 1 나라 소개 Unit 1 5대양 7대주 (24쪽)	Unit 2 국가 (26쪽)	Unit 3 미국 지리 (28쪽)	Unit 4 미국 명소 (30쪽)
Unit 5 국경일 및 축제일 (32쪽)	연습문제 1 [Unit1~5] (34쪽)	Chapter 2 인간 Unit 6 가족 (36쪽)	Unit 7 삶 (38쪽)	Unit 8 신체(외) (40쪽)
Unit 9 신체(내) (42쪽)	Unit 10 헤어 (44쪽)	연습문제 2 [Unit6~10] (46쪽)	Unit 11 피부 (48쪽)	Unit 12 성격, 기질 (50쪽)
Unit 13 행동 (52쪽)	Unit 14 직업 (54쪽)	Chapter 3 가정 Unit 15 집의 종류 (56쪽)	연습문제 3 [Unit11~15] (58쪽)	Unit 16 집의 부속물 (60쪽)
Unit 17 가구 (62쪽)	Unit 18 가정용품 (64쪽)	Unit 19 전자 제품 (66쪽)	Unit 20 주방용품 (68쪽)	연습문제 4 [Unit16~20] (70쪽)
Unit 21 욕실용품 (72쪽)	Unit 22 인테리어 (74쪽)	Unit 23 공구 (76쪽)	Chapter 4 식품 Unit 24 요리 방법 (78쪽)	Unit 25 과일 (80쪽)

연습문제 5 [Unit21~25] (82쪽)	Unit 26 채소 (84쪽)	Unit 27 육류 (86쪽)	Unit 28 수산물 (88쪽)	Unit 29 곡물 (90쪽)
Unit 30 유제품 (92쪽)	연습문제 6 [Unit26~30] (94쪽)	Unit 31 냉동식품 외 (96쪽)	Unit 32 빵 (98쪽)	Unit 33 소스, 양념, 통 (100쪽)
Unit 34 세계 요리 및 간식 (102쪽)	Unit 35 한국 요리 (104쪽)	연습문제 7 [Unit31~35] (106쪽)	Unit 36 한국 간식 및 밑반찬 (108쪽)	Chapter 5 의류 및 액세서리 Unit 37 의복 (110쪽)
Unit 38 가방 및 소품 (112쪽)	Unit 39 모자 (114쪽)	Unit 40 신발 (116쪽)	연습문제 8 [Unit36~40] (118쪽)	Chapter 6 생활 Unit 41 시간 (120쪽)
Unit 42 요일과 달 (122쪽)	Unit 43 취미 (124쪽)	Unit 44 종교 (126쪽)	Unit 45 여가 활동 (128쪽)	연습문제 9 [Unit41~45] (130쪽)
Unit 46 행사용품 (132쪽)	Unit 47 스포츠 (134쪽)	Unit 48 야외 활동 (136쪽)	Unit 49 야외용품 (138쪽)	Unit 50 영화 (140쪽)

목차

연습문제 10 [Unit46~50] (142쪽)	Unit 51 음악 (144쪽)	Unit 52 악기 (146쪽)	Unit 53 미술 (148쪽)	Unit 54 색상 (150쪽)
Unit 55 수학 (152쪽)	연습문제 11 [Unit51~55] (154쪽)	Unit 56 선과 도형 (156쪽)	Unit 57 자판 기호 (158쪽)	Unit 58 이모티콘 (160쪽)
Unit 59 학용품 (162쪽)	Unit 60 인터넷 (164쪽)	연습문제 12 [Unit56~60] (166쪽)	Unit 61 학교 (168쪽)	Unit 62 교과목 (170쪽)
Chapter 7 자연 Unit 63 나무 (172쪽)	Unit 64 꽃 (174쪽)	Unit 65 풀 (176쪽)	연습문제 13 [Unit61~65] (178쪽)	Unit 66 동물 (180쪽)
Unit 67 곤충, 벌레 (182쪽)	Unit 68 조류 (184쪽)	Unit 69 해양 동물 (186쪽)	Unit 70 날씨 (188쪽)	연습문제 14 [Unit66~70] (190쪽)
Unit 71 환경 (192쪽)	Unit 72 지리 (194쪽)	Unit 73 천문학 (196쪽)	Chapter 8 여행과 교통 Unit 74 공항 (198쪽)	Unit 75 비행기 (200쪽)

연습문제 15 [Unit71~75] (202쪽)	Unit 76 교통수단 (204쪽)	Unit 77 자동차 (206쪽)	Unit 78 버스 (208쪽)	Unit 79 기차 (210쪽)
Unit 80 배 (212쪽)	연습문제 16 [Unit76~80] (214쪽)	Unit 81 교통안전 (216쪽)	Unit 82 관광 (218쪽)	Unit 83 호텔 (220쪽)
Unit 84 레스토랑 (222쪽)	Unit 85 레스토랑 음식 (224쪽)	연습문제 17 [Unit81~85] (226쪽)	Unit 86 쇼핑 (228쪽)	Unit 87 화장품 (230쪽)
Unit 88 상점 (232쪽)	Unit 89 도서관 (234쪽)	Unit 90 우체국 (236쪽)	연습문제 18 [Unit86~90] (238쪽)	Unit 91 방향과 위치 (240쪽)
Chapter 9 위급 상황 Unit 92 응급 상황 (242쪽)	Unit 93 생리 현상 (244쪽)	Unit 94 병명 (246쪽)	Unit 95 의약품 (248쪽)	연습문제 19 [Unit91~95] (250쪽)
Chapter 10 기타 Unit 96 탄생석, 탄생화 (252쪽)	Unit 97 그리스 신화의 주신, 별자리 (254쪽)	Unit 98 의성어, 의태어 (256쪽)	Unit 99 약어 (258쪽)	Unit 100 세상에서 가장 아름다운 단어 (260쪽)

목차

| 연습문제 20 [Unit96~100] (262쪽) | 교육부 지정 초등 기본 영단어 800 (266쪽) | 연습문제 정답 및 해석 (307쪽) | 컴팩트 단어장 (318쪽) | |

대륙별
국가, 국기, 수도

아시아

국가	국기	수도
대한민국		서울
일본		도쿄
중국		베이징
몽골		울란바토르
대만		타이베이
필리핀		마닐라
베트남		하노이
태국		방콕
미얀마		네피도
라오스		비엔티안
캄보디아		프놈펜
말레이시아		쿠알라룸푸르
싱가포르		싱가포르
인도네시아		자카르타
동티모르		딜리
브루나이		반다르스리브가완
인도		뉴델리
방글라데시		다카
네팔		카트만두
부탄		팀푸
파키스탄		이슬라마바드

국가	수도
아프가니스탄	카불
스리랑카	콜롬보(행정), 스리자야와르데네푸라코테(정치)
몰디브	말레
카자흐스탄	누르술탄
키르기스스탄	비슈케크
타지키스탄	두샨베
투르크메니스탄	아슈하바트
우즈베키스탄	타슈켄트
이란	테헤란
이라크	바그다드
바레인	마나마
시리아	다마스커스
이스라엘	예루살렘
요르단	암만
오만	무스카트
쿠웨이트	쿠웨이트
레바논	베이루트
카타르	도하
사우디아라비아	리야드
아랍에미리트	아부다비
예멘	사나

국가	수도
라트비아	리가
리투아니아	빌뉴스
폴란드	바르샤바
체코	프라하
오스트리아	빈
리히텐슈타인	파두츠
헝가리	부다페스트
슬로베니아	류블랴나
크로아티아	자그레브
모나코	모나코
슬로바키아	브라티슬라바
루마니아	부쿠레슈티
불가리아	소피아
세르비아	베오그라드
몰타	발레타
알바니아	티라나
보스니아 헤르체고비나	사라예보
북마케도니아	스코페
몬테네그로	포드고리차
몰도바	키시네프
조지아	트빌리시
아르메니아	예레반

국가	국기	수도
아제르바이잔		바쿠
튀르키예		앙카라
산마리노		산마리노
안도라		안도라라베야
사이프러스		니코시아
바티칸(교황청)		바티칸시티
코소보		프리슈티나

아프리카

국가	국기	수도
알제리		알제
앙골라		루안다
베냉		포르토노보
보츠와나		가보로네
부르키나파소		와가두구
브룬디		기테가
카보 베르데		프라이아
카메룬		야운데
중앙아프리카공화국		방기
차드		은자메나

| 짐바브웨 |  | 하라레 |

파푸아뉴기니		포트모르즈비
사모아		아피아
솔로몬제도		호니아라

오세아니아

국가	국기	수도
오스트레일리아		캔버라
통가		누쿠알로파
뉴질랜드		웰링턴
투발루		푸나푸티
피지		수바
바누아투		빌라
키리바시		타라와
마셜제도		마주로
미크로네시아		팔리키르
나우루		야렌
팔라우		멜레케오크

국가	수도
그레나다	세인트조지스
과테말라	과테말라시티
가이아나	조지타운
아이티	포르토 프랭스
온두라스	테구시갈파
자메이카	킹스턴
니카라과	마나과
파나마	파나마시티
파라과이	아순시온
수리남	파라마리보
세인트키츠 네비스	바스테르
세인트루시아	캐스트리스
세인트빈센트그레나딘	킹스타운
트리니다드 토바고	포트오브스페인
앤티가 바부다	세인트존스

  # 5대양 7대주

🅐 3대양에는 무엇이 들어가니?
🅑 태평양, 인도양, 대서양이 그것에 속해.

🅐 아, 그렇구나.

What belongs to the three oceans?
The Pacific Ocean, the Indian Ocean and the Atlantic Ocean belong to them.

Oh, I see.

1. **Pacific Ocean** [퍼시픽 오션] 태평양
2. **North America** [놀쓰 어메리카] 북미
3. **South America** [싸우쓰 어메리카] 남미
4. **Atlantic Ocean** [애틀랜틱 오션] 대서양
5. **Europe** [유럽] 유럽
6. **Africa** [애프리카] 아프리카
7. **Indian Ocean** [인디언 오션] 인도양
8. **Asia** [에이지아] 아시아
9. **Oceania** [오시아니아] 오세아니아
10. **South Pole(=Antarctica)** [싸우쓰 폴(=앤타크티카)] 남극
11. **the Antarctic Ocean** [디 앤탈ㅋ틱 오션] 남극해
12. **the Arctic Ocean** [디 알ㅋ틱 오션] 북극해

세계지도

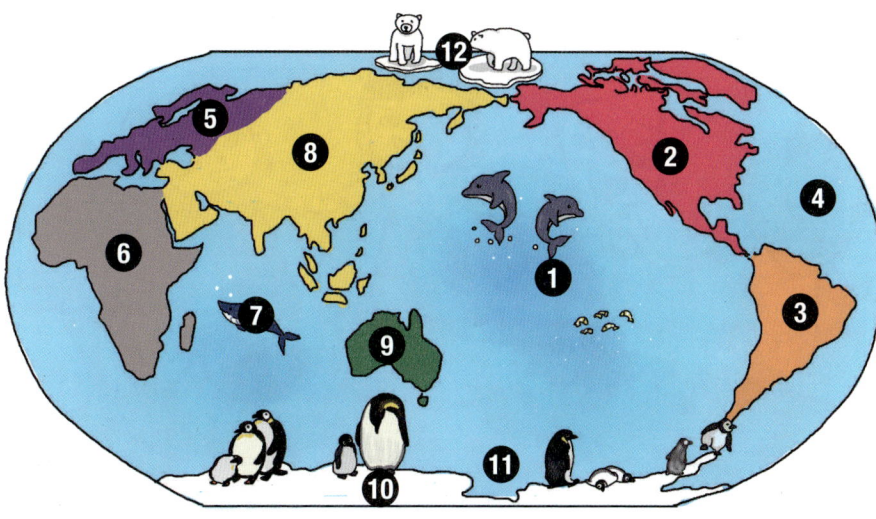

Chapter 1 나라 소개

5대양:
태평양, 대서양, 인도양, 북극해, 남극해

7대주:
북미, 남미, 유럽, 아프리카, 아시아, 오세아니아, 남극 대륙

Unit 2  국가

A 당신은 어느 나라 사람인가요?
B 저는 영국 사람이에요. 영국에 가 본 적 있나요?
A 네, 가 본 적 있어요.
B 영국은 어땠나요?
A 너무 좋았어요.

Where are you from?
I'm English. Have you ever been to England?
Yes, I have.
What was England like?
I loved it very much.

1. **Korea** [코리아] 한국
2. **China** [차이나] 중국
3. **Japan** [저팬] 일본
4. **U.S.A.(United States of America)** [유에쓰에이(유나이티드 스테이츠 어브 아메리카)] 미국
5. **Canada** [캐너더] 캐나다
6. **Mexico** [멕시코] 멕시코
7. **Brazil** [브라질] 브라질
8. **Thailand** [타일랜드] 태국
9. **Philippines** [필리핀즈] 필리핀
10. **France** [프랜스] 프랑스
11. **England** [잉글랜드] 영국
12. **Switzerland** [스윗쩔랜드] 스위스

1 Korea	2 China	3 Japan	4 U.S.A.(United States of America)
5 Canada	6 Mexico	7 Brazil	8 Thailand
9 Philippines	10 France	11 England	12 Switzerland
13 Italy	14 Germany	15 Hungary	16 Singapore
17 Indonesia	18 Nigeria	19 Sudan	20 India

Chapter 1 나라 소개

 단어

- 13. **Italy** [이틀리] 이탈리아
- 14. **Germany** [절머니] 독일
- 15. **Hungary** [헝가리] 헝가리
- 16. **Singapore** [싱거포어] 싱가포르
- 17. **Indonesia** [인도니지아] 인도네시아
- 18. **Nigeria** [나이지리아] 나이지리아
- 19. **Sudan** [수단] 수단
- 20. **India** [인디아] 인도

Unit 3 미국 지리

🅐 안녕하세요. 당신은 어디에서 왔나요? Hi. Where are you from?
🅑 저는 캘리포니아에서 왔어요. I'm from California.
🅐 미국에는 몇 개의 주가 있나요? How many states are there in the U. S.?
🅑 모두 50개의 주가 있어요. There are 50 states in total.

단어

1. **Alabama** [앨라배마] 앨라배마
2. **Alaska** [얼래스커] 알래스카
3. **Arizona** [애러조우나] 애리조나
4. **Arkansas** [알컨쏘우] 아칸소
5. **California** [캘러포:니아] 캘리포니아
6. **Colorado** [콜로라도] 콜로라도
7. **Connecticut** [커네티컷] 코네티컷
8. **Delaware** [델라웨어] 델라웨어
9. **Florida** [플로리다] 플로리다
10. **Georgia** [조지아] 조지아
11. **Hawaii** [하와이] 하와이
12. **Idaho** [아이다호우] 아이다호
13. **Illinois** [일리노이] 일리노이
14. **Indiana** [인디애나] 인디애나
15. **Iowa** [아이오와] 아이오와
16. **Kansas** [캔저스] 캔자스
17. **Kentucky** [켄터키] 켄터키
18. **Louisiana** [루이지애너] 루이지애나
19. **Maine** [메인] 메인
20. **Maryland** [메럴랜드] 메릴랜드

미국 지도

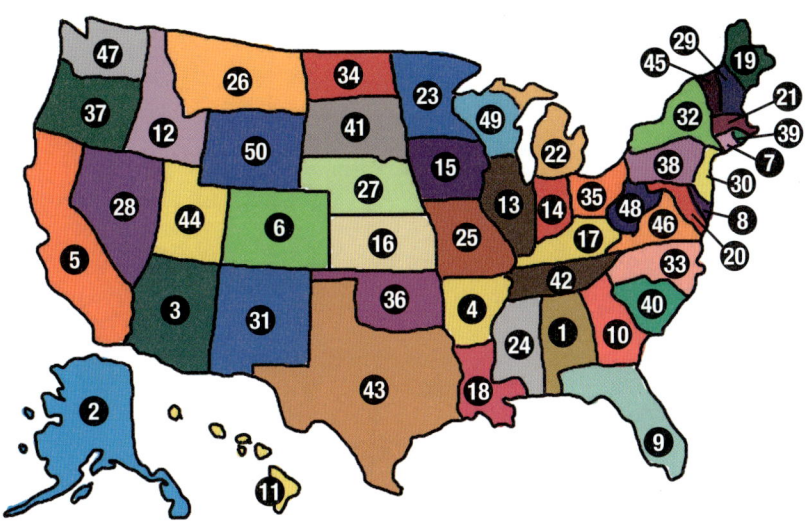

21. **Massachusetts** [매서추세츠] 매사추세츠
22. **Michigan** [미시건] 미시간
23. **Minnesota** [미너쏘우타] 미네소타
24. **Mississippi** [미서씨피] 미시시피
25. **Missouri** [미쥬리] 미주리
26. **Montana** [만태너] 몬태나
27. **Nebraska** [너브래스카] 네브래스카
28. **Nevada** [네바다] 네바다
29. **New Hampshire** [뉴 햄프셔] 뉴햄프셔
30. **New Jersey** [뉴 저지] 뉴저지
31. **New Mexico** [뉴 멕시코] 뉴멕시코
32. **New York** [뉴욕] 뉴욕
33. **North Carolina** [노스 캐럴라이나] 노스캐롤라이나
34. **North Dakota** [노스 다커타] 노스다코타
35. **Ohio** [오하이오] 오하이오
36. **Oklahoma** [오클라호마] 오클라호마
37. **Oregon** [오레건] 오리건
38. **Pennsylvania** [펜실베이니아] 펜실베이니아
39. **Rhode Island** [로드 아일랜드] 로드아일랜드
40. **South Carolina** [싸우스 캐럴라이나] 사우스캐롤라이나
41. **South Dakota** [싸우스 다커타] 사우스다코타
42. **Tennessee** [테네시] 테네시
43. **Texas** [텍사스] 텍사스
44. **Utah** [유타] 유타
45. **Vermont** [벌만트] 버몬트
46. **Virginia** [벌지니아] 버지니아
47. **Washington** [워싱턴] 워싱턴
48. **West Virginia** [웨스트 벌지니아] 웨스트버지니아
49. **Wisconsin** [위스칸신] 위스콘신
50. **Wyoming** [와이오우밍] 와이오밍

Unit 4 미국 명소

🅐 미국에 가본 적이 있니?
🅑 응, 작년 여름에 다녀왔어.
🅐 어디 갔었어?
🅑 뉴욕의 타임스퀘어를 방문했어.

Have you ever been to the U. S.?
Yes, I've been there last summer.
Where did you visit?
I visited Times Square in New York.

단어

1. **Times Square** [타임즈 스퀘어] 타임 스퀘어
2. **Statue of Liberty** [스태츄 옵 리벌티] 자유의 여신상
3. **Empire State Building** [엠파이어 스테이트 빌딩] 엠파이어 스테이트 빌딩
4. **Lombard Street** [롬바드 스트릿] 롬바드가
5. **Rockefeller Center** [락펠러 세너] 록펠러센터
6. **Fisherman's Wharf** [피셔먼즈 워프] 피셔맨스워프
7. **Central Park** [센트럴 팍] 센트럴 파크
8. **Hollywood Walk of Fame** [헐리웃 워크 오브 페임] 할리우드 명예의 거리
9. **Union Station** [유니언 스테이션] 유니온 스테이션
10. **The Strip in Las Vegas** [더 스트립 인 라스 베이거스] 라스베이거스 스트립
11. **Grand Central Strip** [그랜 센트럴 스트립] 그랜드 센트럴 스트립
12. **Walt Disney World**(=Disneyland) [월트 디즈니 월드] 월트 디즈니 월드

1 Times Square	2 Statue of Liberty	3 Empire State Building	4 Lombard Street
5 Rockefeller Center	6 Fisherman's Wharf	7 Central Park	8 Hollywood Walk of Fame
9 Union Station	10 The Strip in Las Vegas	11 Grand Central Strip	12 Walt Disney World(=Disneyland)
13 Golden Gate Bridge	14 Faneuil Hall	15 Balboa Park	16 Ghirardeli Square
17 La Jolla Beach	18 Grand Canyon	19 Saranac Lakes	20 Manhattan Beach

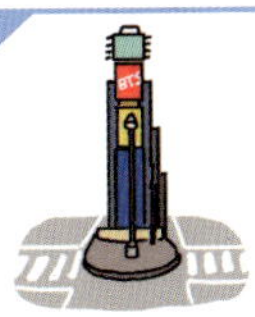

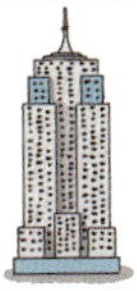

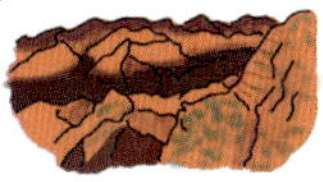

Chapter 1 나라 소개

13. **Golden Gate Bridge** [골든 게이트 브릿지] 금문교
14. **Faneuil Hall** [패뉴일 홀] 퍼네일 홀
15. **Balboa Park** [발보아 팍] 발보아 공원
16. **Ghirardeli Square** [기라델리 스퀘어] 기라델리 광장
17. **La Jolla Beach** [라 호야 비치] 라호야 비치
18. **Grand Canyon** [그랜 캐년] 그랜드 캐니언
19. **Saranac Lakes** [쌔러낵 레이크스] 사라낙 호수
20. **Manhattan Beach** [맨해튼 비치] 맨허튼 해변

Unit 5 국경일 및 축제일

A 내일은 발렌타인 데이네.
B 나는 반 친구들에게 초콜릿을 주려고 해.
A 너는 정말 착하구나.

Tomorrow is (St.) Valentine's Day.
I want to give chocolate to my classmates.
You're quite nice.

단어

1. **New Year's Day** [뉴 이얼즈 데이] 새해 (1월 1일)
2. **Martin Luther King Jr. Day** [마틴 루터 킹 주니어 데이] 킹 목사 탄생일(1월 셋째 월요일)
3. **(St.) Valentine's Day** [(쎄인) 밸런타인즈 데이] 발렌타인 데이(2월 14일)
4. **President's Day** [프레지던츠 데이] 프레지던트 데이(2월 셋째 월요일)
5. **Washington's Birthday** [워싱턴즈 벌쓰데이] 조지워싱턴 기념일
6. **April Fools' Day** [에이프럴 풀즈 데이] 만우절(4월 1일)
7. **Easter** [이스터] 부활절(춘분 후 첫 보름 다음 일요일)
8. **Earth Day** [얼쓰 데이] 지구의 날(4월 22일)
9. **Mother's Day** [머덜즈 데이] 어머니 날(5월 둘째 일요일)
10. **Memorial Day** [메모리얼 데이] 현충일(5월 마지막 월요일)
11. **Father's Day** [파덜즈 데이] 아버지의 날(6월 셋째 일요일)

1 New Year's Day	**2** Martin Luther King Jr. Day	**3** (St.) Valentine's Day	**4** President's Day
5 Washington's Birthday	**6** April Fools' Day	**7** Easter	**8** Earth Day
9 Mother's Day	**10** Memorial Day	**11** Father's Day	**12** Independence Day (=the Fourth of July)
13 Labor Day	**14** Columbus Day	**15** Halloween	**16** Veteran's Day
17 Thanksgiving Day	**18** Black Friday	**19** Cyber Monday	**20** Christmas

Chapter **1** 나라 소개

12. **Independence Day(=the Fourth of July)** [인디펜던스 데이] 독립기념일(7월 4일)
13. **Labor Day** [레이버 데이] 근로자의 날(9월 첫째 월요일)
14. **Columbus Day** [컬럼버스 데이] 콜럼버스의 날(10월 둘째 월요일)
15. **Halloween** [핼로윈] 할로윈 데이(10월 31일)
16. **Veteran's Day** [베러랜즈 데이] 재향군인의 날(11월 11일)
17. **Thanksgiving Day** [땡스기빙 데이] 추수감사절(11월 넷째 목요일)
18. **Black Friday** [블랙 프라이데이] 블랙프라이데이(11월 넷째 금요일)
19. **Cyber Monday** [싸이버 먼데이] 사이버먼데이(추수감사절 다음 월요일)
20. **Christmas** [크리스마스] 크리스마스(12월 25일)

연습문제 1 [Unit 1~5]

1-5 단어와 뜻을 서로 연결하세요.

1. California
2. Statue of Liberty
3. Thanksgiving Day
4. Pacific Ocean
5. Switzerland

ⓐ 스위스
ⓑ 캘리포니아
ⓒ 태평양
ⓓ 자유의 여신상
ⓔ 추수감사절

6-10 그림에 해당하는 단어를 찾아 문장을 완성하세요.

6. _____ is the largest state in the U.S.
   ⓐ Alaska   ⓑ New York

7. Many people are resting in the _____ on weekends.
   ⓐ Golden Gate Bridge
   ⓑ Central Park

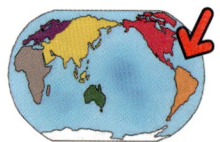

8. Adults give chocolates and candies to children at _____.
   ⓐ Labor Day   ⓑ Halloween

9. America and Europe are divided by the _____.
   ⓐ Atlantic Ocean   ⓑ Indian Ocean

10. _____ is located in the northern part of America.
    ⓐ Japan   ⓑ Canada

11-15 주어진 뜻을 보고 빈칸에 가장 적절한 단어를 써보세요.

> Thailand   Hawaii   Easter
> Golden Gate Bridge   South Pole

11. (하와이) ....
12. (금문교) ....
13. (부활절) ....
14. (남극) ....
15. (태국) ....

16-20 영어 문장을 보고 뜻을 써보세요. 뜻을 보고는 영어 문장을 써보세요.

16. How many states are there in the U.S.?

17. Yes, I've been there last summer.

18. You're quite nice.

19. 3대양에는 무엇이 들어가니?

20. (나는 그곳이) 너무 좋았어요.

Unit 6  가족

🅐 가족이 몇 명이에요?　How many are there in your family?
🅑 4명이에요.　There are four.
🅐 남자 형제가 있나요?　Do you have a brother?
🅑 아니요. 여자 형제만 있어요.　No, I don't. I only have a sister.

1. **grandfather** [그랜파더] 할아버지
2. **grandmother** [그랜마더] 할머니
3. **grandparents** [그랜페어런츠] 조부모
4. **father** [파더] 아버지
5. **mother** [마더] 어머니
6. **parents** [페어런츠] 부모
7. **husband** [허즈번드] 남편
8. **wife** [와이프] 아내
9. **brother** [브라더] 형제, 형, 오빠, 아우
10. **sister** [씨스터] 자매, 언니, 누나, 여동생
11. **son** [썬] 아들, 자식
12. **daughter** [도러] 딸
13. **uncle** [엉클] 아저씨
14. **aunt** [애엔트] 아주머니
15. **father-in-law** [파더-인-로] 장인, 시아버지

1 grandfather	2 grandmother	3 grandparents	4 father
5 mother	6 parents	7 husband	8 wife
9 brother	10 sister	11 son	12 daughter
13 uncle	14 aunt	15 father-in-law	16 mother-in-law
17 parents-in-law	18 nephew, niece	19 daughter-in-law	20 son-in-law

16. **mother-in-law** [마더-인-로] 장모, 시어머니
17. **parents-in-law** [페어런츠-인-로] 처부모, 시부모
18. **nephew**, **niece** [네퓨],[니쓰] (남자) 조카, (여자) 조카
19. **daughter-in-law** [도러-인-로] 며느리
20. **son-in-law** [썬-인-로] 사위

Unit 7  삶

A 제임스는 몇 살이니?	How old are you, James?
B 저는 12살이에요.	I'm twelve years old.
A 시간이 참 빠르네!	Time flies!
B 이제 저는 더 이상 어린애가 아니에요.	Now, I'm not a baby any more.

1. **man** [맨] 남자
2. **woman** [워먼] 여자
3. **old man** [올드 맨] 어르신
4. **old lady** [올드 레이디] 노부인
5. **middle aged person** [미들 에이쥐드 펄쓴] 중년
6. **boy** [보이] 소년
7. **girl** [걸] 소녀
8. **adolescent** [어돌레쎈트] 청소년
9. **pregnant woman** [프레그넌 워먼] 임산부
10. **birth** [벌쓰] 출생
11. **newborn baby** [뉴본 베이비] 갓난아기
12. **infant** [인펀트] 영아
13. **toddler** [타들러] 유아
14. **child** [촤일드] 어린이

1 man	2 woman	3 old man	4 old lady
5 middle aged person	6 boy	7 girl	8 adolescent
9 pregnant woman	10 birth	11 newborn baby	12 infant
13 toddler	14 child	15 birthday	16 graduation
17 dating(=going out (with))	18 marriage	19 one's sixtieth birthday	20 the age of seventy

15. **birthday** [벌쓰데이] 생일
16. **graduation** [그래쥬에이션] 졸업
17. **dating(=going out (with))** [데이팅] (=고잉 아웃 (윗)) 연애
18. **marriage** [메리쥐] 결혼
19. **one's sixtieth birthday** [원즈 씩스티쓰 벌쓰데이] 환갑
20. **the age of seventy** [디 에이쥐 옵 쎄븐티] 칠순

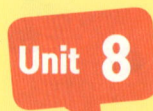  # 신체(외)

Ⓐ 안나는 눈이 너무 예쁘구나.
Ⓑ 고마워, 수진아. 너도 그래.
Ⓐ 칭찬은 정말 기분을 좋게 만드네.
Ⓑ 나도 그래.

You have such beautiful eyes, Anna.
Thanks. You too, Sujin.
I'm so happy because of your praise.
So am I.

1. **head** [헤드] 머리
2. **forehead** [폴헤드] 이마
3. **eye** [아이] 눈
4. **nose** [노우즈] 코
5. **mouth** [마우쓰] 입
6. **ear** [이어] 귀
7. **throat** [쓰로웃] 목
8. **shoulder** [쇼울더] 어깨
9. **arm** [아암] 팔
10. **hand** [핸드] 손

신체명칭(외)

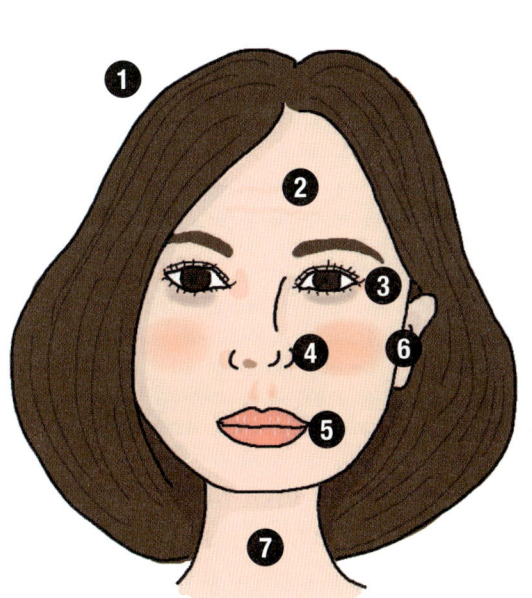

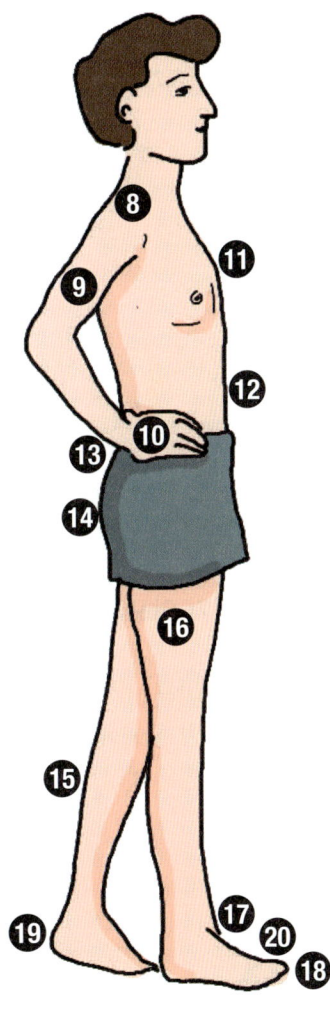

Chapter 2 인간

11. **chest** [체스트] 가슴
12. **belly(=abdomen)** [벨리(=앱도먼)] 배
13. **waist** [웨이스트] 허리
14. **buttocks** [버톡스] 엉덩이
15. **leg** [렉] 다리
16. **thigh** [싸이] 허벅지
17. **foot** [풋] 발
18. **toe** [토우] 발가락
19. **heel** [힐] 뒤꿈치
20. **top of the foot** [탑 옵 더 풋] 발등

Unit 9 신체(내)

Ⓐ 할머니가 아프셔서 병문안 가야 해.
Ⓑ 어디가 아프셔?
Ⓐ 심장이 안 좋으셔.
Ⓑ 많이 걱정되겠다.

I should visit my grandma because she is sick.
What's wrong with her?
Her heart is not good.
You must worry much about her.

1. **brain** [브레인] 뇌
2. **thyroid** [싸이로이드] 갑상선
3. **salivary gland** [쌜러베리 글랜드] 침샘
4. **heart** [헐트] 심장
5. **bronchial tubes** [브랑키얼 튜브즈] 기관지
6. **throat** [쓰롯] 식도
7. **stomach** [스토먹] 위
8. **lung** [렁] 허파(폐)
9. **liver** [리버] 간
10. **gall bladder** [걸 블래더] 쓸개
11. **small intestine** [스몰 인테스틴] 소장

신체명칭(내)

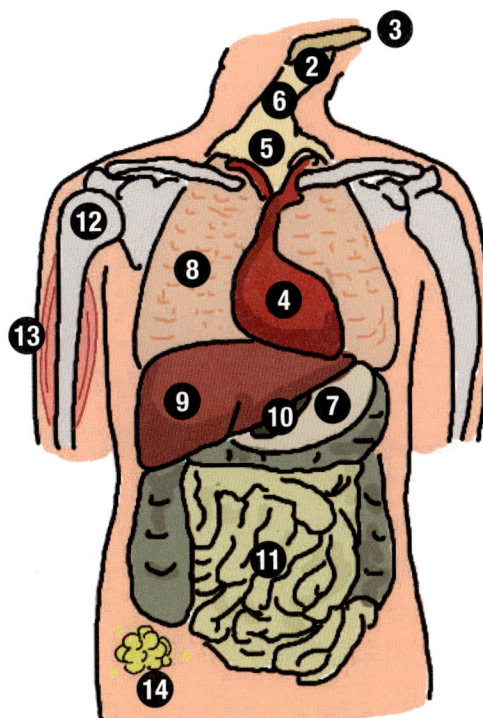
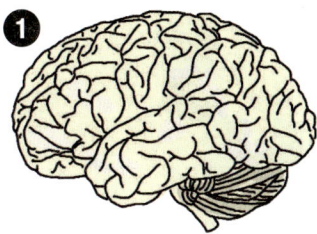
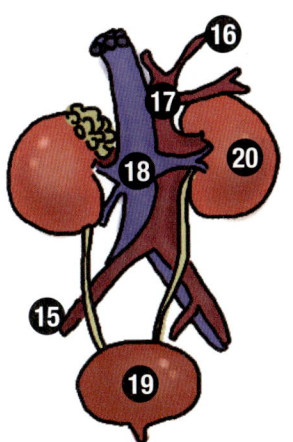

12. **bone** [본] 뼈
13. **muscle** [머쓸] 근육
14. **fat** [팻] 지방
15. **blood vessel** [블러드 베쎌] 혈관
16. **capillary** [캐필러리] 모세혈관
17. **artery** [알터리] 동맥
18. **vein** [베인] 정맥
19. **bladder** [블래더] 방광
20. **kidney** [키드니] 콩팥

Unit 10 헤어

A 안나의 금발머리는 빛이나.
B 고마워. 너의 곱슬머리는 너무 귀여워.
A 우린 서로를 부러워하고 있구나.
B 그러네.

Your blond hair shines, Anna.
Thanks. Your curly hair is so cute.
We envy each other.
Yes, we do.

1. **hair** [헤어] 머리카락
2. **hair style** [헤어 스타일] 머리모양
3. **perm** [퍼엄] 파마
4. **straight perm** [스츄레잇 퍼엄] 매직 파마
5. **cut** [컷] 커트
6. **dyed hair** [다이드 헤어] 염색머리
7. **breached hair** [브리취트 헤어] 브리치 머리
8. **bald hair** [볼드 헤어] 대머리
9. **bobbed hair** [밥드 헤어] 단발머리
10. **curly hair** [커얼리 헤어] 곱슬머리
11. **pigtail(braided hair)** [픽테일(브레이드 헤어)] 땋은 머리

1. hair	2. hair style	3. perm	4. straight perm
5. cut	6. dyed hair	7. breached hair	8. bald hair
9. bobbed hair	10. curly hair	11. pigtail(braided hair)	12. part
13. clam/plain hair	14. bangs	15. gray hair	16. hair loss
17. thin hair	18. stiff hair	19. Dandruff falls.	20. gray hair

12. **part** [파트] 가르마
13. **calm/plain hair** [캄/플레인 헤어] 차분한 머리
14. **bangs** [뱅즈] 앞머리
15. **gray hair** [그레이 헤어] 흰머리
16. **hair loss** [헤어 로쓰] 탈모
17. **thin hair** [씬 헤어] 숱이 적은 머리
18. **stiff hair** [스팀 헤어] 뻣뻣한 머리
19. **Dandruff falls.** [댄드러프 폴즈.] 비듬이 떨어지다
20. **gray hair** [그레이 헤어] 새치머리

연습문제 2 [Unit 6~10]

1-5 단어와 뜻을 서로 연결하세요.

1. grandparents   ⓐ 생일
2. birthday   ⓑ 팔
3. arm   ⓒ 염색머리
4. muscle   ⓓ 조부모
5. dyed hair   ⓔ 근육

6-10 그림에 해당하는 단어를 찾아 문장을 완성하세요.

6. A _____ is a person who is married to a woman.
ⓐ brother   ⓑ husband

7. A _____ will give birth to a baby.
ⓐ pregnant woman   ⓑ toddler

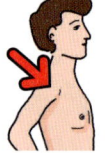
8. With your _____, push the door. Then, it will open.
ⓐ shoulder   ⓑ belly

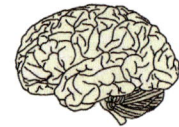
9. Your _____ is in your head.
ⓐ heart   ⓑ brain

10. My grandfather worries about his _____.
ⓐ bald hair   ⓑ bangs

11-15 주어진 뜻을 보고 빈칸에 가장 적절한 단어를 써보세요.

| child | bone | daughter | perm | foot |

11. (딸) ....
12. (어린이) ....
13. (발) ....
14. (뼈) ....
15. (펌) ....

16-20 영어 문장을 보고 뜻을 써보세요. 뜻을 보고는 영어 문장을 써보세요.

16. **How many are there in your family?**

17. **Time flies!**

18. **So am I.**

19. **어디가 아프셔?**

20. **우린 서로를 부러워하고 있구나.**

Unit 11 피부

🅐 나는 여드름이 나서 걱정이야.
🅑 잠을 일찍 자려고 해 봐. 내 여드름은 없어졌어.
🅐 좋아, 나도 일찍 자야겠다.
🅑 건강도 훨씬 좋아질 거야.

I'm worrying about my pimples.
Try to sleep early. My pimples are gone.
All right, I should also sleep early.
Your health will be much better, too.

1. **dry skin** [드라이 스킨] 건성 피부
2. **normal skin** [노멀 스킨] 중성 피부
3. **oily skin** [오일리 스킨] 지성 피부
4. **combination skin** [컴비네이션 스킨] 복합성 피부
5. **sensitive skin** [쎈써티브 스킨] 민감성 피부
6. **freckles** [프레클즈] 주근깨
7. **pimple/acne** [핌플/애크니] 여드름
8. **acne scar** [애크니 스카] 여드름 자국
9. **atopy** [애터피] 아토피
10. **dark circle** [다크 써클] 다크서클
11. **freckles** [프레클즈] 기미
12. **pimple** [핌플] 뾰루지

1 dry skin	2 normal skin	3 oily skin	4 combination skin
5 sensitive skin	6 freckles	7 pimple/acne	8 acne scar
9 atopy	10 dark circle	11 freckles	12 pimple
13 wrinkle	14 mole	15 sebum	16 T-zone
17 bare face	18 bad skin/coarse skin	19 squeeze	20 massage

Chapter 2 인간

 단어

13. **wrinkle** [륑클] 주름
14. **mole** [모울] 점
15. **sebum** [쎄범] 피지
16. **T-zone** [티-존] T존
17. **bare face** [베얼 페이스] 맨 얼굴
18. **bad skin/coarse skin** [배드 스킨/코얼스 스킨] 거친 피부
19. **squeeze** [스퀴즈] ~을 짜다
20. **massage** [머싸쥐] 마사지

Unit 12 성격, 기질

A 당신의 성격은 어떤가요? What is your personality like?
B 저는 친절해요. 당신은요? I am kind. How about you?
A 저는 내성적인 성격이에요. I'm introverted.
B 당신은 대체로 외향적인 것 같아요. Generally you look extroverted.

1. **rash** [래쉬] 성급한
2. **impatient** [임페이션트] 조급한
3. **arrogant** [애러건트] 건방진
4. **impulsive** [임펄시브] 충동적인
5. **bright(=smart)** [브라잇(=스마아트)] 총명한
6. **introverted** [인트로벌티드] 내성적인
7. **kind** [카인드] 친절한
8. **lazy** [레이지] 게으른
9. **miserly** [마이절리] 인색한
10. **modest(=humble)** [마디스트(=험블)] 겸손한
11. **capricious** [캐프리셔스] 변덕스러운
12. **sociable** [쏘셔블] 사교적인

1 rash	2 impatient	3 arrogant	4 impulsive
5 bright(=smart)	6 introverted	7 kind	8 lazy
9 miserly	10 modest(=humble)	11 capricious	12 sociable
13 patient	14 cowardly	15 rude	16 wise
17 sensitive	18 serious	19 shy	20 stupid

Chapter 2 인간

13. **patient** [페이션트] 인내심이 있는
14. **cowardly** [카워들리] 겁 많은, 비겁한
15. **rude** [루드] 무례한
16. **wise** [와이즈] 현명한
17. **sensitive** [쎈써티브] 민감한
18. **serious** [씨리어스] 진지한
19. **shy** [샤이] 수줍어하는
20. **stupid** [스튜:피드] 어리석은

Unit 13  행동

🅐 안나, 뭐하고 있니?
🅑 티비를 보고 있어.
🅐 지금 뭐 보고 있어?
🅑 동물의 세계를 다룬 다큐멘터리를 보고 있어.

Anna, what are you doing?
I'm watching TV.
What are you watching now?
I'm watching an animal documentary.

 단어

1. **agree** [어그리:] 동의하다
2. **appreciate** [어프리:시에이트] 감사하다
3. **believe** [빌리:브] 믿다
4. **consider** [컨씨더] 고려하다
5. **enjoy** [인조이] 즐기다
6. **feel** [필] 느끼다
7. **find out** [파인드 아웃] 발견하다
8. **forget** [폴겟] 잊다
9. **listen** [릿쓴] 듣다
10. **wish** [위쉬] 바라다

1 agree	2 appreciate	3 believe	4 consider
5 enjoy	6 feel	7 find out	8 forget
9 listen	10 wish	11 know	12 like
13 see	14 love	15 need	16 realize
17 ask	18 rest	19 hear	20 say, speak

Chapter 2 인간

 단어

11. **know** [노우] 알다
12. **like** [라이크] 좋아하다
13. **see** [씨:] 보다
14. **love** [러브] 사랑하다
15. **need** [니드] 필요하다
16. **realize** [뤼:얼라이즈] 깨닫다
17. **ask** [애스크] 요구하다
18. **rest** [뤠스트] 쉬다
19. **hear** [히얼] 들리다
20. **say, speak** [쎄이, 스피:크] 말하다

Unit 14  직업

🅐 너의 아버지는 무슨 일을 하시니?
🅑 은행원이셔. 너의 아버지 직업은 무엇이니?
🅐 나의 아버지는 작곡가야.
🅑 와, 대단하시구나!

What does your father do?
He is a bank clerk. What is your father's job?
My father is a songwriter.
Wow, great!

 단어

1. **accountant** [어카운턴트] 회계사
2. **fire fighter** [파이어 파이터] 소방관
3. **voice actor/actress** [보이스 액터/액트리스] 성우
4. **judge** [저쥐] 판사
5. **architect** [알키텍트] 건축가
6. **artist** [아ː티스트] 예술가
7. **baker** [베이커] 제빵사
8. **bank clerk** [뱅크 클럭] 은행원
9. **barber** [바ː버] 이발사
10. **barman** [바ː맨] 술집 주인
11. **engineer** [엔쥐니어] 엔지니어

1 accountant	2 fire fighter	3 voice actor/actress	4 judge
5 architect	6 artist	7 baker	8 bank clerk
9 barber	10 barman	11 engineer	12 care giver
13 cashier	14 car racer	15 chemist	16 civil servant
17 songwriter/composer	18 cook	19 film director	20 dancer

Chapter 2 인간

 단어

12. **care giver** [케어 기버] 간호인
13. **cashier** [캐쉬어] 계산원
14. **car racer** [카 레이서] 카레이서
15. **chemist** [케미스트] 화학자
16. **civil servant** [씨빌 써:번트] 공무원
17. **songwriter/composer** [쏭:라이터/컴포우저] 작곡가
18. **cook** [쿡] 요리사
19. **film director** [퓜 디렉터] 영화감독
20. **dancer** [댄써] 무용수

55

  # 집의 종류

A 당신은 어디에 사나요?   Where do you live?
B 저는 뉴욕에 살고 있어요.   I live in New York.
A 집은 전원주택에 사나요?   Do you live in a country house?
B 아니요. 아파트에 살고 있어요.   No, I live in an apartment.

1. **apartment** [어파:트먼트] 아파트
2. **bungalow** [벙걸로우] 방갈로
3. **caravan** [캐러밴] 이동식주택
4. **tile-roofed house** [타일 루프트 하우스] 기와집
5. **cottage** [카:티쥐] 시골의 작은 집
6. **castle** [캐쓸] 성
7. **duplex** [듀:플렉스] 두 세대용 건물
8. **flat** [플랫] 공동 주택
9. **detached house** [디태취트 하우스] 단독 주택
10. **houseboat** [하우스봇] 선상가옥

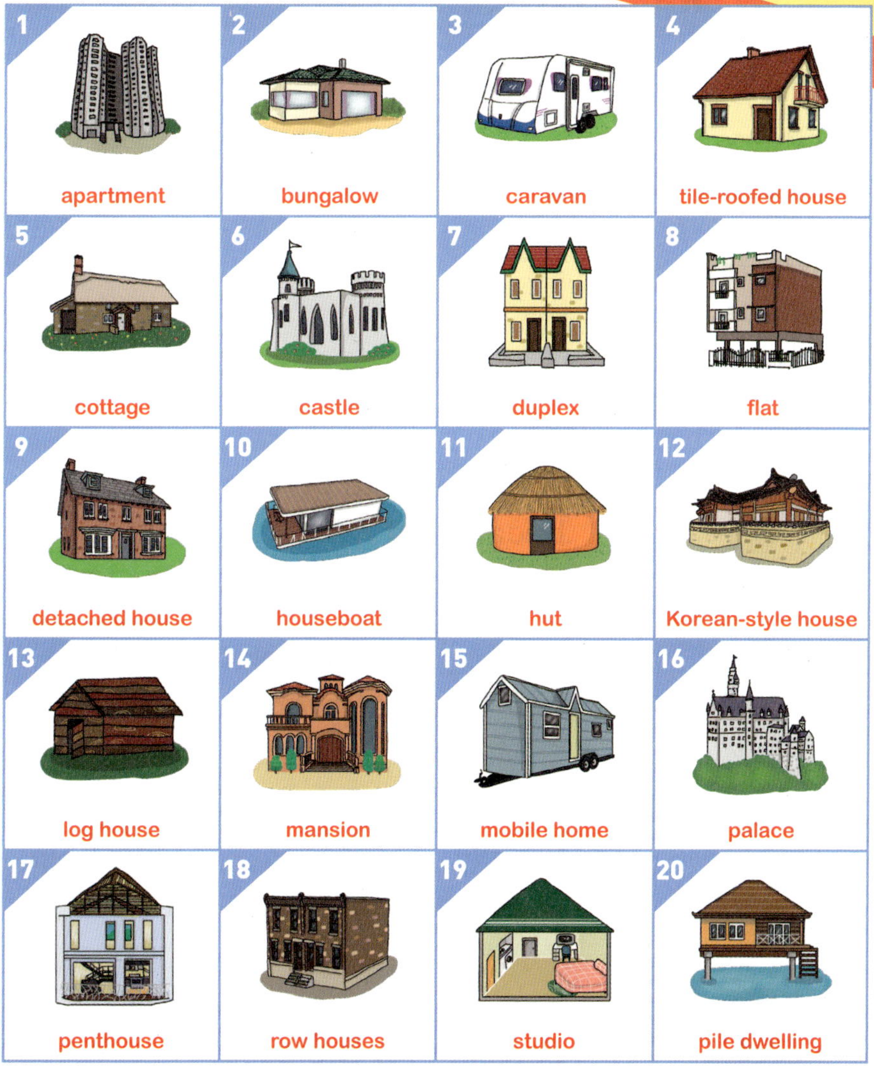

1 apartment	2 bungalow	3 caravan	4 tile-roofed house
5 cottage	6 castle	7 duplex	8 flat
9 detached house	10 houseboat	11 hut	12 Korean-style house
13 log house	14 mansion	15 mobile home	16 palace
17 penthouse	18 row houses	19 studio	20 pile dwelling

Chapter 3 가정

 단어

- 11. **hut** [헛] 오두막
- 12. **Korean-style house** [코리언-스타일 하우스] 한옥
- 13. **log house** [록 하우스] 통나무집
- 14. **mansion** [맨션] 대저택
- 15. **mobile home** [모바일 홈] 이동주택
- 16. **palace** [팰리스] 궁전, 대궐
- 17. **penthouse** [펜트하우스] 고급 옥상 주택
- 18. **row houses** [뤄우 하우지즈] 연립주택
- 19. **studio** [스튜:디오] 원룸
- 20. **pile dwelling** [파일 드웰링] 수상 가옥

연습문제 3 [Unit 11~15]

1-5 단어와 뜻을 서로 연결하세요.

1. wrinkle
2. modest(=humble)
3. enjoy
4. architect
5. palace

ⓐ 즐기다
ⓑ 건축가
ⓒ 겸손한
ⓓ 궁전, 대궐
ⓔ 주름

6-10 그림에 해당하는 단어를 찾아 문장을 완성하세요.

6. Tom needs to go see a doctor because of his _____.
   ⓐ atopy ⓑ freckles

7. _____ John watched TV until late in the afternoon.
   ⓐ Miserly ⓑ Lazy

8. I really _____ your help.
   ⓐ appreciate ⓑ find out

9. The _____ gave a fair decision for the case.
   ⓐ judge ⓑ barber

10. There still are several _____s at the center of Jeonju.
    ⓐ log house ⓑ Korean-style house

11-15 주어진 뜻을 보고 빈칸에 가장 적절한 단어를 써보세요.

bright   apartment   hear   bare face   dancer

11. (맨 얼굴) ....

12. (총명한) ....

13. (들리다) ....

14. (무용수) ....

15. (아파트) ....

16-20 영어 문장을 보고 뜻을 써보세요. 뜻을 보고는 영어 문장을 써보세요.

16. Try to sleep early. My pimples are gone.

17. What is your personality like?

18. Anna, what are you doing?

19. 너의 아버지는 무슨 일을 하시니?

20. 당신은 어디에 사나요?

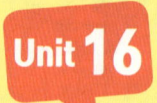  # 집의 부속물

A 엄마, 오늘 지붕을 수리해야 할 거 같아요.
B 네가 할 수 있겠니?
A 네, 간단한 일이에요.
B 그래, 그럼 다락방도 청소해 주렴.

Mom, the roof needs to be fixed today.
Can you do it?
Yes, it's a simple task.
All right, then please clean the attic, too.

1. **roof** [루프] 지붕
2. **attic** [애틱] 다락방
3. **bedroom** [베드룸] 침실
4. **landing** [랜딩] 층계참
5. **restroom** [뤠스트룸:] 화장실
6. **balcony** [밸커니] 발코니
7. **hall** [홀:] 복도
8. **kitchen** [킷췬] 부엌
9. **front door** [프론트 도어] 현관
10. **basement** [베이스먼트] 지하실
11. **sun lounge** [썬 라운쥐] 일광욕실
12. **lounge** [라운쥐] 라운지
13. **study** [스터디] 공부방, 서재
14. **storage** [스토:리쥐] 창고

집의 구조

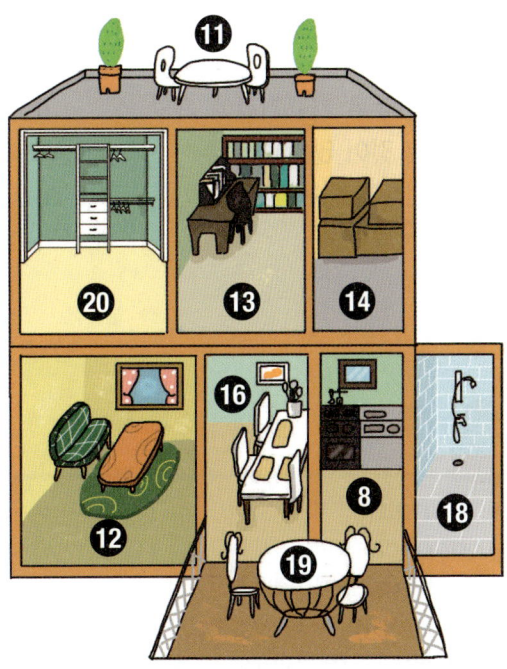

15. **living room** [리빙 룸:] 거실
16. **dining room** [다이닝 룸:] 식당
17. **utility room** [유틸리티 룸:] 다용도실
18. **shower room** [샤워 룸:] 샤워실
19. **patio** [패리오우] 파티오
20. **dress room** [드레쓰 룸:] 옷방

Unit 17 가구

A 예쁜 서랍장을 어디에 가면 살 수 있나요?
B 저는 주로 가구거리에 가요.
A 예쁜 것이 많나요?
B 상점들을 방문해 물건들을 비교할 수 있어요.

Where can I buy a pretty drawer?
I usually visit the furniture street.
Are there many pretty things?
You can visit stores and compare things.

1. **armoire** [암와-ㄹ] 장식장
2. **bookcase** [북케이스] 책장
3. **cabinet** [캐비넷] 캐비닛
4. **chiffonier** [쉬포니어] 양복장
5. **chest of drawers** [췌스트 옵 드로워즈] 서랍장
6. **closet** [클로:짓] 벽장
7. **coat stand** [콧 스탠드] 옷걸이
8. **cupboard** [커보드] 찬장
9. **display cabinet** [디스플레이 캐비넷] 진열장
10. **cradle** [크레이들] 요람

1 armoire	2 bookcase	3 cabinet	4 chiffonier
5 chest of drawers	6 closet	7 coat stand	8 cupboard
9 display cabinet	10 cradle	11 dressing table	12 drinks cabinet
13 linen chest	14 ottoman	15 bed	16 shoe rack
17 filing cabinet	18 sideboard	19 table	20 wardrobe

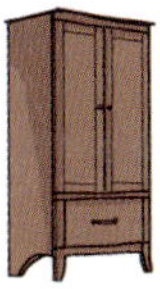

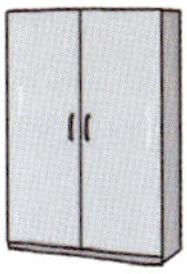

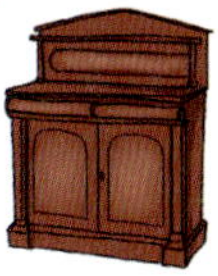

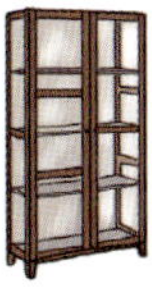

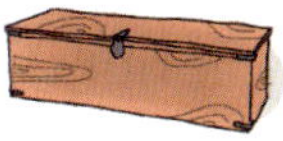

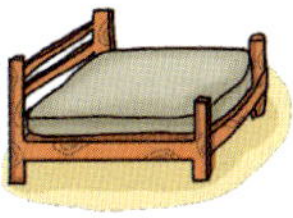

Chapter 3 가정

 단어

11. **dressing table** [드레씽 테이블] 화장대
12. **drinks cabinet** [드링크스 캐비넷] 술 진열장
13. **linen chest** [린넨 췌스트] 수납상자
14. **ottoman** [오:러만] 오토만
15. **bed** [베드] 침대
16. **shoe rack** [슈 랙] 신발장
17. **filing cabinet** [파일링 캐비넷] 문서진열장
18. **sideboard** [싸이드보드] 식기 수납장
19. **table** [테이블] 탁자
20. **wardrobe** [워:드로브] 옷장

Unit 18  가정용품

A 블라인드나 커튼 중에 무엇을 사야 할까요?
B 사람들이 보통 블라인드를 선택하더라고요.
A 저도 그러려고요.
B 오, 좋아요. 후회하지 않을 거예요.

What should I buy, a blind or a curtain?
People usually choose blinds.
I also want to.
Oh, good. You won't regret it.

1. **blanket** [블랭킷] 담요
2. **blind** [블라인드] 블라인드
3. **broom** [브룸] 빗자루
4. **clock** [클락:] 시계
5. **curtain** [컬:튼] 커튼
6. **cushion** [쿠션] 쿠션
7. **duvet** [두:베이] 이불
8. **hat stand** [햇 스탠드] 모자걸이
9. **ironing board** [아이어닝 보:드] 다림질 판
10. **lamp** [램프] 등
11. **lightbulb** [라잇 벌브] 전구
12. **mattress** [매트리스] 매트리스

1 blanket	2 blind	3 broom	4 clock
5 curtain	6 cushion	7 duvet	8 hat stand
9 ironing board	10 lamp	11 lightbulb	12 mattress
13 pillow	14 sheet	15 bin	16 detergent
17 duster	18 fire extinguisher	19 mop	20 down quilt

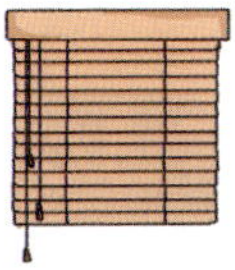

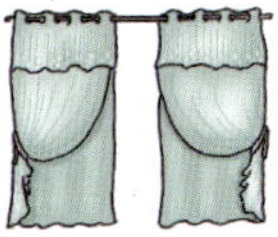

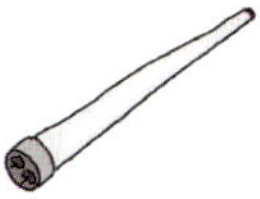

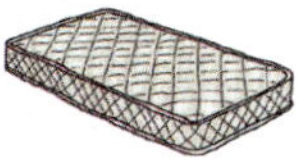

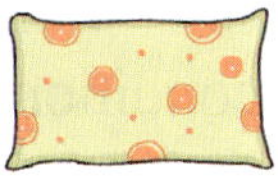

Chapter 3 가정

 단어

13. **pillow** [필로우] 베개
14. **sheet** [쉬:트] 침대 시트
15. **bin** [빈] 쓰레기통
16. **detergent** [디털전트] 세제
17. **duster** [더스터] 먼지 터는 솔
18. **fire extinguisher** [파이어 익스팅귀셔] 소화기
19. **mop** [맙] 자루걸레
20. **down quilt** [다운 퀼트] 오리털 이불

Unit 19 전자 제품

🅐 에어컨을 사야 할 것 같아.   I want to buy an air conditioner.
🅑 오늘 하나 사러 갈까요?   Today, shall we go buy one?
🅐 그럴까? 무풍 에어컨을 사볼까?   Shall we? How about a windless one?
🅑 좋아요, 구경하러 가요.   Good, let's go see it.

1. **refrigerator** [리프리저레이러] 냉장고
2. **washing machine** [워싱 머쉰] 세탁기
3. **television** [텔레비전] 텔레비전
4. **air conditioner** [에어 컨디셔너] 에어컨
5. **radio** [레이디오] 라디오
6. **remote controller** [리못 컨트롤러] 리모컨
7. **computer** [컴퓨:터] 컴퓨터
8. **vacuum cleaner** [배큠: 클리:너] 진공청소기
9. **monitor** [모:니터] 모니터
10. **speaker** [스피:커] 스피커
11. **range hood** [레인쥐 후드] 레인지후드
12. **laptop computer** [랩탑 컴퓨터] 노트북

1 refrigerator	**2** washing machine	**3** television	**4** air conditioner
5 radio	**6** remote controller	**7** computer	**8** vacuum cleaner
9 monitor	**10** speaker	**11** range hood	**12** laptop computer
13 dishwasher	**14** gas range	**15** oven	**16** drying machine
17 humidifier	**18** dehumidifier	**19** iron	**20** air purifier

Chapter **3** 가정

 단어

13. **dishwasher** [디쉬워:셔] 식기세척기
14. **gas range** [개스 레인지] 가스레인지
15. **oven** [오븐] 오븐
16. **drying machine** [드라잉 머쉰] 건조기
17. **humidifier** [휴:미디파이어] 가습기
18. **dehumidifier** [디:휴:미디파이어] 제습기
19. **iron** [아이언] 다리미
20. **air purifier** [에어 퓨리파이어] 공기청정기

Unit 20 주방용품

🅐 오늘은 주방 대청소를 해볼까?

🅑 좋아요. 냉장고 청소부터 할까요?

🅐 그래. 식탁보도 세탁을 하자.

🅑 좋아요! 시작합시다!

Shall we clean the kitchen today?

Okay. Shall we start from the refrigerator?

Okay. Let's clean the table cloth, too.

All right! Let's begin!

1. **tongs** [토옹스] 집게
2. **table cloth** [테이블 클로쓰] 식탁보
3. **measuring cup** [메줘링 컵] 계량컵
4. **blender** [블렌더] 믹서
5. **napkin** [냅킨] 냅킨
6. **oven gloves** [오븐 글러브즈] 오븐용 장갑
7. **rice pot** [롸이스 팟] 밥솥
8. **rolling pin** [롤링 핀] 밀대
9. **dishmat** [디쉬맷] 냄비 받침
10. **bowl** [보울] 그릇
11. **apron** [에이프런] 앞치마
12. **cutting board** [컷팅 보드] 도마

1 tongs	2 table cloth	3 measuring cup	4 blender
5 napkin	6 oven gloves	7 rice pot	8 rolling pin
9 dishmat	10 bowl	11 apron	12 cutting board
13 ladle	14 cup	15 cleaver (=kitchen knife)	16 pot
17 butter dish	18 frying pan	19 kettle	20 coffee pot

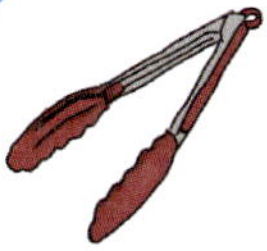

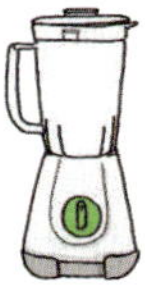

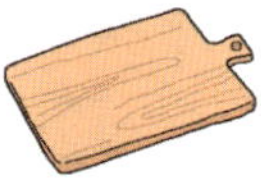

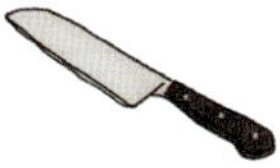

Chapter 3 가정

 단어

- **13. ladle** [레이를] 국자
- **14. cup** [컵] 컵
- **15. cleaver(=kitchen knife)** [클리:버(=킷췬 나이프)] 식칼
- **16. pot** [팟] 냄비
- **17. butter dish** [버러 디쉬] 버터 접시
- **18. frying pan** [프라잉 팬] 프라이팬
- **19. kettle** [케를] 주전자
- **20. coffee pot** [커:피 팟:] 커피포트

연습문제 4 [Unit 16~20]

1-5 단어와 뜻을 서로 연결하세요.

1. bedroom
2. wardrobe
3. blanket
4. washing machine
5. blender

ⓐ 세탁기
ⓑ 담요
ⓒ 침실
ⓓ 믹서
ⓔ 옷장

6-10 그림에 해당하는 단어를 찾아 문장을 완성하세요.

6. My _____ is on the second floor.
   ⓐ hall   ⓑ study

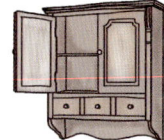

7. There is no dish in the _____.
   ⓐ cupboard   ⓑ bookcase

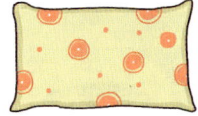

8. The _____ is so light.
   ⓐ mattress   ⓑ pillow

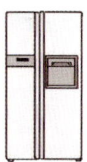

9. The _____ broke down and we need to call a repairman.
   ⓐ refrigerator   ⓑ air conditioner

10. Mom was looking for a(n) _____ before making dinner.
    ⓐ bowl   ⓑ apron

11-15 주어진 뜻을 보고 빈칸에 가장 적절한 단어를 써보세요.

> front door   lamp   vacuum cleaner
> closet   ladle

11. (현관) _____

12. (벽장) _____

13. (등) _____

14. (진공청소기) _____

15. (국자) _____

16-20 영어 문장을 보고 뜻을 써보세요. 뜻을 보고는 영어 문장을 써보세요.

16. Mom, the roof needs to be fixed today.

17. Where can I buy a pretty drawer?

18. I also want to.

19. 좋아요, 구경하러 가요.

20. 오늘은 주방 대청소를 해볼까?

욕실용품

🅐 새 욕조가 생겼네요.
🅑 어제 욕실 인테리어를 새로 했어요.
🅐 전보다 훨씬 좋아요.
🅑 네. 저도 너무 마음에 들어요.

You have a new bathtub.
I newly decorated the bathroom yesterday.
It is a lot better than before.
That's right. I love it, too.

1. **bathtub** [배쓰텁] 욕조
2. **basin(=washbasin)** [베이슨(=워쉬베이슨)] 세면대
3. **toilet** [토일렛] 변기
4. **soap** [솝] 비누
5. **toothpaste** [투:쓰페이스트] 치약
6. **toothbrush** [투:쓰브러쉬] 칫솔
7. **shampoo** [샴푸:] 샴푸
8. **(hair) conditioner** [(헤어) 컨디셔너] 린스
9. **towel** [타월] 수건
10. **mirror** [미러] 거울
11. **faucet** [포셋] 수도꼭지
12. **electric razor** [일렉트릭 레이저] 전기면도기

1 bathtub	2 basin(=washbasin)	3 toilet	4 soap
5 toothpaste	6 toothbrush	7 shampoo	8 (hair) conditioner
9 towel	10 mirror	11 faucet	12 electric razor
13 bath toys	14 bath mat	15 rack	16 shaving cream
17 shower	18 scale	19 toilet paper	20 mouthwash

Chapter 3 가정

13. **bath toys** [배쓰 토이즈] 욕조 장난감
14. **bath mat** [배쓰 맷] 욕실용 매트
15. **rack** [랙] 선반
16. **shaving cream** [쉐이빙 크림] 면도용 크림
17. **shower** [샤워] 샤워기
18. **scale** [스케일] 체중계
19. **toilet paper** [토일렛 페이퍼] 휴지
20. **mouthwash** [마우쓰워:쉬] 구강 청결제

Unit 22 인테리어

Ⓐ 조명을 바꾸었어요.
Ⓑ 그건 전체 집 분위기를 바꾸었네요.
Ⓐ 맞아요. 돈을 쓴 보람이 있어요.

I changed the lighting.
It changed the mood of the whole house.
I agree. It is worth having spent money.

1. **wallpaper** [월:페이퍼] 벽지
2. **wooden floor** [우든 플로어] 목제 마루
3. **marble floor** [마:블 플로어] 대리석 마루
4. **paint** [페인트] 페인트
5. **molding of the ceiling** [몰딩 옵 더 씰:링] 천정 몰딩
6. **washboard** [워:쉬보:드] 걸레받이
7. **sink** [씽크] 싱크대
8. **lighting equipment** [라이팅 에큅먼트] 조명
9. **fluorescent light** [플로:레썬트 라잇] 형광등
10. **LED light** [엘이디 라잇] LED등
11. **interior door** [인티리어 도어] 실내문

1 wallpaper	2 wooden floor	3 marble floor	4 paint
5 molding of the ceiling	6 washboard	7 sink	8 lighting equipment
9 florescent light	10 LED light	11 interior door	12 sandwich panel
13 MFD plate	14 art wall	15 boiler	16 ondol pipe
17 bathroom	18 ondol	19 steel bar	20 floor

Chapter 3 가정

12. **sandwich panel** [샌위치 패널] 샌드위치 패널
13. **MFD plate** [엠에프디 플레이트] MFD판
14. **art wall** [아:트 월:] 아트월
15. **boiler** [보일러] 보일러
16. **ondol pipe** [온돌 파이프] 온돌 파이프
17. **bathroom** [배쓰룸:] 욕실
18. **ondol** [온돌] 온돌
19. **steel bar** [스틸: 바:] 철근
20. **floor** [플로:어] 마루

75

Unit 23  공구

Ⓐ 식탁을 만들어 보려고 해요. I'm trying to make a dining table.
Ⓑ 8인용 식탁으로 만들어 주세요. Please make one for 8 people.
Ⓐ 그럼, 드라이버랑 톱을 사옵시다. Then, let's get a driver and a saw.
Ⓑ 좋아요, 그렇게 해보죠. Okay, let's do that.

1. **bolt/nut** [볼트/넛트] 볼트/너트
2. **screw (spike)** [스크루: (스파이크)] 나사(못)
3. **hammer** [해머] 망치
4. **mallet** [맬릿] 나무망치
5. **screwdriver** [스크루:드라이버] 드라이버
6. **handsaw** [핸드쏘:] 톱
7. **pliers** [플라이어스] 펜치
8. **nipper** [니퍼] 니퍼
9. **electric drill** [일렉트릭 드릴] 전동 드릴
10. **spanner** [스패너] 스패너

1 bolt/nut	2 screw (spike)	3 hammer	4 mallet
5 screwdriver	6 handsaw	7 pliers	8 nipper
9 electric drill	10 spanner	11 wrench	12 sprit level
13 glue gun	14 gimlet	15 toolbox	16 shear
17 snips	18 shovel	19 spade	20 trowel

Chapter 3 가정

11. **wrench** [뤤취] 렌치
12. **sprit level** [스프릿 레벨] 수평계
13. **glue gun** [글루: 건] 글루건
14. **gimlet** [김릿] 목공용 송곳
15. **toolbox** [툴:박:스] 공구함
16. **shear** [쉬어] (원예용) 전단기
17. **snips** [스닙스] (금속 절단용) 가위
18. **shovel** [셔블] (끝이 뽀족한) 삽
19. **spade** [스페이드] (사각모양) 삽
20. **trowel** [트로월] 모종삽

Unit 24 요리 방법

- A 요리하는 것 좀 도와줄래요?
- B 네, 제가 뭘 도와드리면 될까요?
- A 우선 감자 껍질을 벗겨주세요.
- B 그리고 그 다음에는요?
- A 그 감자를 강판에 갈아주세요.
- B 알겠어요.

Can you help me cook?
Okay, what can I do for you?
First of all, peel the potato.
And what should I do then?
Grate the potato, please.
Okay, I see.

1. **bake** [베이크] 굽다
2. **barbecue** [바:베큐:] 바비큐 하다
3. **boil** [보일] 끓이다
4. **chop** [찹:] 썰다
5. **cut** [컷] 자르다
6. **drain** [드뤠인] (물이나 액체 등을) 빼내다
7. **fry** [프라이] (기름에) 굽다, 튀기다
8. **grate** [그뤠이트] 갈다
9. **grill** [그륄] 굽다
10. **melt** [멜트] 녹이다

1 bake	2 barbecue	3 boil	4 chop
5 cut	6 drain	7 fry	8 grate
9 grill	10 melt	11 mix	12 peel
13 pour	14 roast	15 stir	16 sift
17 slice	18 squeeze	19 steam	20 stew

11. **mix** [믹스] 섞다, 혼합하다
12. **peel** [필:] 껍질을 벗기다
13. **pour** [푸:어] 붓다
14. **roast** [뤄스트] (오븐이나 불에) 굽다
15. **stir** [스터:] 젓다
16. **sift** [씨프트] 채로 치다, 거르다
17. **slice** [슬라이스] (얇게) 썰다
18. **squeeze** [스퀴:즈] (손으로) 짜다
19. **steam** [스팀:] 찌다
20. **stew** [스튜:] (천천히) 끓이다

  # 과일

A 이 사과들은 얼마예요?
B 사과 5개에 만 원이에요.
A 5개 주세요.
B 여기 있습니다.

How much are these apples?
10,000 won for five apples.
Give me five.
Here they are.

1. **watermelon** [워:러멜런] 수박
2. **strawberry** [스트로:베리] 딸기
3. **grape** [그레이프] 포도
4. **apple** [애플] 사과
5. **pear** [페어] 배
6. **peach** [피:취] 복숭아
7. **banana** [버내너] 바나나
8. **mangosteen** [맹고스틴:] 망고스틴
9. **orange** [오:렌쥐] 오렌지
10. **lychee** [리:취:] 여지

1 watermelon	2 strawberry	3 grape	4 apple
5 pear	6 peach	7 banana	8 mangosteen
9 orange	10 lychee	11 kiwi	12 blueberry
13 pineapple	14 mango	15 cherry	16 coconut
17 quince	18 durian	19 melon	20 apricot

Chapter 4 식품

 단어

11. **kiwi** [키위] 키위
12. **blueberry** [블루베리] 블루베리
13. **pineapple** [파인애플] 파인애플
14. **mango** [맹고우] 망고
15. **cherry** [췌리] 체리
16. **coconut** [코코넛] 야자
17. **quince** [퀸스] 모과
18. **durian** [두리엔] 두리안
19. **melon** [멜론] 멜론
20. **apricot** [애프리컷] 살구

연습문제 5 [Unit 21~25]

1-5 단어와 뜻을 서로 연결하세요.

1. soap
2. wallpaper
3. toolbox
4. peel
5. watermelon

ⓐ 벽지
ⓑ 비누
ⓒ 수박
ⓓ 공구함
ⓔ 껍질을 벗기다

6-10 그림에 해당하는 단어를 찾아 문장을 완성하세요.

6. Water drops kept dropping from the _____ in the bathroom.
   ⓐ towel   ⓑ faucet

7. An _____ is a Korean traditional heating system.
   ⓐ ondol   ⓑ art wall

8. A _____ is used to cut a tree.
   ⓐ handsaw   ⓑ shovel

9. People usually _____ various meats when they go camping.
   ⓐ boil   ⓑ barbecue

10. When the _____(e)s become sour, we cannot eat them.
    ⓐ grape   ⓑ peach

11-15 주어진 뜻을 보고 빈칸에 가장 적절한 단어를 써보세요.

| floor | mirror | strawberry | sift | hammer |

11. (거울) ....

12. (마루) ....

13. (망치) ....

14. (채로 치다, 거르다) ....

15. (딸기) ....

16-20 영어 문장을 보고 뜻을 써보세요. 뜻을 보고는 영어 문장을 써보세요.

16. You have a new bathtub.

17. I changed the lighting.

18. Then, let's get a driver and a saw.

19. 네, 제가 뭘 도와드리면 될까요?

20. 이 사과들은 얼마예요?

Unit 26 채소

A 편식하지 말고 골고루 먹으렴. Don't be picky. You must have a balanced diet.

B 채소는 너무 맛이 없어요. Vegetables have no sting in it.

A 그것들은 네 건강에 좋아. They are good for your health.

B 알겠어요, 엄마. 골고루 먹을게요. Okay, Mom. I will eat evenly.

1. **leek** [릭] 대파
2. **lemongrass** [레먼그래스] 레몬그라스
3. **lettuce** [레티스] 양상추
4. **mint leaves** [민트 리브즈] 박하잎
5. **mushroom** [머쉬룸] 버섯
6. **mustard** [머스타드] 갓, 겨자
7. **olive** [올리브] 올리브
8. **onion** [어니언] 양파
9. **paprika** [파프리카] 파프리카
10. **parsley** [파슬리] 파슬리

1 leek	2 lemongrass	3 lettuce	4 mint leaves
5 mushroom	6 mustard	7 olive	8 onion
9 paprika	10 parsley	11 pea	12 potato
13 peppermint	14 pumpkin	15 radish	16 rosemary
17 carrot	18 spinach	19 sweet potato	20 tomato

Chapter 4 식품

11. **pea** [피] 콩
12. **potato** [포테이토] 감자
13. **peppermint** [페퍼민트] 페퍼민트
14. **pumpkin** [펌프킨] 호박
15. **radish** [래디쉬] 무
16. **rosemary** [로즈매리] 로즈메리
17. **carrot** [캐럿] 당근
18. **spinach** [스피니취] 시금치
19. **sweet potato** [스윗 포테이토] 고구마
20. **tomato** [토메이도우] 토마토

Unit 27 육류

- Ⓐ 오늘 삼겹살 파티를 할까? Shall we have a pork belly party today?
- Ⓑ 만세! 엄마, 친구들을 불러도 되나요? Hurrah! Mom, can I invite my friends?
- Ⓐ 당연하지. Sure, you can.
- Ⓑ 엄마는 최고예요. You're the best, Mom.

1. **beef** [비프] 쇠고기
2. **chicken** [취킨] 닭고기
3. **duck meat** [덕 밋] 오리고기
4. **lamb** [램] 새끼양고기
5. **mutton** [머튼] 양고기
6. **pork** [포크] 돼지고기
7. **sausage** [쏘시쥐] 소시지
8. **turkey** [터키] 칠면조
9. **veal** [비을] 송아지고기
10. **venison** [베니슨] 사슴고기
11. **horse meat** [호올스 밋] 말고기
12. **brisket** [브리스킷] 양지머리

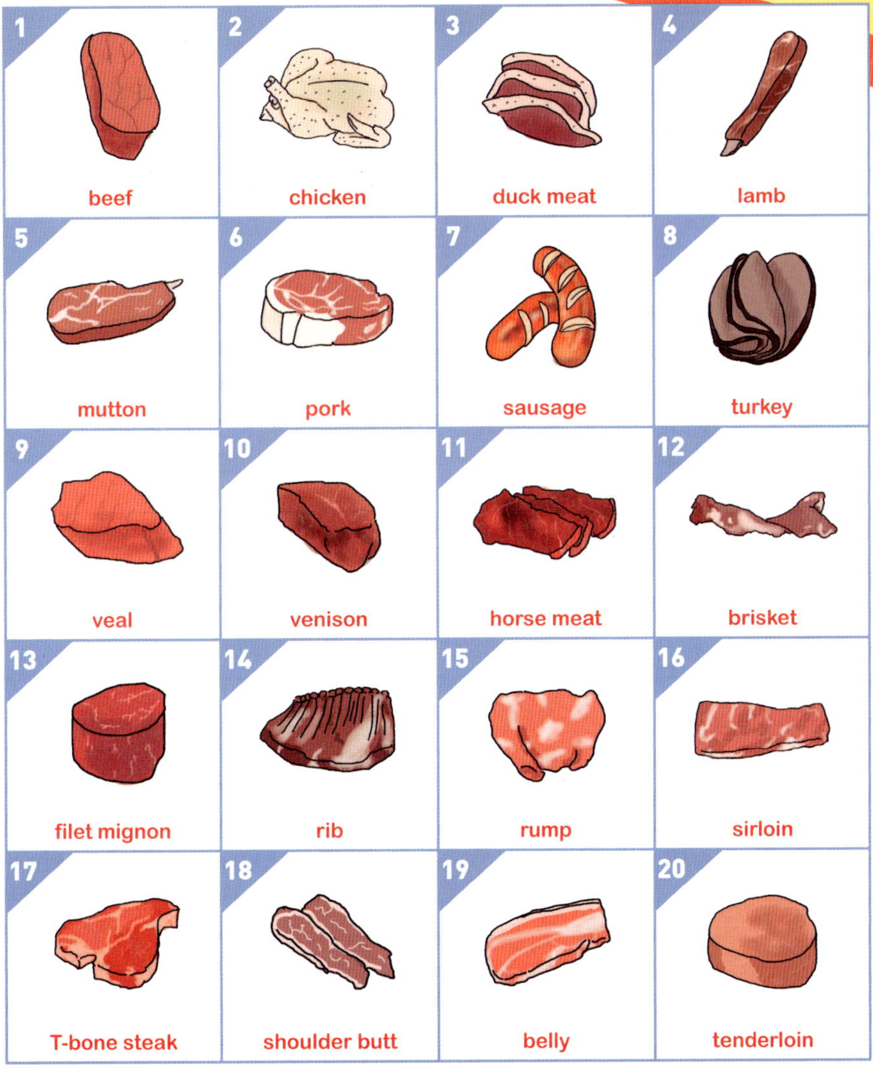

1 beef	2 chicken	3 duck meat	4 lamb
5 mutton	6 pork	7 sausage	8 turkey
9 veal	10 venison	11 horse meat	12 brisket
13 filet mignon	14 rib	15 rump	16 sirloin
17 T-bone steak	18 shoulder butt	19 belly	20 tenderloin

Chapter 4 식품

 단어

13. **filet mignon** [필레이 미뇽] 최상급 스테이크용 고기
14. **rib** [륍] 갈비
15. **rump** [럼프] 엉덩이살
16. **sirloin** [써로인] 등심
17. **T-bone steak** [티-본 스테이크] 티본스테이크
18. **shoulder butt** [쇼울더 벗] 항정살
19. **belly** [벨리] 삼겹살
20. **tenderloin** [텐더 로인] 안심

87

Unit 28 수산물

- A 회 좋아하세요?
- B 아니요. 전 회를 안 좋아해요.
- A 왜요?
- B 회의 그 식감이 싫어요.

Do you like raw fish?
No, I don't like them.
Why?
I hate the texture of raw fish.

1. **abalone** [애벌로우니] 전복
2. **anchovy** [앤초비] 멸치
3. **bass** [배스] 농어
4. **squid** [스퀴드] 오징어
5. **carp** [칼프] 잉어
6. **catfish** [캣피쉬] 메기
7. **cod** [카드] 대구
8. **sea snail** [씨 스네일] 골뱅이
9. **croaker** [크로커] 조기
10. **hairtail** [헤어테일] 갈치

1 abalone	2 anchovy	3 bass	4 squid
5 carp	6 catfish	7 cod	8 sea snail
9 croaker	10 hairtail	11 herring	12 lobster
13 mackerel	14 mussel	15 oyster	16 mackerel pike
17 plaice	18 pollack	19 salmon	20 snapper

Chapter 4 식품

 단어

11. **herring** [헤링] 청어
12. **lobster** [랍:스터] 바닷가재
13. **mackerel** [매크럴] 고등어
14. **mussel** [머슬] 홍합
15. **oyster** [오이스터] 굴
16. **mackerel pike** [매커럴 파이크] 꽁치
17. **plaice** [플레이스] 넙치
18. **pollack** [팔랙] 명태
19. **salmon** [쌔먼] 연어
20. **snapper** [스내퍼] 도미

89

Unit 29 곡물

A 건강을 위해서 현미를 먹도록 하렴.
Take the brown rice for your health.

B 엄마 근데 현미는 너무 맛이 없어요.
But mom, the brown rice has no taste.

A 자꾸 먹다 보면 적응될 거야.
If you have it continually, you will get used to it.

B 알겠어요, 엄마.
Okay, mom.

1. **rice** [롸이스] 쌀
2. **milled rice** [밀드 롸이스] 백미
3. **brown rice** [브라운 롸이스] 현미
4. **glutinous rice** [글루티너스 롸이스] 찹쌀
5. **barley** [바알리] 보리
6. **wheat** [윗:] 밀
7. **rye** [롸이] 호밀
8. **oats** [오웃츠] 귀리
9. **Job's tears** [챱스 티얼즈] 율무
10. **bean** [빈] 콩
11. **soybean** [쏘이빈] 대두
12. **horse bean** [호울스 빈] 작두콩

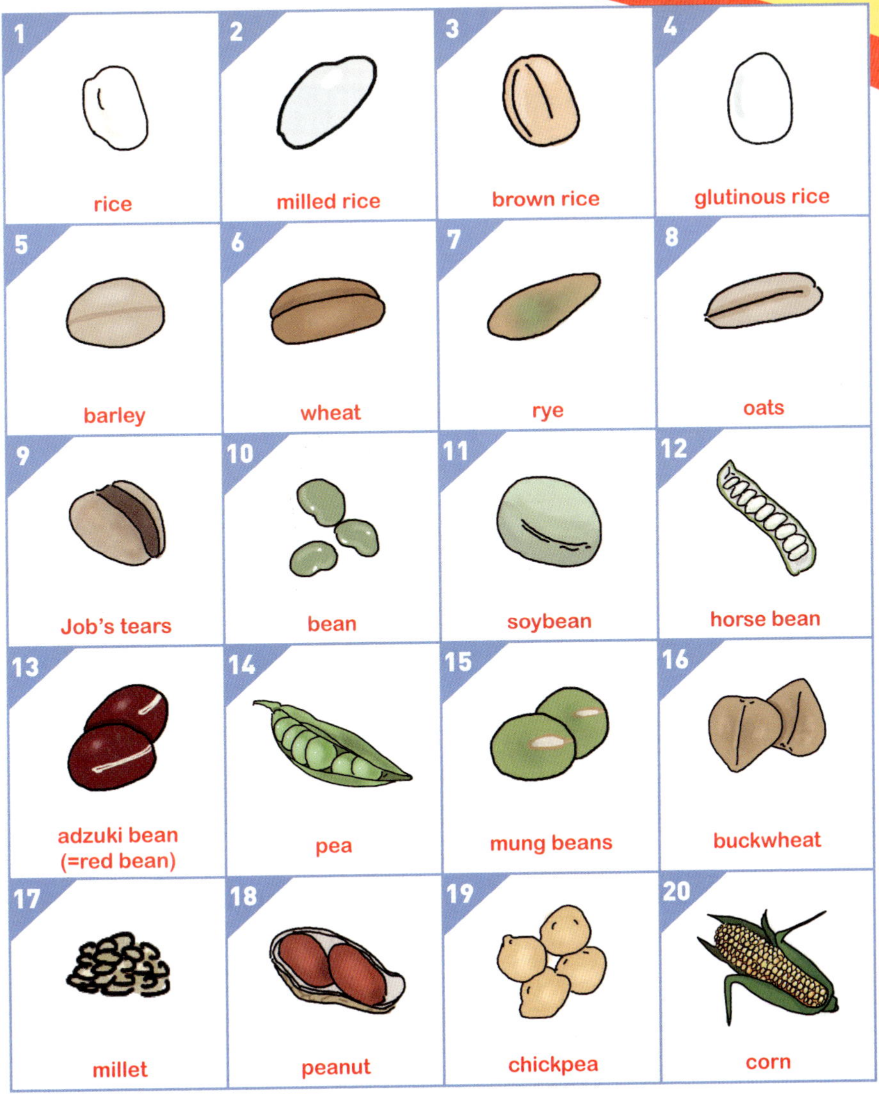

1 rice	2 milled rice	3 brown rice	4 glutinous rice
5 barley	6 wheat	7 rye	8 oats
9 Job's tears	10 bean	11 soybean	12 horse bean
13 adzuki bean (=red bean)	14 pea	15 mung beans	16 buckwheat
17 millet	18 peanut	19 chickpea	20 corn

Chapter 4 식품

13. **adzuki bean(=red bean)** [아즈키 빈(=뤠드 빈)] 팥
14. **pea** [피] 완두
15. **mung beans** [멍 빈즈] 녹두
16. **buckwheat** [벅윗] 메밀
17. **millet** [밀럿] 기장
18. **peanut** [피:넛] 땅콩
19. **chickpea** [췩피:] 병아리콩
20. **corn** [콘] 옥수수

Unit 30 유제품

🅐 우유는 칼슘의 중요한 공급원이야.
Milk is an important source of calcium.

🅑 나는 우유를 먹으면 설사를 해.
When I drink milk, I have diarrhea.

🅐 그럼 치즈로 칼슘을 보충해봐.
Then, get your calcium by cheese.

🅑 그래 알았어. 고마워.
Okay, I will. Thanks.

1. **butter** [버러] 버터
2. **buttermilk** [버러 밀크] 버터밀크
3. **cheese** [취즈] 치즈
4. **condensed milk** [컨덴스트 밀크] 연유
5. **cottage cheese** [카:티쥐 취즈] 코티지 치즈
6. **cream** [크림] 크림
7. **cream cheese** [크림: 취:즈] 크림치즈
8. **crème fraîche** [크렘 프레쉬] 크렘프레쉬
9. **dairy products** [데어리 프로:덕츠] 유제품
10. **egg** [에그] 달걀
11. **free-range egg** [프리: 레인지 에그] 풀어 놓고 기른 닭의 달걀
12. **fresh cream** [프레쉬 크림] 생크림

1 butter	2 buttermilk	3 cheese	4 condensed milk
5 cottage cheese	6 cream	7 cream cheese	8 crème fraiche
9 dairy products	10 egg	11 free-range egg	12 fresh cream
13 fromage frais	14 full-fat milk	15 low-fat milk	16 gelato
17 goat's cheese	18 margarine	19 mayonnaise	20 milk

13. **fromage frais** [프러마:쥬 프레이] 프로마쥬 프레이
14. **full-fat milk** [풀-팻 밀크] 고지방우유
15. **low-fat milk** [로우-팻 밀크] 저지방우유
16. **gelato** [젤라:토] 젤라토
17. **goat's cheese** [곳츠 취즈] 염소 우유로 만든 치즈
18. **margarine** [마:저린:] 마가린
19. **mayonnaise** [메이어네이즈] 마요네즈
20. **milk** [밀크] 우유

연습문제 6 [Unit 26~30]

1-5 단어와 뜻을 서로 연결하세요.

1. onion
2. turkey
3. catfish
4. rice
5. mayonnaise

ⓐ 쌀
ⓑ 메기
ⓒ 칠면조
ⓓ 마요네즈
ⓔ 양파

6-10 그림에 해당하는 단어를 찾아 문장을 완성하세요.

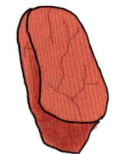

6. _____s are so good for your health.
ⓐ Leek   ⓑ Lettuce

7. The color of _____ is red while that of the pork is pink.
ⓐ lamb   ⓑ beef

8. Mom stir-fried _____s with red pepper paste sauce.
ⓐ abalone   ⓑ squid

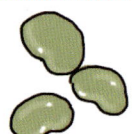

9. _____s are small, round and very nutritious.
ⓐ Corn   ⓑ Bean

10. We usually spread _____ on the toasted bread.
ⓐ butter   ⓑ milk

11-15 주어진 뜻을 보고 빈칸에 가장 적절한 단어를 써보세요.

mackerel   sausage   barley   potato   egg

11. (감자) ....

12. (소시지) ....

13. (고등어) ....

14. (보리) ....

15. (달걀) ....

16-20 영어 문장을 보고 뜻을 써보세요. 뜻을 보고는 영어 문장을 써보세요.

16. **Vegetables have no sting in it.**

17. **Shall we have a pork belly party today?**

18. **I hate the texture of raw fish.**

19. 자꾸 먹다 보면 적응될 거야.

20. 그럼 치즈로 칼슘을 보충해봐.

Unit 31 냉동식품 외

A 요즘 맛있는 냉동식품이 많아.
There are so many delicious frozen foods these days.

B 맞아, 그런데 그것들을 너무 많이 먹으면 뚱뚱해질 수 있어.
Right, but eating them much can make us fat.

A 누가 그래?
Who said that?

B 선생님이 지난번에 말씀하셨어.
My teacher said it last time.

1. **bacon** [베이컨] 베이컨
2. **baked beans** [베이크트 빈:즈] 찐콩
3. **canned corn** [캔드 콘:] 옥수수 통조림
4. **chips** [칩스] 감자칩
5. **corned beef** [콘:드 비:프] 쇠고기 통조림
6. **corn meal** [콘 밀] 옥수수 가루
7. **crab stick** [크랩 스틱] 게맛살
8. **cured meat** [큐얼드 미트] 절인 고기
9. **energy bar** [에너지 바:] 강장캔디
10. **fish fingers** [피쉬 핑거스] (스틱 모양의) 생선 튀김

1 bacon	2 baked beans	3 canned corn	4 chips
5 corned beef	6 corn meal	7 crab stick	8 cured meat
9 energy bar	10 fish fingers	11 fishcake	12 frozen fruit
13 frozen pizza	14 fruit juice	15 glass noodles	16 ham
17 ice cream	18 processed meat	19 peanut butter	20 pie filling

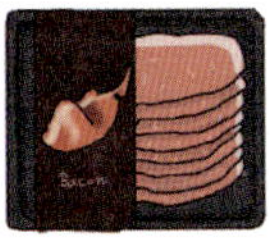

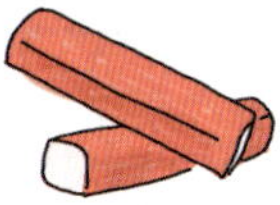

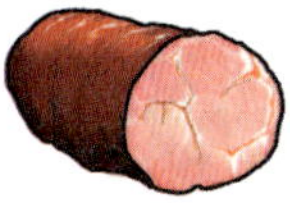

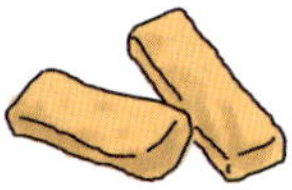

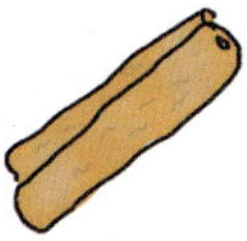

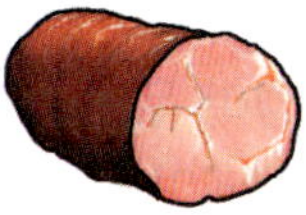

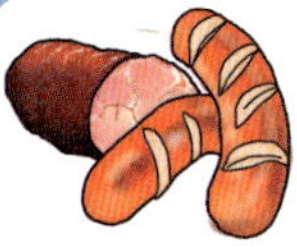

Chapter 4 식품

11. **fishcake** [피쉬 케익] 어묵
12. **frozen fruit** [프로즌 프룻:] 냉동 과일
13. **frozen pizza** [프로즌 핏:자] 냉동 피자
14. **fruit juice** [프룻: 쥬:스] 과즙
15. **glass noodles** [글래스 누들즈] 당면
16. **ham** [햄] 햄
17. **ice cream** [아이스 크림:] 아이스크림
18. **processed meat** [프로세스드 미:트] 가공육
19. **peanut butter** [피:넛 버러] 땅콩버터
20. **pie filling** [파이 필링] 파이 속

Unit 32 빵

- A 엄마 무슨 빵을 만들고 계세요?
- B 팬케이크와 블루베리 파이야.
- A 냄새가 너무 달콤해요.
- B 조금만 기다려. 거의 다 되어가.

What are you baking, mom?
Pancakes and blueberry pies.
The smell is so sweet.
Wait a minute. They're almost done.

1. **bagel** [베이글] 베이글
2. **baguette** [바게뜨] 바게트
3. **breadstick** [브레드스틱] 막대 빵
4. **breadcrumbs** [브레드크럼즈] 빵가루
5. **brown bread** [브라운 브레드] 갈색빵
6. **bun** [번] 번빵
7. **chapati** [처파티] 차파티
8. **croissant** [크롸:상:] 크로와상
9. **crumpet** [크럼핏] 크럼핏
10. **donut** [도우넛] 도넛

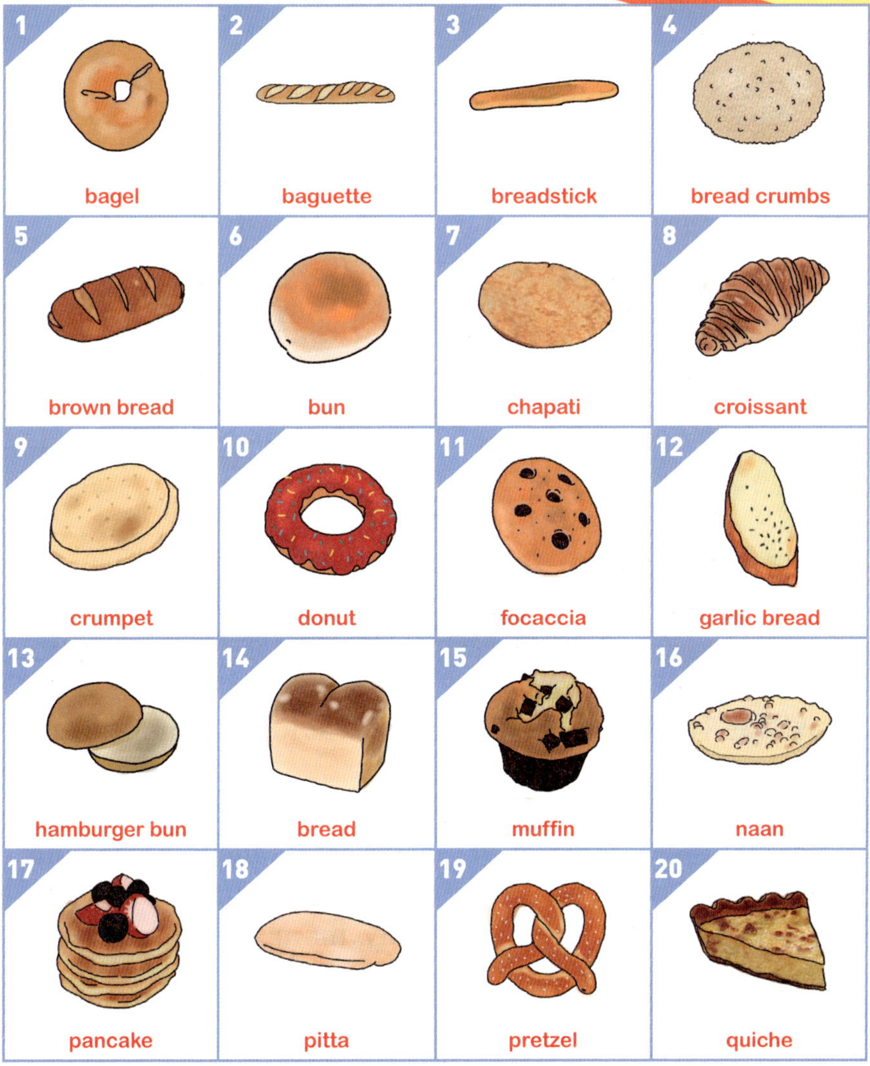

1 bagel	2 baguette	3 breadstick	4 bread crumbs
5 brown bread	6 bun	7 chapati	8 croissant
9 crumpet	10 donut	11 focaccia	12 garlic bread
13 hamburger bun	14 bread	15 muffin	16 naan
17 pancake	18 pitta	19 pretzel	20 quiche

단어

11. **focaccia** [포캐치어] 포카치아
12. **garlic bread** [갈릭 브레드] 마늘빵
13. **hamburger bun** [햄버거 번] 햄버거번
14. **bread** [브레드] 식빵
15. **muffin** [머핀] 머핀
16. **naan** [나안] 난
17. **pancake** [팬케익] 팬케이크
18. **pitta** [피타] 피타빵
19. **pretzel** [프렛츨] 프레첼
20. **quiche** [키:쉬] 키시(파이의 일종)

소스, 양념, 통

A 설탕이 든 음식을 많이 먹지 말아라.
B 그런데 그것들은 너무 맛있어요.
A 그럼 설탕 든 음식을 먹은 후 양치질을 꼼꼼히 하렴.
B 알겠어요, 엄마.

Don't eat too much of sugary foods.
But they're too tasty.
After eating them, brush your teeth carefully, then.
Okay, mom.

1. **anchovy sauce** [앤초비 쏘:스] 안초비소스
2. **chili sauce** [칠리 쏘:스] 칠리소스
3. **cooking oil** [쿠킹 오일] 식용유
4. **cooking wine** [쿠킹 와인] 맛술
5. **dip** [딥] 소스
6. **ketchup** [케첩] 케첩
7. **olive oil** [올리브 오일] 올리브유
8. **oyster sauce** [오이스터 쏘:스] 굴소스
9. **pepper** [페퍼] 후추
10. **red chili paste** [뤠드 칠리 페이스트] 고추장
11. **salt** [쏠트] 소금
12. **sesame oil** [쎄서미 오일] 참기름

1 anchovy sauce	2 chili sauce	3 cooking oil	4 cooking wine
5 dip	6 ketchup	7 olive oil	8 oyster sauce
9 pepper	10 red chili paste	11 salt	12 sesame oil
13 soy sauce	14 soybean paste	15 starch syrup	16 sugar
17 Tabasco	18 vinegar	19 mayonnaise	20 mustard sauce

Chapter 4 식품

 단어

13. **soy sauce** [쏘이 쏘:스] 간장
14. **soybean paste** [쏘이빈 페이스트] 된장
15. **starch syrup** [스타취 시럽] 물엿
16. **sugar** [슈거] 설탕
17. **Tabasco** [터배스코우] 타바스코 소스
18. **vinegar** [비니거] 식초
19. **mayonnaise** [메이어네이즈] 마요네즈
20. **mustard sauce** [머스타드 쏘:스] 머스터드 소스

Unit 34 세계 요리 및 간식

A 세계음식 중 어떤 걸 좋아하세요?
What kind of world food do you like?

B 저는 딤섬을 좋아해요. 당신은요?
I like dim sum. What about you?

A 저는 톰양쿵을 좋아해요. 그건 다양한 맛으로 가득 차 있어요.
I love tom yam kung. It is full of various tastes.

1. **rendang** [렌당] 비프 렌당
2. **nasi goreng** [나시 고렝] 나시 고랭
3. **sushi** [스시] 스시
4. **tom yam kung** [톰 얌 꿍] 톰양쿵
5. **pad thai** [팟 타이] 팟타이
6. **papaya salad** [파파야 샐러드] 솜탐
7. **dim sum** [딤썸] 딤섬
8. **ramen** [롸멘] 라면
9. **peking duck** [피킹 덕] 베이징덕
10. **massaman curry** [매써만 커리] 마사만 커리
11. **lasagna** [라자냐] 라자냐

1 rendang	2 nasi goreng	3 sushi	4 tom yam kung
5 pad thai	6 papaya salad	7 dim sum	8 ramen
9 peking duck	10 massaman curry	11 lasagna	12 chicken rice
13 satay	14 ice cream	15 kebab	16 gelato
17 green curry	18 pho	19 fish 'n' chips	20 egg tart

Chapter 4 식품

12. **chicken rice** [취킨 롸이스] 치킨라이스
13. **satay** [사:테이] 사테
14. **ice cream** [아이스크림] 아이스크림
15. **kebab** [케밥:] 케밥
16. **gelato** [젤라:토] 젤라또
17. **green curry** [그린 커리] 그린 카레
18. **pho** [포:] 포
19. **fish 'n' chips** [피쉬 앤 췹스] 피시앤칩스
20. **egg tart** [에그 타르트] 에그타르트

한국 요리

🅐 제임스는 한국의 어떤 요리를 좋아하니?
🅑 내가 좋아하는 것은 김치야.
🅐 김치? 그건 맵지 않니?
🅑 맵지만 맛있어.

What is your favorite Korean food, James?
My favorite is Kimchi.
Kimchi? Isn't it hot?
It's hot but delicious.

1. **Kimchi** [킴취] 김치
2. **dried seaweed rolls(=Korean rolls)** [드라이드 씨위드 롤즈] 김밥
3. **Kimchi fried rice** [킴취 프라이드 라이스] 김치볶음밥
4. **sizzling stone pot bibimbap** [씨즐링 스톤 팟 비빔밥] 돌솥비빔밥
5. **bulgogi with rice** [불고기 윗 라이스] 불고기덮밥
6. **rice mixed with vegetables and beef** [라이스 믹스드 위드 베저터블즈 앤 비프] 비빔밥
7. **bean paste stew** [빈 페이스트 스튜] 된장찌개
8. **rice with leaf wraps** [라이스 윗 리프 랩스] 쌈밥
9. **nutritious stone pot rice** [뉴트리셔스 스톤 팟 라이스] 영양돌솥밥
10. **spicy stir-fried squid with rice** [스파이씨 스터프라이드 스퀴드 윗 라이스] 오징어덮밥
11. **bean sprout soup with rice** [빈 스프라웃 숲 윗 라이스] 콩나물국밥
12. **pine nut porridge** [파인 넛 포리쥐] 잣죽

1. Kimchi	2. dried seaweed rolls (=Korean rolls)	3. Kimchi fried rice	4. sizzling stone pot bibimbap
5. bulgogi with rice	6. rice mixed with vegetables and beef	7. bean paste stew	8. rice with leaf wraps
9. nutritious stone pot rice	10. spicy stir-fried squid with rice	11. bean sprout soup with rice	12. pine nut porridge
13. rice porridge with abalone	14. pumpkin porridge	15. black sesame and rice porridge	16. mandu
17. chilled buckwheat noodles	18. mixed noodles	19. spicy mixed buckwheat noodles	20. sujebi (=Korean style pasta soup)

13. **rice porridge with abalone** [롸이스 포리쥐 윗 애벌로우니] 전복죽
14. **pumpkin porridge** [펌킨 포리쥐] 호박죽
15. **black sesame and rice porridge** [블랙 쎄서미 앤 라이스 포리쥐] 흑임자죽
16. **mandu** [만두] 만두
17. **chilled buckwheat noodles** [칠드 벅윗 누들즈] 물냉면
18. **mixed noodles** [믹스트 누들즈] 비빔국수
19. **spicy mixed buckwheat noodles** [스파이씨 믹스트 벅윗 누들즈] 비빔냉면
20. **sujebi(=Korean style pasta soup)** [수제비] 수제비

연습문제 7 [Unit 31~35]

1-5 단어와 뜻을 서로 연결하세요.

1. fishcake
2. bagel
3. salt
4. peking duck
5. pumpkin porridge

ⓐ 베이글
ⓑ 소금
ⓒ 어묵
ⓓ 호박죽
ⓔ 베이징덕

6-10 그림에 해당하는 단어를 찾아 문장을 완성하세요.

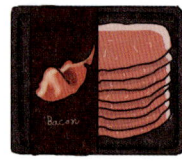

6. For Mom went out to meet her friends, Dad made _____ and cheese on toast.
   ⓐ bacon ⓑ canned corn

7. Indians usually have _____, the Indian bread with curries.
   ⓐ croissant ⓑ naan

8. Europeans travelled a long way to buy _____.
   ⓐ pepper ⓑ sugar

9. _____ is the traditional food of Turkey.
   ⓐ Dim sum ⓑ Kebab

10. One of the most famous fermented food is _____.
    ⓐ Kimchi ⓑ mandu

11-15 주어진 뜻을 보고 빈칸에 가장 적절한 단어를 써보세요.

> dried seaweed rolls   chips   sesame oil
> fish 'n' chips   donut

11. (감자칩) ....

12. (도넛) ....

13. (참기름) ....

14. (피시앤칩스) ....

15. (김밥) ....

16-20 영어 문장을 보고 뜻을 써보세요. 뜻을 보고는 영어 문장을 써보세요.

16. Right, but eating them much can make us fat.

17. The smell is so sweet.

18. Don't eat too much of sugary foods.

19. 저는 딤섬을 좋아해요. 당신은요?

20. 제임스는 한국의 어떤 요리를 좋아하니?

Unit 36 한국 간식 및 밑반찬

- A 오이소박이 만드는 것 좀 도와 주겠니?
  Would you help me to make stuffed cucumber pickles?
- B 네, 어떤 것부터 하면 되나요?
  Okay, I will. What should I do first?
- A 우선 오이를 깨끗이 씻어 주렴.
  First of all, wash the cucumbers clean.
- B 네.
  Okay.

1. **kkakdugi(=sliced radish kimchi)** [깍두기] 깍두기
2. **watery kimchi made of sliced radishes** [워터리 킴취 메이드 옵 슬라이스트 래디쉬즈] 나박김치
3. **napa cabbage kimchi** [내퍼 캐비쥐 킴취] 배추김치
4. **white kimchi** [와이트 킴취] 백김치
5. **wrapped kimchi** [랩트 킴취] 보쌈김치
6. **stuffed cucumber pickle** [스터프트 큐컴버 피클] 오이소박이
7. **pickled vegetables** [피클드 베저터블즈] 장아찌
8. **soy sauce marinated crab** [쏘이 쏘스 매리네이티드 크랩] 간장게장
9. **salted seafood** [쏠티드 씨푸드] 젓갈
10. **rice ball cake** [롸이스 볼 케이크] 경단
11. **honey-filled rice cake** [하니-필드 롸이스 케이크] 꿀떡

1 kkakdugi(=sliced radish kimchi)	2 watery kimchi made of sliced radishes	3 napa cabbage kimchi	4 white kimchi
5 wrapped kimchi	6 stuffed cucumber pickle	7 pickled vegetables	8 soy sauce marinated crab
9 salted seafood	10 rice ball cake	11 honey-filled rice cake	12 steamed white rice cake
13 yakbap	14 flower rice pancake	15 sweet rice puffs	16 tea confectionery
17 honey cookie	18 green tea	19 green plum tea	20 cinnamon punch

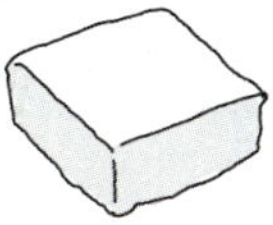

Chapter 4 식품

 단어

12. **steamed white rice cake** [스팀드 와이트 롸이스 케이크] 백설기
13. **yakbap** [약밥] 약식
14. **flower rice pancake** [플라워 롸이스 팬 케이크] 화전
15. **sweet rice puffs** [스윗 롸이스 퍼프스] 강정
16. **tea confectionery** [티 컨펙셔너리] 다식
17. **honey cookie** [허니 쿠키] 약과
18. **green tea** [그린 티:] 녹차
19. **green plum tea** [그린 플럼 티:] 매실차
20. **cinnamon punch** [씨너먼 펀취] 수정과

Unit 37 의복

🅐 카디건 하나만 사주세요.
🅑 너 카디건이 옷장에 5벌이나 있지 않니?
🅐 이제 그것들은 맞지 않아요.
🅑 알았다. 큰 사이즈로 하나 사자꾸나.

Please buy me a cardigan.
Don't you have 5 cardigans already in your wardrobe?
Now they don't fit.
Okay, let's buy one for a large size.

1. **hanbok(=Korean traditional clothes)** [한복] 한복
2. **dress** [드레쓰] 드레스
3. **suit** [숱ː] 정장
4. **tuxedo** [턱시도] 턱시도
5. **jacket** [재킷] 재킷
6. **(one-piece) dress** [(원-피스) 드레쓰] 원피스
7. **dress shirt** [드레쓰 셔ː트] 와이셔츠
8. **trousers(=pants)** [트라우저스(=팬츠)] 바지
9. **waistcoat** [웨이스트콧] 조끼
10. **shorts** [숏츠] 반바지

1 hanbok(=Korean traditional clothes)	2 dress	3 suit	4 tuxedo
5 jacket	6 (one-piece) dress	7 dress shirt	8 trousers(=pants)
9 waistcoat	10 shorts	11 jeans	12 overalls
13 blouse	14 skirt	15 miniskirt	16 t-shirt
17 sleeveless shirt	18 coat	19 duck-down parka	20 gym clothes

Chapter 5 의류 및 액세서리

11. **jeans** [진:스] 청바지
12. **overalls** [오버롤:즈] 멜빵바지
13. **blouse** [블라우스] 블라우스
14. **skirt** [스커트] 치마
15. **miniskirt** [미니스커:트] 미니스커트
16. **t-shirt** [티-셔:트] 티셔츠
17. **sleeveless shirt** [슬리:브리스 셔:트] 민소매
18. **coat** [코우트] 코트
19. **duck-down parka** [덕다운 파카] 다운 파카
20. **gym clothes** [짐 클로우씨] 운동복

111

Unit 38 가방 및 소품

🅐 나는 민트색 백팩을 사고 싶어.
🅑 지난번에 산 백팩은 어쩌고?

🅐 그건 너무 오래됐어.
🅑 그래. 내가 사러 같이 가 줄게.

I want a mint-colored backpack.
What about the one that you bought last time?
It's too old.
Okay. I will accompany you to the purchase.

1. **backpack** [백팩] 백팩
2. **clutch bag** [클러취 백] 클러치 백
3. **cross bag** [크로쓰 백] 크로스 백
4. **handbag** [핸드백] 핸드백
5. **button** [버튼] 단추
6. **bracelet** [브레이슬럿] 팔찌
7. **earmuffs** [이어머프스] 귀마개
8. **earrings** [이어링즈] 귀걸이
9. **gloves** [글러브즈] 장갑
10. **hairband** [헤어 밴드] 헤어 밴드

1 backpack	2 clutch bag	3 cross bag	4 handbag
5 button	6 bracelet	7 earmuffs	8 earrings
9 gloves	10 hairband	11 hairpin	12 necklace
13 ring	14 scarf	15 sunglasses	16 umbrella
17 wallet	18 watch	19 anklet	20 brooch

Chapter 5 의류 및 액세서리

 단어

11. **hairpin** [헤어 핀] 머리핀
12. **necklace** [넥클러스] 목걸이
13. **ring** [륑] 반지
14. **scarf** [스카프] 스카프
15. **sunglasses** [썬글래씨즈] 선글라스
16. **umbrella** [엄브렐러] 우산
17. **wallet** [월:럿] 지갑
18. **watch** [워취] 손목시계
19. **anklet** [앵클럿] 발찌
20. **brooch** [브로우취] 브로치

113

모자

🅐 안나, 특이한 모자를 썼네.
🅑 응, 우리 엄마가 보닛모자를 만들어 줬어.
🅐 우아, 너무 예쁘다.
🅑 고마워. 네 비니 모자도 멋져 보여.

You're wearing a unique hat, Anna.
Yes, my mom made a bonnet for me.

Wow, so pretty.
Thanks. Your beanie looks nice, too.

1. **baseball cap** [베이스볼: 캡] 야구 모자
2. **beanie** [비니] 비니 모자
3. **beret** [버레이] 베레모
4. **boater** [보우러] 맥고모자
5. **bobble hat** [보블 햇] 털실 모자
6. **bonnet** [바:닛] 보닛 모자
7. **bowler** [보울러] 정장 모자
8. **capeline** [케이프라인] 여성용 모자
9. **cloche** [클로우쉬] (여성용) 정장 모자
10. **cowboy hat** [카우보이 햇] 카우보이 모자

1 baseball cap	2 beanie	3 beret	4 boater
5 bobble hat	6 bonnet	7 bowler	8 capeline
9 cloche	10 cowboy hat	11 hard hat	12 helmet
13 panama hat	14 sombrero	15 straw hat	16 sun cap
17 cossack hat	18 trilby	19 turban	20 bucket hat

Chapter 5 의류 및 액세서리

 단어

11. **hard hat** [하드 햇] 안전모
12. **helmet** [헬멧] 헬멧
13. **panama hat** [패너마 햇] 파나마 모자
14. **sombrero** [쏨브레로] 챙이 넓은 중절모
15. **straw hat** [스트로우 햇] 밀짚모자
16. **sun cap** [썬 캡] 햇볕 가리는 모자
17. **cossack hat** [코:새크 햇] 챙이 없는 모자
18. **trilby** [트릴비] 중절모
19. **turban** [터:번] 터번
20. **bucket hat** [버킷 햇] 벙거지 모자

115

Unit 40 신발

A	도와드릴까요?	Can I help you?
B	네. 저는 이 부츠를 신어보고 싶어요.	Yes, please. I want to try on these boots.
A	알겠습니다. 어떤 사이즈를 원하시나요?	Okay. What size do you want?
B	사이즈 5로 부탁드립니다.	Size 5, please.

1. **boots** [부츠] 부츠
2. **wooden shoes** [우든 슈즈] 나막신
3. **cowboy boots** [카우보이 부츠] 카우보이 부츠
4. **flats** [플랫츠] 굽이 없는 신발
5. **flip flops** [플립 플롭스] 슬리퍼
6. **high heels** [하이 힐즈] 하이힐
7. **hiking boots** [하이킹 부츠] 등산화
8. **loafers** [로퍼즈] 간편화
9. **moccasins** [머:카신즈] 뒤축 없는 신발
10. **ballet shoes** [발레 슈:즈] 발레 슈즈
11. **platform shoes** [플랫폼: 슈:즈] 통굽 구두

1 boots	2 wooden shoes	3 cowboy boots	4 flats
5 flip flops	6 high heels	7 hiking boots	8 loafers
9 moccasins	10 ballet shoes	11 platform shoes	12 roller skates
13 running shoes	14 sandals	15 shoes	16 clogs
17 wingtips	18 stilettos	19 thongs	20 uggs

Chapter 5 의류 및 액세서리

12. **roller skates** [롤러 스케이츠] 롤러스케이트
13. **running shoes** [러닝 슈즈] 운동화
14. **sandals** [샌들즈] 샌들
15. **shoes** [슈:즈] 신발
16. **clogs** [클락스] 일본 나막신
17. **wingtips** [윙팁스] 윙팁스
18. **stilettos** [스틸레토] 뾰족구두
19. **thongs** [쌍즈] 고무 슬리퍼
20. **uggs** [어그즈] 어그 부츠

117

연습문제 8 [Unit 36~40]

1-5 단어와 뜻을 서로 연결하세요.

1. napa cabbage kimchi   ⓐ 신발
2. shorts   ⓑ 야구 모자
3. umbrella   ⓒ 배추김치
4. baseball cap   ⓓ 반바지
5. shoes   ⓔ 우산

6-10 그림에 해당하는 단어를 찾아 문장을 완성하세요.

6. _____ is a drink that can slow one's getting older.
   ⓐ A rice ball cake   ⓑ Green tea

7. You should always call _____ in a plural form for they have two leg parts.
   ⓐ coat   ⓑ jeans

8. A pickpocket stole my _____ at the marketplace.
   ⓐ wallet   ⓑ watch

9. Dad told me to wear a _____ when I ride in-line skates.
   ⓐ helmet   ⓑ beanie

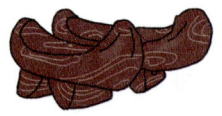

10. People usually wore _____ when it rained.
    ⓐ flats   ⓑ wooden shoes

11-15 주어진 뜻을 보고 빈칸에 가장 적절한 단어를 써보세요.

> boots   suit   honey cookie   straw hat   brooch

11. (약과) ....

12. (정장) ....

13. (브로치) ....

14. (밀짚 모자) ....

15. (부츠) ....

16-20 영어 문장을 보고 뜻을 써보세요. 뜻을 보고는 영어 문장을 써보세요.

16. **Would you help me to make stuffed cucumber pickles?**

17. **Okay, let's buy one for a large size.**

18. **I will accompany you to the purchase.**

19. 안나, 특이한 모자를 썼네.

20. 저는 이 부츠를 신어보고 싶어요.

Unit 41 시간

🅐 지금 몇 시니?
🅑 오후 3시야.
🅐 뭐라고? 영어학원에 늦었어.
🅑 뛰어가면 늦지 않을 거야.

What time is it now?
It's 3 p.m.
What? I'm late for the English language institute.
Run and you won't be late.

1. **date** [데잇] 날짜
2. **day** [데이] 하루
3. **dawn** [던] 새벽
4. **morning** [모:닝] 아침
5. **noon** [눈] 정오
6. **afternoon** [애프터눈:] 오후
7. **evening** [이:브닝] 저녁
8. **night** [나잇] 밤
9. **midnight** [미드나잇] 자정
10. **today** [투데이] 오늘
11. **tomorrow** [투마로우] 내일
12. **tonight** [투나잇] 오늘밤

1 date	2 day	3 dawn	4 morning
5 noon	6 afternoon	7 evening	8 night
9 midnight	10 today	11 tomorrow	12 tonight
13 yesterday	14 the day before yesterday	15 the day after tomorrow	16 hour
17 minute	18 second	19 an hour	20 half an hour

13. **yesterday** [예스터데이] 어제
14. **the day before yesterday** [더 데이 비포 예스터데이] 그저께
15. **the day after tomorrow** [더 데이 애프터 투마로우] 모레
16. **hour** [아우어] 시
17. **minute** [미닛] 분
18. **second** [세컨] 초
19. **an hour** [언 아워] 한 시간
20. **half an hour** [해프 언 아워] 30분

Unit 42 요일과 달

- A 오늘은 무슨 요일이니?
- B 수요일이야.
- A 나는 수요일이 제일 지루한 것 같아.
- B 나도 그래.

What day is it today?
It's Wednesday.
For me, Wednesday seems to be the most boring.
I feel the same.

1. **day and month** [데이 앤 먼쓰] 요일과 달
2. **Monday** [먼데이] 월요일
3. **Tuesday** [튜즈데이] 화요일
4. **Wednesday** [웬즈데이] 수요일
5. **Thursday** [떨즈데이] 목요일
6. **Friday** [프라이데이] 금요일
7. **Saturday** [쌔터데이] 토요일
8. **Sunday** [썬데이] 일요일
9. **January** [재뉴어리] 1월
10. **February** [페브러리] 2월

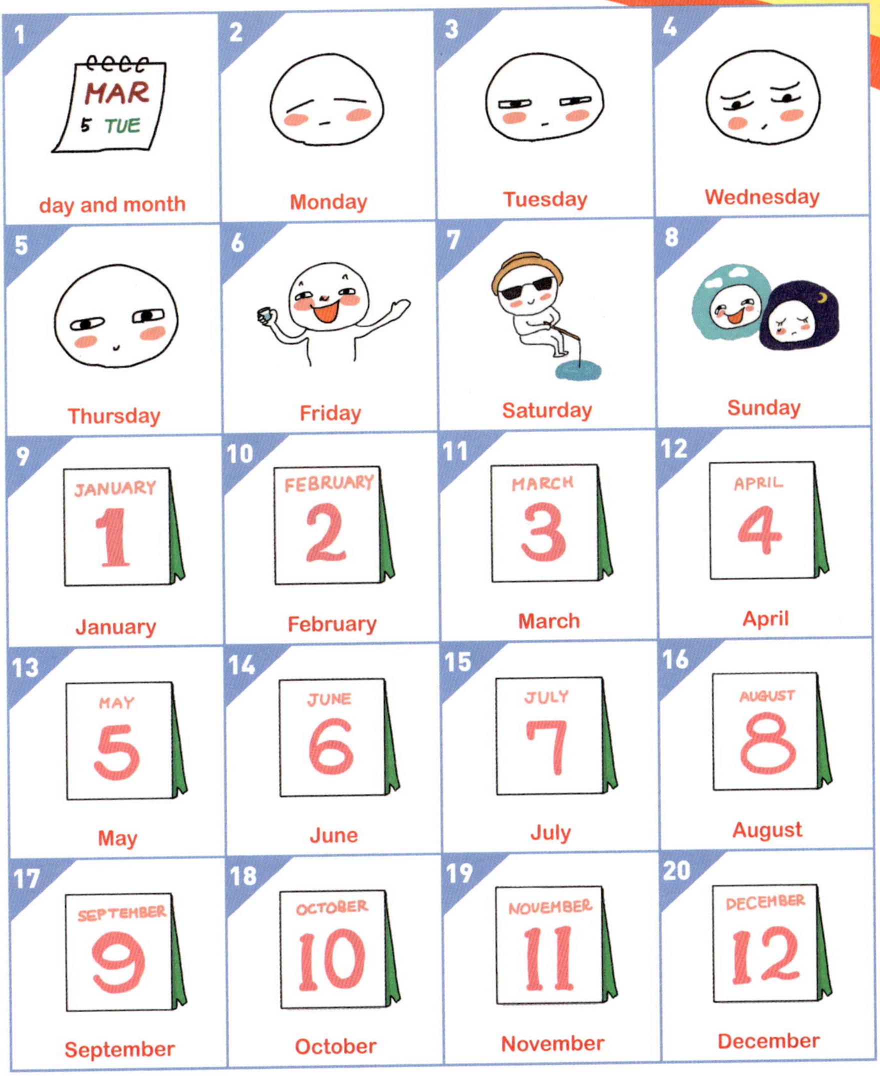

1 day and month	2 Monday	3 Tuesday	4 Wednesday
5 Thursday	6 Friday	7 Saturday	8 Sunday
9 January	10 February	11 March	12 April
13 May	14 June	15 July	16 August
17 September	18 October	19 November	20 December

Chapter 6 생활

 단어

11. **March** [마취] 3월
12. **April** [에이프릴] 4월
13. **May** [메이] 5월
14. **June** [준] 6월
15. **July** [줄라이] 7월
16. **August** [어거스트] 8월
17. **September** [셉템버] 9월
18. **October** [옥토버] 10월
19. **November** [노벰버] 11월
20. **December** [디셈버] 12월

Unit 43  취미

A 취미가 뭐예요?
B 저는 그림 그려요. 당신은요?
A 저는 만화책 만드는 것을 좋아해요.
B 오, 그건 아주 흥미롭게 들리는군요.

What is your hobby?
I draw. What about you?
I like making comic books.
Oh, that sounds very interesting.

 단어

1. **traveling** [트래벌링] 여행
2. **(mountain) climbing** [(마운틴) 클라이밍] 등산
3. **listening to music** [리스닝 투 뮤직] 음악 감상
4. **fishing** [피싱] 낚시
5. **reading** [뤼딩] 독서
6. **cooking** [쿠킹] 요리
7. **watching movies** [워:칭 무비즈] 영화감상
8. **drawing** [드로윙] 그림 그리기
9. **taking a picture** [테이킹 어 픽쳐] 사진촬영
10. **playing a computer game** [플레잉 어 컴퓨러 게임] 게임 하기
11. **playing billiards** [플레잉 빌리어즈] 당구 치기
12. **volunteering** [발룬티어링] 봉사

1 traveling	2 (mountain) climbing	3 listening to music	4 fishing
5 reading	6 cooking	7 watching movies	8 drawing
9 taking a picture	10 playing a computer game	11 playing billiards	12 volunteering
13 flower arrangement	14 dancing	15 playing Korean chess	16 gardening
17 exercising(=working out)	18 playing the musical instrument	19 driving	20 knitting

Chapter 6 생활

 단어

13. **flower arrangement** [플라워 어레인쥐먼트] 꽃꽂이
14. **dancing** [댄싱] 춤
15. **playing Korean chess** [플레잉 코리언 체스] 장기 두기
16. **gardening** [가:드닝] 정원 가꾸기
17. **exercising(=working out)** [엑설싸이징(=월킹 아웃)] 운동하기
18. **playing the musical instrument** [플레잉 더 뮤지컬 인스트루먼트] 악기 연주
19. **driving** [드라이빙] 드라이브
20. **knitting** [니팅] 뜨개질

Unit 44 종교

🅰 종교가 어떻게 되세요?
🅱 저는 천주교 신자예요. 당신은요?
🅰 저는 불교 신자예요.
🅱 그래요. 저는 절을 좋아해요. 절에 가면 마음이 편해져요.

What is your religion?
I'm Catholic. What about you?
I'm Buddhist.
I see. I like the temple. I feel comfortable there.

1. **Catholicism** [캐쏠리씨즘] 천주교
2. **Christianity** [크리스채너티] 기독교
3. **Buddhism** [부디즘] 불교
4. **Confucianism** [컨퓨:씨어니즘] 유교
5. **Hinduism** [힌두:이즘] 힌두교
6. **Islam** [이슬람] 이슬람교
7. **church** [처:취] 교회
8. **worship** [월:쉽] 예배
9. **mass** [매쓰] 미사
10. **the Bible** [더 바이블] 성경

1 Catholicism	2 Christianity	3 Buddhism	4 Confucianism
5 Hinduism	6 Islam	7 church	8 worship
9 mass	10 the Bible	11 hymn	12 Jesus
13 God	14 resurrection	15 baptism	16 priest
17 nun	18 cross	19 temple	20 Buddha

Chapter 6 생활

11. **hymn** [힘] 찬송가
12. **Jesus** [지져스] 예수
13. **God** [갓] 하나님
14. **resurrection** [리저렉션] 부활
15. **baptism** [뱁티즘] 세례

16. **priest** [프리스트] 신부
17. **nun** [넌] 수녀
18. **cross** [크로스] 십자가
19. **temple** [템플] 절
20. **Buddha** [부다] 부처

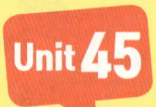  # 여가 활동

🅐 주말엔 주로 뭘 하니?
What do you usually do on weekends?

🅑 주말엔 보통 가족들과 전시회를 가요.
I usually go to exhibitions with my family.

🅐 전시 보는 걸 좋아하니?
Do you like seeing exhibitions?

🅑 저는 별로 안 좋아하는데, 엄마가 좋아해서 자주 가요.
No, I don't. But my mom loves it and we often go see them.

1. **ball** [볼] 무도회
2. **musical** [뮤:지컬] 뮤지컬
3. **ballet** [발레이] 발레
4. **talk show** [톡 쇼] 토크쇼
5. **concert** [칸:설트] 콘서트
6. **drama** [드라마] 드라마
7. **exhibition** [엑시비션] 전시회
8. **festival** [페스티벌] 축제
9. **movie** [무:비] 영화
10. **fireworks** [파이어월크스] 불꽃놀이
11. **folk music** [포크 뮤직] 민속음악
12. **horoscope** [호:로스콥] 점성술

1 ball	2 musical	3 ballet	4 talk show
5 concert	6 drama	7 exhibition	8 festival
9 movie	10 fireworks	11 folk music	12 horoscope
13 jazz music	14 magic	15 opera	16 orchestra
17 art	18 pastime	19 shopping spree	20 poem

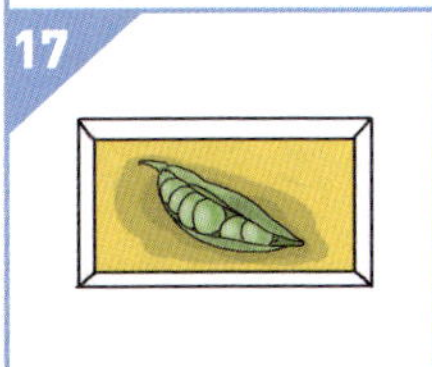

Chapter 6 생활

 단어

13. **jazz music** [째즈 뮤직] 재즈음악
14. **magic** [매쥑] 마술
15. **opera** [아:프라] 오페라
16. **orchestra** [오:케스트라] 오케스트라
17. **art** [아:트] 그림
18. **pastime** [패스타임] 오락
19. **shopping spree** [쇼:핑 스프리] 흥청망청 쇼핑하기
20. **poem** [포임] 시

연습문제 9 [Unit 41~45]

1-5 단어와 뜻을 서로 연결하세요.

1. date
2. April
3. fishing
4. church
5. ballet

ⓐ 날짜
ⓑ 낚시
ⓒ 4월
ⓓ 발레
ⓔ 교회

6-10 그림에 해당하는 단어를 찾아 문장을 완성하세요.

6. An hour is made up with 60 _____s.
   ⓐ minute   ⓑ second

7. There are Children's Day, Parents' Day and Teacher's Day in _____.
   ⓐ May   ⓑ October

8. Every summer my family usually goes _____.
   ⓐ dancing   ⓑ traveling

9. _____s are good places to stay when you visit the nearby woods or mountains.
   ⓐ Temple   ⓑ God

10. On the 4th of July, American people make _____ to celebrate its Independence Day.
    ⓐ ball   ⓑ fireworks

11-15 주어진 뜻을 보고 빈칸에 가장 적절한 단어를 써보세요.

> Monday   tomorrow   musical
> the Bible   exercising

11. (내일) _____
12. (월요일) _____
13. (운동하기) _____
14. (성경) _____
15. (뮤지컬) _____

16-20 영어 문장을 보고 뜻을 써보세요. 뜻을 보고는 영어 문장을 써보세요.

16. **Run and you won't be late.**
_____

17. **It's Wednesday.**
_____

18. **I like making comic books.**
_____

19. 저는 천주교 신자예요. 당신은요?
_____

20. 주말엔 주로 뭘 하니?
_____

Unit 46 행사용품

🅐 제니의 생일 파티를 준비하자.

🅑 뭘 준비할까?
🅐 풍선과 색종이 조각으로 파티장을 장식하자.
🅑 그래 내가 그것들을 준비할게.

Let's prepare Jenny's birthday party.
What shall we do?
Let's decorate the party room with balloons and confetti.
Okay, I'll bring them.

단어

1. **balloon** [벌룬:] 풍선
2. **candle** [캔들] 양초
3. **champagne** [샴페인] 샴페인
4. **clown** [클라운] 어릿광대
5. **confetti** [컨페티] 색종이 조각
6. **elf** [엘프] 요정
7. **engagement ring** [인게이쥐먼트 륑] 약혼반지
8. **firecracker** [파이어크래커] 폭죽
9. **fireworks** [파이어월크스] 불꽃놀이
10. **garland** [갈랜드] 화환
11. **Halloween** [핼로윈] 핼러윈 축제

1 balloon	2 candle	3 champagne	4 clown
5 confetti	6 elf	7 engagement ring	8 firecracker
9 fireworks	10 garland	11 Halloween	12 holly
13 invitation	14 illumination	15 Jack-o'-Lantern	16 poinsettia
17 reindeer	18 sleigh	19 snow globe	20 snowflake

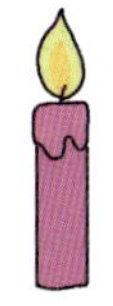

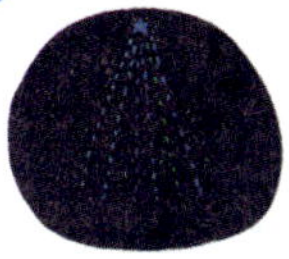

Chapter 6 생활

 단어

- 12. **holly** [홀:리] 호랑가시나무
- 13. **invitation** [인비테이션] 초대장
- 14. **illumination** [일루미네이션] 전등장식
- 15. **Jack-o'-Lantern** [잭-오-랜턴] 도깨비불
- 16. **poinsettia** [포인세티아] 포인세티아
- 17. **reindeer** [뤠인디어] 순록
- 18. **sleigh** [슬레이] 썰매
- 19. **snow globe** [스노우 글로브] 스노우볼
- 20. **snowflake** [스노우플레이크] 눈송이

Unit 47 스포츠

A 어떤 스포츠를 좋아하세요?
B 저는 농구를 좋아해요. 당신은요?
A 저도요. 그럼 같이 농구를 해보는 게 어때요?
B 좋죠.

What kind of sport do you like?
I like basketball. What about you?
Me, too. Then, why don't we play basketball together?
Sounds great.

1. **archery** [알:쳐리] 양궁
2. **athletics** [애쓸레틱스] 육상
3. **badminton** [배드민턴] 배드민턴
4. **basketball** [배스킷볼:] 농구
5. **beach volleyball** [비취 발:리볼:] 비치발리볼
6. **boxing** [박:씽] 권투
7. **road bicycle racing** [로드 바이씨클 풰이씽] 도로 자전거 경기
8. **fencing** [펜씽] 펜싱
9. **soccer(=football)** [싸:커(=풋볼:)] 축구
10. **handball** [핸드볼:] 핸드볼
11. **hockey** [하:키] 하키
12. **judo** [쥬:도] 유도

1 archery	2 athletics	3 badminton	4 basketball
5 beach volleyball	6 boxing	7 road bicycle racing	8 fencing
9 soccer(=football)	10 handball	11 hockey	12 judo
13 rugby	14 swimming	15 table tennis	16 tae kwon do
17 tennis	18 volleyball	19 water polo	20 weightlifting

13. **rugby** [럭비] 럭비
14. **swimming** [스위밍] 수영
15. **table tennis** [테이블 테니스] 탁구
16. **tae kwon do** [태권도] 태권도
17. **tennis** [테니스] 테니스
18. **volleyball** [발:리볼:] 배구
19. **water polo** [워터 폴로] 수구
20. **weightlifting** [웨이트리프팅] 역도

Unit 48 야외 활동

A 쉬는 시간에 주로 뭘 하세요? What do you usually do during a break?
B 저는 주로 등산을 해요. I usually do mountain climbing.
A 산을 좋아하나 봐요? Do you like a mountain?
B 네, 저는 산이 너무 좋아요. Yes, I love it.

1. **billiards/pool** [빌리아즈/풀] 당구
2. **boating** [보우팅] 보트 타기
3. **bungee jumping** [번쥐 점핑] 번지 점프
4. **canoeing** [카누잉] 카누타기
5. **car racing** [카 뤠이씽] 자동차 경주
6. **climbing** [클라이밍] 등산
7. **cycling** [싸이클링] 자전거 타기
8. **fishing** [피슁] 낚시
9. **hang-gliding** [행 글라이딩] 행글라이딩
10. **hiking** [하이킹] 도보 여행
11. **horse racing** [홀스 뤠이씽] 경마
12. **hot-air ballooning** [핫 에어 벌루닝] 열기구 타기

1 billiards/pool	2 boating	3 bungee jumping	4 canoeing
5 car racing	6 climbing	7 cycling	8 fishing
9 hang-gliding	10 hiking	11 horse racing	12 hot-air ballooning
13 hunting	14 in-line skating	15 jet-skiing	16 motorcycling
17 mountain biking	18 paragliding	19 rafting	20 skydiving

Chapter 6 생활

 단어

13. **hunting** [헌팅] 사냥
14. **in-line skating** [인-라인 스케이팅] 인라인 스케이트 타기
15. **jet-skiing** [제트-스키잉] 제트스키 타기
16. **motorcycling** [모터싸이클링] 오토바이 타기
17. **mountain biking** [마운틴 바이킹] 산악자전거
18. **paragliding** [패러글라이딩] 패러글라이딩
19. **rafting** [래프팅] 래프팅
20. **skydiving** [스카이다이빙] 스카이다이빙

Unit 49 야외용품

A 캠핑 좋아하나요?	Do you like camping?
B 네, 정말 좋아해요.	Yes, I love it.
A 저는 다음 주에 캠핑 가려고 하는데, 같이 가실래요?	I'll go camping next week. Will you join me?
B 죄송하지만, 저는 못 가요.	Sorry, I can't.

1. **backpack** [백팩] 등짐
2. **barbecue grill** [바:비큐 그릴] 바비큐 그릴
3. **binoculars** [비나:큘러즈] 쌍안경
4. **burner** [버:너] 가열 기구
5. **camper van** [캠퍼 밴] 캠핑 카
6. **compass** [컴파스] 나침반
7. **deck chair** [덱 췌어] 갑판 의자
8. **gloves** [글러브즈] 장갑
9. **hiking boots** [하이킹 부:츠] 하이킹 신발
10. **knife** [나이프] 칼

1 backpack	2 barbecue grill	3 binoculars	4 burner
5 camper van	6 compass	7 deck chair	8 gloves
9 hiking boots	10 knife	11 lantern	12 mat
13 rope	14 skewer	15 sleeping bag	16 tent
17 thermos	18 torch	19 fishing line	20 hook

Chapter 6 생활

11. **lantern** [랜턴] 랜턴
12. **mat** [맷] 매트
13. **rope** [로프] 줄
14. **skewer** [스큐:어] 꼬챙이
15. **sleeping bag** [슬리:핑 백] 침낭
16. **tent** [텐트] 텐트
17. **thermos** [써:모스] 보온병
18. **torch** [톨:취] 손전등
19. **fishing line** [피싱 라인] 낚시 줄
20. **hook** [훅] 낚시 바늘

Unit 50 영화

🅐 어떤 장르의 영화를 좋아하니?
🅑 만화영화를 좋아해.
🅐 나도 그래. 다음주에 우리 집에서 만화영화 볼래?
🅑 좋아.

What genre of movie do you like?
I like animations.
Me, too. Will you watch an animation at my place next week?
Okay, I will.

1. **animation** [애니메이션] 만화영화
2. **audience** [오:디언스] 관객
3. **billboard** [빌보:드] 광고판
4. **blockbuster** [블락:버스터] 블록버스터
5. **bloopers** [블루:퍼즈] 실수
6. **box office** [박:스 오:피스] 매표소
7. **cameo** [캐미오] 카메오
8. **chick flick** [첵 플릭] 순정 영화
9. **comedy movie** [코:메디 무:비] 희극 영화
10. **director** [디뤡터] 감독
11. **disaster movie** [디재스터 무:비] 재난 영화

1 animation	2 audience	3 billboard	4 blockbuster
5 bloopers	6 box office	7 cameo	8 chick flick
9 comedy movie	10 director	11 disaster movie	12 fantasy movie
13 gangster movie	14 horror movie	15 movie theater	16 noir film
17 romance movie	18 screen	19 sci-fi movie	20 spoiler

12. **fantasy movie** [팬터시 무:비] 판타지 영화
13. **gangster movie** [갱스터 무:비] 갱영화
14. **horror movie** [호:러 무:비] 공포 영화
15. **movie theater** [무:비 씨어터] 영화관
16. **noir film** [누아:르 필름] 암흑가 영화
17. **romance movie** [로맨스 무:비] 사랑 영화
18. **screen** [스크린:] 영사막
19. **sci-fi movie** [싸이-파이 무:비] 공상과학 영화
20. **spoiler** [스포일러] 스포일러

연습문제 10 [Unit 46~50]

1-5 단어와 뜻을 서로 연결하세요.

1. candle
2. badminton
3. hunting
4. binoculars
5. screen

ⓐ 사냥
ⓑ 양초
ⓒ 쌍안경
ⓓ 배드민턴
ⓔ 영사막

6-10 그림에 해당하는 단어를 찾아 문장을 완성하세요.

6. In Shakespeare's dramas, _____s play very important roles.
   ⓐ clown   ⓑ garland

7. In the Olympic games, Koreans are famous for their best scores in the _____.
   ⓐ beach volleyball   ⓑ archery

8. Without my parents' help, I could not learn _____.
   ⓐ cycling   ⓑ hiking

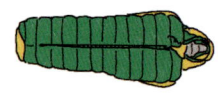
9. When you go camping, you need a _____ to sleep warm.
   ⓐ knife   ⓑ sleeping bag

10. When we buy tickets for the movie, we go to the _____.
    ⓐ box office   ⓑ blockbuster

11-15 주어진 뜻을 보고 빈칸에 가장 적절한 단어를 써보세요.

> basketball   audience   compass
> invitation   rafting

11. (초대장) ....
12. (농구) ....
13. (래프팅) ....
14. (나침반) ....
15. (관객) ....

16-20 영어 문장을 보고 뜻을 써보세요. 뜻을 보고는 영어 문장을 써보세요.

16. **Let's decorate the party room with balloons and confetti.**

17. **What kind of sport do you like?**

18. **Yes, I love it(the mountain).**

19. 캠핑 좋아하나요?

20. 만화영화를 좋아해.

Unit 51 음악

🅐 이번 대회에서 지휘자는 누구니? Who's the conductor at this competition?
🅑 안나가 할 거야. Anna will.
🅐 이번 합창대회가 너무 기대돼. I'm looking forward to this choir competition.
🅑 나도 그래. So am I.

1. **alto** [앨토우] 알토
2. **band** [밴드] 밴드
3. **baritone** [배리토운] 바리톤
4. **bass** [베이스] 베이스
5. **blues** [블루스] 블루스
6. **brass band** [브래스 밴드] 브라스밴드
7. **classical music** [클래시컬 뮤직] 클래식 음악
8. **composer** [컴포우저] 작곡가
9. **conductor** [컨덕터] 지휘자
10. **electronic music** [일렉트로닉 뮤직] 전자 음악
11. **folk music** [포크 뮤직] 포크 음악

1 alto	2 band	3 baritone	4 bass
5 blues	6 brass band	7 classical music	8 composer
9 conductor	10 electronic music	11 folk music	12 heavy metal
13 hip-hop	14 jazz	15 musician	16 national anthem
17 opera	18 orchestra	19 reggae	20 rock

12. **heavy metal** [헤비 메를] 헤비메탈
13. **hip-hop** [힙합] 힙합
14. **jazz** [째즈] 재즈
15. **musician** [뮤:지션] 음악가
16. **national anthem** [내셔널 앤썸] 국가
17. **opera** [아:프라] 오페라
18. **orchestra** [오:케스트라] 오케스트라
19. **reggae** [레게이] 레게
20. **rock** [락:] 락

Unit 52  악기

A 나는 바이올린을 배우고 있어.
B 바이올린을 배우는 특별한 이유가 있니?
A 나는 졸업식에서 바이올린을 연주할 거야.
B 오, 그렇구나.

I'm learning to play the violin.
Do you have any special reason to learn the violin?
I'm going to play the violin at graduation.
Oh, I see.

1. **accordion** [어코디언] 아코디언
2. **keyboard** [키:보:드] 키보드
3. **organ** [올:건] 오르간
4. **piano** [피애노] 피아노
5. **double bass** [더블 베이스] 더블 베이스
6. **cello** [첼로] 첼로
7. **guitar** [기타:] 기타
8. **harp** [하프] 하프
9. **viola** [비올라] 비올라
10. **violin** [바이올린] 바이올린

1 accordion	2 keyboard	3 organ	4 piano
5 double bass	6 cello	7 guitar	8 harp
9 viola	10 violin	11 horn	12 trombone
13 trumpet	14 tuba	15 bagpipes	16 clarinet
17 flute	18 oboe	19 piccolo	20 saxophone

11. **horn** [혼ː] 호른
12. **trombone** [트롬ː본] 트롬본
13. **trumpet** [트럼펫] 트럼펫
14. **tuba** [튜ː바] 튜바
15. **bagpipes** [백파입스] 백파이프
16. **clarinet** [클래리넷] 클라리넷
17. **flute** [플룻] 플룻
18. **oboe** [오우보우] 오보에
19. **piccolo** [피컬로우] 피콜로
20. **saxophone** [색소폰] 색소폰

Unit 53 미술

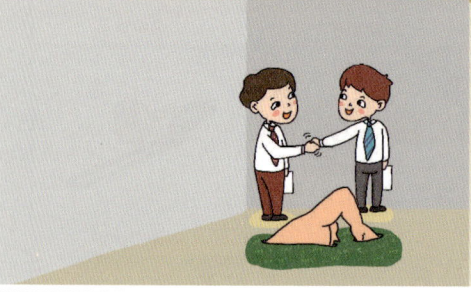

🅐 난 어제 반 고흐 전시회에 갔어.
I went to the Van Gogh exhibition yesterday.

🅑 나는 고흐가 어떤 사람인지 잘 몰라.
I don't know who he is.

🅐 그래? 내가 다음 전시에 너를 데려 갈게.
Really? I'll bring you to the next exhibition.

🅑 그래, 그렇게 하자.
Okay, let's do that.

1. **abstract art** [앱스트랙트 아:트] 추상미술
2. **applied art** [어플라이드 아:트] 응용미술
3. **art critic** [아:트 크리틱] 미술 평론가
4. **art director** [아:트 디렉터] 미술 감독
5. **art exhibition** [아:트 엑시비션] 미술 전시회
6. **art gallery** [아:트 갤러리] 미술관
7. **art handcraft** [아:트 핸드크래프트] 미술 공예품
8. **art institute** [아:트 인스티튜:트] 미술 학원
9. **art object** [아:트 오:브젝트] 미술 세공품
10. **art supplies** [아:트 써플라이즈] 미술 용품

1 abstract art	2 applied art	3 art critic	4 art director
5 art exhibition	6 art gallery	7 art handcraft	8 art institute
9 art object	10 art supplies	11 art teacher	12 artist
13 easel	14 installation art	15 modern art	16 oil painting
17 brush	18 paint	19 palette	20 plastic art

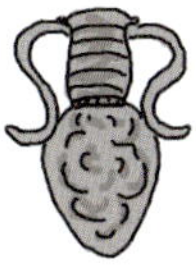

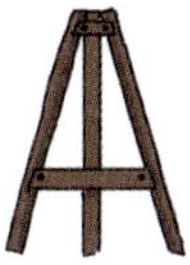

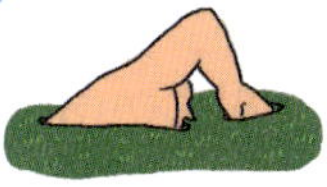

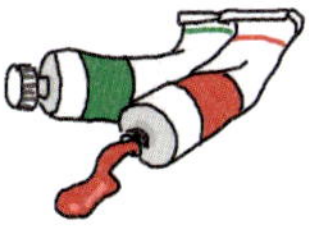

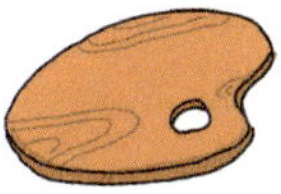

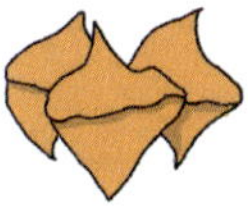

Chapter 6 생활

 단어

11. **art teacher** [아:트 티쳐] 미술 선생님
12. **artist** [아:티스트] 미술가
13. **easel** [이:젤] 이젤
14. **installation art** [인스톨레이션 아:트] 설치 미술
15. **modern art** [모:던 아:트] 현대 미술
16. **oil painting** [오일 페인팅] 유화
17. **brush** [브러쉬] 붓
18. **paint** [페인트] 물감
19. **palette** [팰럿] 팔레트
20. **plastic art** [플래스틱 아:트] 조형 미술

Unit 54 색상

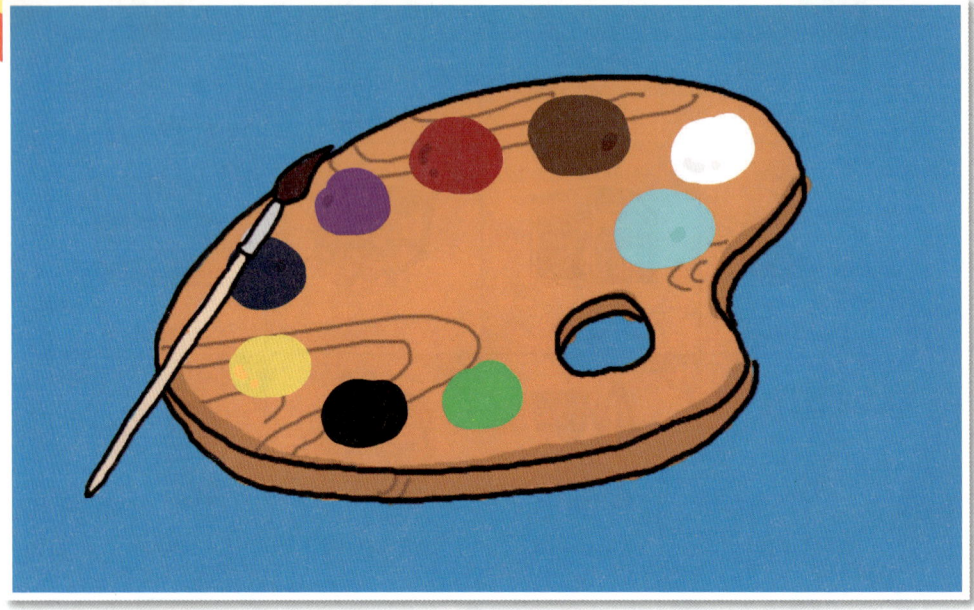

A 무슨 색을 좋아하세요?
B 저는 민트색을 정말 좋아해요. 당신은요?
A 저는 초록색을 좋아해요.
B 저는 초록색도 정말 좋아해요.

What color do you like?
I love mint color. How about you?
I like green.
I love green, too.

1. **white** [와이트] 흰색
2. **black** [블랙] 검은색
3. **gray** [그레이] 회색
4. **red** [뤠드] 빨간색
5. **orange color** [오린쥐 컬러] 주황색
6. **yellow** [옐로우] 노란색
7. **green** [그린:] 초록색
8. **blue** [블루] 파란색
9. **navy** [네이비] 남색
10. **purple** [퍼:플] 보라색
11. **pink** [핑크] 분홍색
12. **wine color** [와인 컬러] 와인색

1 white	2 black	3 gray	4 red
5 orange color	6 yellow	7 green	8 blue
9 navy	10 purple	11 pink	12 wine color
13 brown	14 blue-green(=turquoise)	15 yellowish green	16 ivory
17 mint color	18 gold color	19 silver color	20 fluorescent color

Chapter 6 생활

- 13. **brown** [브라운] 갈색
- 14. **blue-green(=turquoise)** [블루-그린(=털쿼이즈)] 청록색
- 15. **yellowish green** [옐로위시 그린] 연두색
- 16. **ivory** [아이보리] 상아색
- 17. **mint color** [민트 컬러] 민트색
- 18. **gold color** [골드 컬러] 금색
- 19. **silver color** [실버 컬러] 은색
- 20. **fluorescent color** [플로:레선트 컬러] 형광색

Unit 55 수학

A 50 곱하기 25는 무엇인가요?
B 1,250입니다.
A 곱셈이 정말 빠르구나. 그럼 80 곱하기 70은?
B 5,600입니다.

What is 50 multiplied by 25?
It is 1,250.
You multiply so fast. Then, what is 80 multiplied by 70?
It is 5,600.

1. **addition** [애디션] 더하기
2. **subtraction** [써브트랙션] 빼기
3. **division** [디비젼] 나누기
4. **multiplication** [멀티플리케이션] 곱하기
5. **sum(=total)** [썸(=토털)] 합
6. **square** [스퀘어] 제곱
7. **cubing(=cube)** [큐빙(=큐브)] 세제곱
8. **root symbol** [룻 심벌] 루트기호
9. **coefficient** [코우이피션트] 계수
10. **multiple** [멀티플] 배수
11. **fraction** [프랙션] 분수
12. **denominator** [디노:미네이러] 분모
13. **percentage** [펄센티쥐] 백분율
14. **average(=mean)** [애버리쥐(=민:)] 평균

1 $+$ addition	**2** $-$ subtraction	**3** $\div$ division	**4** $\times$ multiplication
5 $=$ sum(=total)	**6** 2 square	**7** 3 cubing(=cube)	**8** $\sqrt{}$ root symbol
9 a x + b = 0 coefficient	**10** 2, 4, 6, 8 multiple	**11** 2/3 fraction	**12** 2/**3** denominator
13 % percentage	**14** $\frac{5+5+10}{5}=4$ average(=mean)	**15** ( ) parenthesis	**16** function
17 3x + 2 =14 equation	**18** differential	**19** integral calculus	**20** sine

15. **parenthesis** [퍼렌써시스] 괄호
16. **function** [펑크션] 함수
17. **equation** [이퀘이션] 방정식
18. **differential** [디퍼렌셜] 미분
19. **integral calculus** [인티그럴 캘컬러스] 적분
20. **sine** [싸인] 사인

연습문제 11 [Unit 51~55]

1-5 단어와 뜻을 서로 연결하세요.

1. composer
2. trumpet
3. art gallery
4. purple
5. addition

ⓐ 미술관
ⓑ 트럼펫
ⓒ 작곡가
ⓓ 더하기
ⓔ 보라색

6-10 그림에 해당하는 단어를 찾아 문장을 완성하세요.

6. Before playing soccer, people usually sing along _____s.
   ⓐ hip hop   ⓑ national anthem

7. _____(s) are generally played in Scotland.
   ⓐ Bagpipes   ⓑ Horn

8. Easels, paint brushes, paints and _____s compose art supplies.
   ⓐ artist   ⓑ palette

9. _____ is made with red and yellow.
   ⓐ Orange color   ⓑ Silver color

10. The _____ of two natural numbers' addition is usually smaller than the result of their multiplication.
    ⓐ sum   ⓑ division

11-15 주어진 뜻을 보고 빈칸에 가장 적절한 단어를 써보세요.

| white | art institute | piano | musician | average |

11. (음악가) ....
12. (피아노) ....
13. (미술 학원) ....
14. (흰색) ....
15. (평균) ....

16-20 영어 문장을 보고 뜻을 써보세요. 뜻을 보고는 영어 문장을 써보세요.

16. Who's the conductor at this competition?

17. Do you have any special reason to learn the violin?

18. I went to the Van Gogh exhibition yesterday.

19. 무슨 색을 좋아하세요?

20. 곱셈이 정말 빠르구나.

Unit 56 선과 도형

🅐 사각형의 네 각의 합은 몇 도인가요?

🅑 360도입니다.

🅐 그럼 삼각형의 세 각의 합은요?

🅑 180도 입니다.

What is the sum of four angles of a quadrangle?
It is 360 degrees.
Then, what is the sum of three angles of a triangle?
It is 180 degrees.

1. **solid line** [쏠:리드 라인] 실선
2. **dashed line** [대쉬드 라인] 파선
3. **dotted line** [다:티드 라인] 점선
4. **curved** [컬:브드] 곡선의
5. **diagonal** [다이애거널] 대각선의
6. **horizontal** [호:리즌:털] 수평의
7. **parallel** [퍼럴렐] 평행의
8. **straight** [스트레잇] 직선의
9. **vertical** [벌:티컬] 수직의
10. **wavy** [웨이비] 물결모양의
11. **zigzag** [직잭] 지그재그의
12. **circle** [썰:클] 원

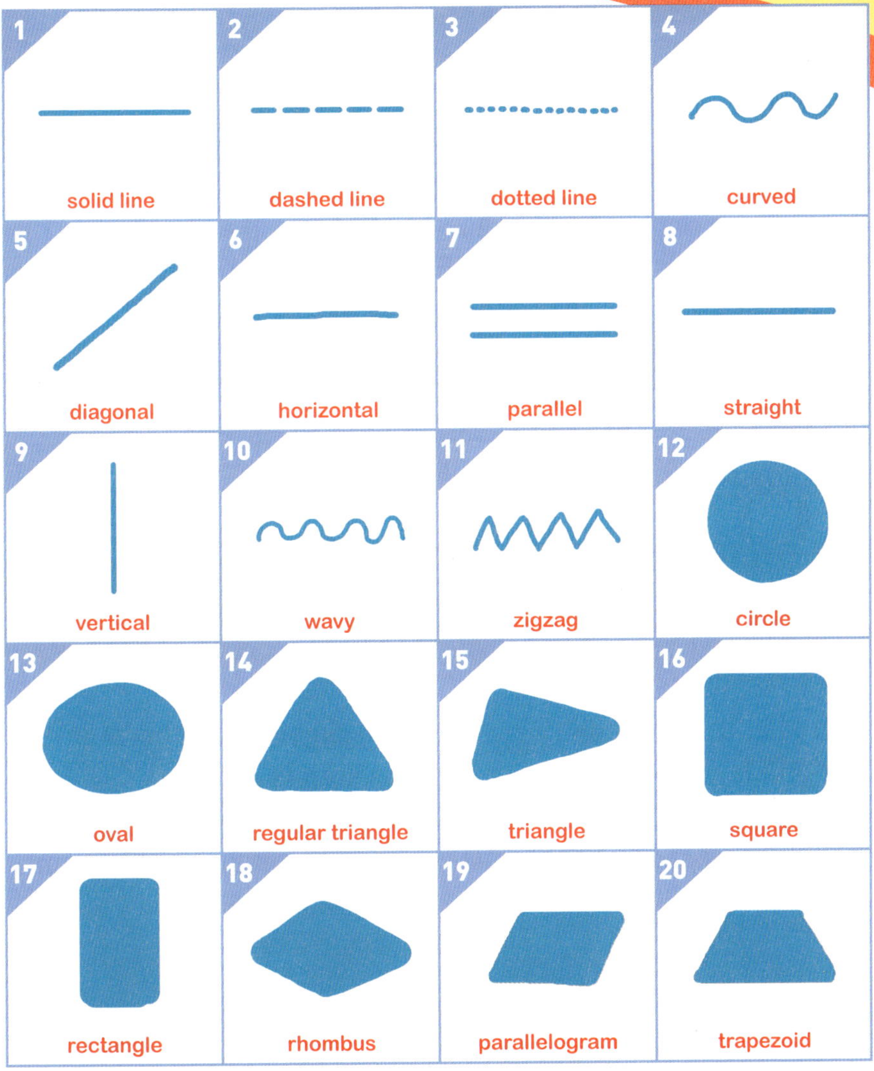

1 solid line	2 dashed line	3 dotted line	4 curved
5 diagonal	6 horizontal	7 parallel	8 straight
9 vertical	10 wavy	11 zigzag	12 circle
13 oval	14 regular triangle	15 triangle	16 square
17 rectangle	18 rhombus	19 parallelogram	20 trapezoid

13. **oval** [오벌] 타원형
14. **regular triangle** [레귤러 트라이앵글] 정삼각형
15. **triangle** [트라이앵글] 삼각형
16. **square** [스퀘어] 정사각형
17. **rectangle** [뤡탱글] 직사각형
18. **rhombus** [롬:버스] 마름모
19. **parallelogram** [퍼럴렐로그램] 평행사변형
20. **trapezoid** [트래피조이드] 사다리꼴

  ## 자판 기호

🅐 이 기호(:)는 어떻게 불러요?
🅑 이 기호는 콜론이에요.
🅐 그럼 이 기호(@)는요?
🅑 이건 이메일 주소에 쓰이는 엣 사인이에요.

What do you call this sign?
This sign is a colon.
What is this, then?
This is the at sign used in an e-mail address.

1. **tilde** [틸드] ~ 물결기호
2. **exclamation mark** [익스클래메이션 마크] ! 느낌표
3. **at sign** [앳 싸인] @ 이메일 도메인 기호
4. **hashtag** [해쉬택] # 해시태그
5. **dollar sign** [달:러 싸인] $ 달러기호
6. **percent sign** [펄쎈트 싸인] % 백분율 기호
7. **circumflex** [썰:컴플렉스] ^ 액센트
8. **ampersand** [앰펄샌드] & 앤드 기호
9. **asterisk** [애스터리스크] * 별표, 백설표
10. **parenthesis** [퍼렌써씨스] ( ) 괄호
11. **hyphen, dash** [하이픈, 대쉬] - 하이픈, 대쉬

1 ~ tilde	2 ! exclamation mark	3 @ at sign	4 # hashtag
5 $ dollar sign	6 % percent sign	7 ^ circumflex	8 & ampersand
9 * asterisk	10 ( ) parenthesis	11 - hyphen, dash	12 _ underline
13 + plus sign	14 = equal sign	15 \ backslash	16 | vertical bar
17 / slash	18 [ ] bracket	19 { } brace	20 : colon

Chapter 6 생활

 단어

12. **underline** [언덜라인] _ 밑줄, 언더바
13. **plus sign** [플러스 싸인] + 더하기 기호
14. **euqal sign** [이퀄 싸인] = 등호
15. **backslash** [백 슬래쉬] \ 백슬래쉬
16. **vertical bar** [버:티컬 바] | 세로선
17. **slash** [슬래쉬] / 슬래쉬
18. **bracket** [브래킷] [ ] 대괄호
19. **brace** [브레이스] { } 중괄호
20. **colon** [콜론] : 콜론

Unit 58 이모티콘

Ⓐ 이 이모티콘(l–))은 무슨 뜻이야?
Ⓑ 그건 '헤헤 웃다'라는 뜻이야.
Ⓐ 그럼 이 이모티콘(:@)은?
Ⓑ 그건 '뭐라고'라는 뜻이고.

What does this emoticon mean?
It means 'laugh foolishly.'
What does this mean?
That says 'what?'.

1. **being sad** [비잉 쌔드] :(슬프다
2. **smile** [스마일] :-) 웃다
3. **gaspingly** [개스핑리] :-* 헉
4. **What?** [왓] :@ 뭐라고?
5. **feeling bad** [필:링 배드] :-[기분이 안 좋아
6. **Well done. Good.** [웰 던. 굿.] :^D 잘했어, 좋아
7. **I can't believe it. I'm so blue.** [아이 캔트 빌리빗. 아임 쏘 블루.] :-C 안 믿겨져, 정말 우울해
8. **lack of expression** [랙 오 빅쓰프레션] :-| 무표정
9. **so so** [쏘 쏘] :~/ 그냥 그래
10. **undecided** [언디싸이디드] :-\ 결정되지 않았어
11. **Wow** [와우] :-O 와우
12. **oh well** [오 웰] :-P 에이~~
13. **shocked** [샥트] :O 충격 받은
14. **silence at one corner** [싸일런스 앳 원 코:너] :-Y 한쪽에서 침묵

#	Emoticon	Meaning
1	:(	being sad
2	:-)	smile
3	:-*	gaspingly
4	:@	What?
5	:-[	feeling bad
6	:^D	Well done. Good.
7	:-C	I can't believe it. I'm so blue.
8	:-I	lack of expression
9	:~/	so so
10	:-\	undecided
11	:-O	Wow
12	:-P	oh well
13	:O	shocked
14	:-Y	silence at one corner
15	^	best
16	^5	high five
17	I-)	laugh foolishly
18	I-I	feeling sleepy
19	I-O	yawn
20	>:-<	being angry

15. **best** [베스트] ^ 최고
16. **high five** [하이 파이브] ^5 하이파이브
17. **laugh foolishly** [래프 풀리쉴리] I-) 헤헤 웃다
18. **feeling sleepy** [필:링 슬리피] I-I 졸려
19. **yawn** [요온] I-O 하품
20. **being angry** [비잉 앵그리] >:-< 화나다

Unit 59 학용품

A 지우개 좀 빌려줄래? Can I borrow your eraser, please?
B 이거 써. 그리고 그건 너 가져도 돼. Use this one. And you can keep it.
A 와, 정말이니? 너무 고마워. Wow, really? Thank you very much.
B 뭘. You're welcome.

1. **eraser** [이레이저] 지우개
2. **notebook** [노트북] 공책
3. **pencil** [펜슬] 연필
4. **mechanical pencil** [미케니컬 펜슬] 샤프
5. **sharp lead** [샤:프 레드] 샤프심
6. **ballpoint pen** [볼:포인트 펜] 볼펜
7. **highlighter** [하이라이터] 형광펜
8. **ruler** [룰:러] 자
9. **box cutter** [박:스 커터] 칼
10. **compass** [컴파스] 컴퍼스
11. **scissors** [씨절스] 가위
12. **colored pencil** [컬러ㄷ 펜슬] 색연필

1 eraser	2 notebook	3 pencil	4 mechanical pencil
5 sharp lead	6 ballpoint pen	7 highlighter	8 ruler
9 box cutter	10 compass	11 scissors	12 colored pencil
13 notebook	14 correction tape	15 glass tape	16 post-it
17 pencil case	18 bag	19 pencil sharpener	20 glue stick

Chapter 6 생활

 단어

13. **notebook** [노트북] 수첩
14. **correction tape** [커렉션 테잎] 수정 테이프
15. **glass tape** [글래쓰 테잎] 유리테이프
16. **post-it** [포스트 잇] 포스트 잇
17. **pencil case** [펜슬 케이스] 필통
18. **bag** [백] 가방
19. **pencil sharpener** [펜슬 샤프너] 연필깎이
20. **glue stick** [글루: 스틱] 딱풀

Unit 60 인터넷

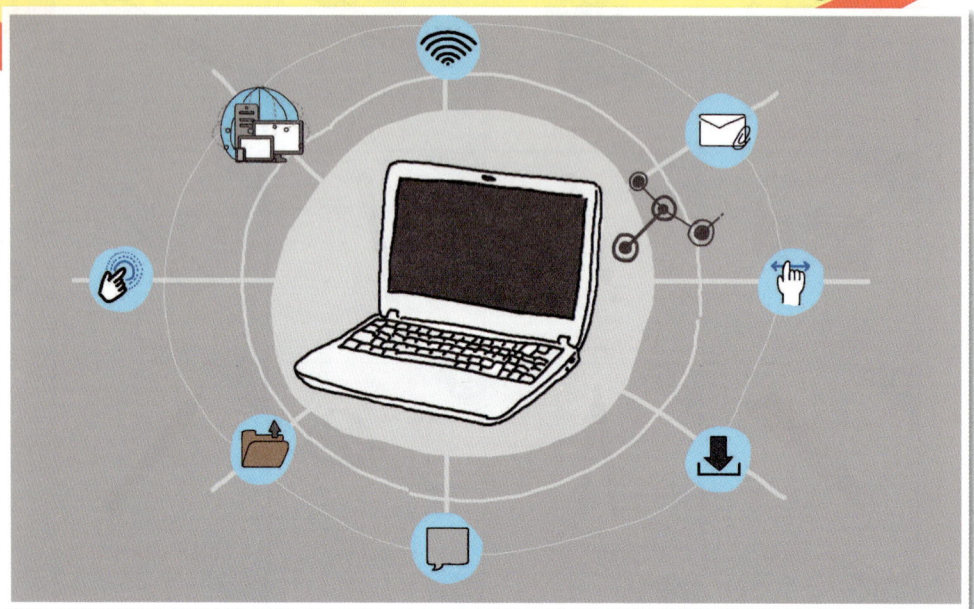

Ⓐ	나는 요즘 유튜브를 시작했어.	Recently, I opened my Youtube channel.
Ⓑ	뭘 올리고 있니?	What are you uploading?
Ⓐ	우리 집의 강아지 일상생활을 찍어서 올리고 있어.	I record my puppy's everyday life and upload the recordings.
Ⓑ	나는 그것들을 빨리 보고싶어!	I can't wait to watch them!

1. **404 error** [포로포 에러] 페이지가 없음
2. **access** [액쎄스] 접근
3. **attachment** [어태취먼트] 첨부
4. **comment** [커멘트] 댓글
5. **connect** [커넥트] 연결하다
6. **download** [다운로드] 다운로드
7. **drag** [드랙] 끌다
8. **firewall** [파이어월:] 방화벽
9. **install** [인스톨:] 설치하다
10. **ISP** [아이에스피:] 인터넷 서비스 제공자

1. 404 error	2. access	3. attachment	4. comment
5. connect	6. download	7. drag	8. firewall
9. install	10. ISP	11. IT	12. hotspot
13. lurker	14. mouse potato	15. phishing	16. SNS
17. thumbnail	18. upload	19. username	20. video lecture

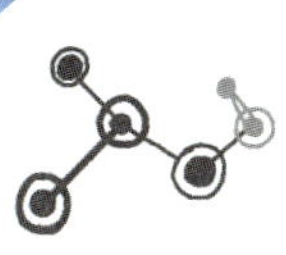

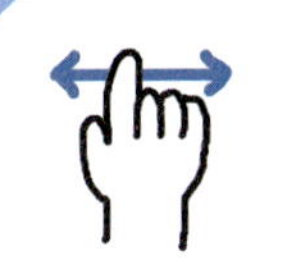

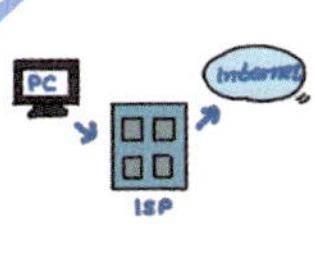

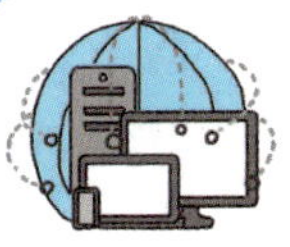

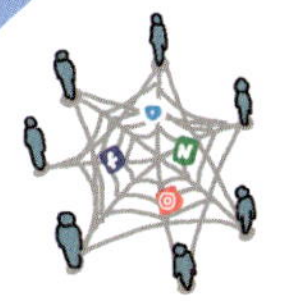

11. **IT** [아이티:] 정보통신 기술
12. **hotspot** [핫스팟:] 핫스팟
13. **lurker** [럴:커] 눈팅족
14. **mouse potato** [마우스 포테이토] 인터넷 중독
15. **phishing** [피싱] 피싱사기
16. **SNS** [에스에네스] 소셜 네트워크 서비스
17. **thumbnail** [썸네일] 섬네일
18. **upload** [업로드] 업로드하다
19. **username** [유절네임] 사용자 이름
20. **video lecture** [비디오 렉쳐] 동영상 강의

연습문제 12 [Unit 56~60]

1-5 단어와 뜻을 서로 연결하세요.

1. vertical
2. exclamation mark
3. smile
4. ruler
5. comment

ⓐ 웃다 :-)
ⓑ 자
ⓒ 느낌표
ⓓ 댓글
ⓔ 수직의

6-10 그림에 해당하는 단어를 찾아 문장을 완성하세요.

6. A _____ is made of so many dots/points on a line.
ⓐ dotted line ⓑ circle

7. When you write down your e-mail address, you should use the _____.
ⓐ hashtag ⓑ at sign

8. What was the concert like? – _____.
ⓐ So so ⓑ Well done. Good.

9. A _____ does not need the pencil sharpener.
ⓐ sharp lead
ⓑ mechanical pencil

10. Because of the COVID-19, students should use the _____ to learn new things.
ⓐ IT ⓑ video lecture

11-15 주어진 뜻을 보고 빈칸에 가장 적절한 단어를 써보세요.

> What? :@   square   notebook   access   underline

11. (정사각형) ....
12. (밑줄, 언더바) ....
13. (뭐라고?) ....
14. (공책) ....
15. (접근) ....

16-20 영어 문장을 보고 뜻을 써보세요. 뜻을 보고는 영어 문장을 써보세요.

16. What is the sum of four angles of a quadrangle?

17. What do you call this sign?

18. It means 'laugh foolishly.'

19. 지우개 좀 빌려줄래?

20. 뭘 올리고 있니?

Unit 61 학교

🅐 우리는 곧 중학생이 되는구나.	We'll be middle school students soon.
🅑 너는 새로운 각오가 있니?	Do you have any new resolution?
🅐 컴퓨터 관련 자격증을 3개 따려고 해.	I will get three computer licenses.
🅑 좋은 생각이야!	What a nice idea!

1. **kindergarten** [킨더가:튼] 유치원
2. **elementary school** [엘레멘터리 스쿨] 초등학교
3. **middle school** [미들 스쿨] 중학교
4. **high school** [하이 스쿨] 고등학교
5. **university, college** [유:니버:서티, 칼:리쥐] 대학교
6. **playground** [플레이그라운드] 운동장
7. **infirmary** [인퍼:머리] 양호실
8. **dormitory** [돌:미터:리] 기숙사
9. **classroom** [클래쓰룸:] 교실
10. **class** [클래쓰] 수업
11. **textbook** [텍스트북] 교과서

1 kindergarten	2 elementary school	3 middle school	4 high school
5 university, college	6 playground	7 infirmary	8 dormitory
9 classroom	10 class	11 textbook	12 test(=examination)
13 homework	14 scholarship	15 report card	16 entrance ceremony
17 graduation ceremony	18 homeroom teacher	19 stall	20 classmate

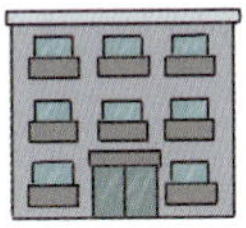

Chapter 6 생활

 단어

12. **test(=examination)** [테스트(=이그재미네이션)] 시험
13. **homework** [홈월크] 숙제
14. **scholarship** [스칼:라쉽] 장학금
15. **report card** [리포트 카드] 성적표
16. **entrance ceremony** [엔트런스 세리머니] 입학식
17. **graduation ceremony** [그래쥬에이션 세리머니] 졸업식
18. **homeroom teacher** [홈룸: 티쳐] 담임
19. **stall** [스톨:] 매점
20. **classmate** [클래쓰메이트] 반 친구

Unit 62 교과목

- A 좋아하는 과목이 뭐예요?
- B 저는 수학을 좋아해요. 당신은요?
- A 저는 체육을 좋아합니다.
- B 저도 체육을 좋아해요.

What is your favorite subject?
I like mathematics. What about you?
I like physical education.
I like it, too.

1. **mathematics** [매쓰매틱스] 수학
2. **history** [히스토리] 역사
3. **science** [싸이언스] 과학
4. **literature** [리터리춰] 문학
5. **earthscience** [얼쓰싸이언스] 지구과학
6. **philosophy** [필로:소피] 철학
7. **geography** [지오:그래피] 지리
8. **psychology** [싸이칼:러지] 심리학
9. **biology** [바이알:러지] 생물학
10. **astronomy** [애스트로:노미] 천문학
11. **art** [아:트] 미술
12. **physics** [피직스] 물리학

1 mathematics	2 history	3 science	4 literature
5 earthscience	6 philosophy	7 geography	8 psychology
9 biology	10 astronomy	11 art	12 physics
13 economics	14 pedagogy	15 English literature	16 ecology
17 theology	18 engineering	19 mandatory subject	20 elective (course)

Chapter 6 생활

13. **economics** [이:코노:믹스] 경제학
14. **pedagogy** [페더고:지] 교육학
15. **English literature** [잉글리쉬 리터리쳐] 영문학
16. **ecology** [이칼:러쥐] 생태학
17. **theology** [씨알:러쥐] 신학
18. **engineering** [엔쥐니어링] 공학
19. **mandatory subject** [맨더토:리 써브젝트] 필수과목
20. **elective (course)** [일렉티브 (코스)] 선택과목

Unit 63 나무

🅐 세상에서 제일 큰 나무는 어디에 있나요? Where is the tallest tree in the world?

🅑 그것은 세쿼이아 국립 공원에 있어요. It is in the Sequoia National Park.

🅐 아, 그렇군요. 직접 가서 보고 싶어요. Oh, I see. I want to see it in person.

🅑 저는 공원에 가서 그 나무를 봤는데, 정말 커요. I visited the Park and saw the tree. It is really huge.

1. **cedar** [씨덜] 삼나무
2. **palm tree** [팜 츄리] 종려나무
3. **lemon tree** [레먼 츄리] 레몬나무
4. **birch** [벌취] 자작나무
5. **gingko (tree)** [징코 (츄리)] 은행나무
6. **maple (tree)** [메이플 (츄리)] 단풍나무
7. **zelkova (tree)** [젤코우바 (츄리)] 느티나무
8. **pine** [파인] 소나무
9. **fir** [퍼] 전나무
10. **persimmon tree** [펄씨먼 츄리] 감나무
11. **apple tree** [애플 츄리] 사과나무
12. **willow tree** [윌로우 츄리] 버드나무
13. **cypress** [싸이프러쓰] 편백나무
14. **nut pine** [넛 파인] 잣나무

1 cedar	2 palm tree	3 lemon tree	4 birch
5 gingko (tree)	6 maple (tree)	7 zelkova (tree)	8 pine
9 fir	10 persimmon tree	11 apple tree	12 willow tree
13 cypress	14 nut pine	15 palm tree	16 metasequoia
17 khingan fir	18 Korean plum-yem	19 Korean arborvitae	20 chestnut tree

Chapter **7** 자연

 단어

15. **palm tree** [팜 츄리] 야자수나무
16. **metasequoia** [메타세콰이어] 메타세콰이아
17. **khingan fir** [킹건 퍼] 분비나무
18. **Korean plum-yem** [코리언 플럼-옘] 개비자나무
19. **Korean arborvitae** [코리언 알보바이티] 눈측백
20. **chestnut tree** [체슷넛 츄리] 밤나무

Unit 64 꽃

- A 여기 정원은 꽃이 만발하네.
- B 이 꽃 이름은 뭐야?
- A 이것은 수선화야.
- B 정말 아름답구나!

This garden is full of flowers.
What's the name of this flower?
This is a daffodil.
How beautiful!

단어

1. **rose of Sharon** [로즈 옵 샤론] 무궁화
2. **daffodil** [대퍼딜] 수선화
3. **saffron** [새프런] 사프란
4. **hyacinth** [히아신쓰] 히아신스
5. **violet** [바이올렛] 제비꽃
6. **tulip** [튤립] 튤립
7. **rose** [로즈] 장미
8. **forget-me-not** [폴겟-미-낫] 물망초
9. **anemone** [어네모니] 아네모네
10. **mum(=chrysanthemum)** [멈(=크리잔티멈)] 국화

1 rose of Sharon	2 daffodil	3 saffron	4 hyacinth
5 violet	6 tulip	7 rose	8 forget-me-not
9 anemone	10 mum (=chrysanthemum)	11 cherryblossom	12 chamomile
13 daphne	14 camellia	15 dandelion	16 water lily
17 aster	18 pink	19 carnation	20 lilac

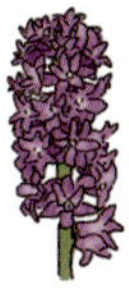

Chapter 7 자연

11. **cherryblossom** [췌뤼블러썸] 벚꽃
12. **chamomile** [캐모마일] 캐모마일
13. **daphne** [대프니] 서향
14. **camellia** [커밀리아] 동백꽃
15. **dandelion** [댄들라이언] 민들레
16. **water lily** [워:터 릴리] 수련
17. **aster** [애스터] 과꽃
18. **pink** [핑크] 패랭이꽃
19. **carnation** [카네이션] 카네이션
20. **lilac** [라일락] 라일락

Unit 65 풀

A 이 풀은 꼭 강아지 꼬리처럼 생겼어.
B 맞아. 이 풀 이름은 그래서 강아지풀이야.
A 정말 귀여운 풀이구나!
B 그러게.

This grass looks like a fox's tail.
Right. So it's named a foxtail.

What a cute grass!
You said it.

*'강아지풀'은 영어로 'foxtail(여우꼬리풀)'입니다. 대화를 읽어갈 때에도 이 맥락을 고려해 주세요.

1. **foxtail** [팍스테일] 강아지풀
2. **clover** [클로버] 토끼풀
3. **ribbongrass** [리본그래스] 갈풀
4. **speedwell** [스피드웰] 꼬리풀
5. **flower-of-an-hour** [플라워-오-번-아우어] 수박풀
6. **arrowhead** [애로우헤드] 벗풀
7. **thorn apple** [쏜 애플] 흰독말풀
8. **yarrow** [야로우] 서양톱풀
9. **spear-leaf selliquea fern** [스피어-리프 셀리쿼어 펀] 고란초
10. **weed** [위드] 잡초

1 foxtail	2 clover	3 ribbongrass	4 speedwell
5 flower-of-an-hour	6 arrowhead	7 thorn apple	8 yarrow
9 spear-leaf selliquea fern	10 weed	11 oats	12 wild plant
13 dandelion	14 plantain	15 mare's-tail	16 ixeris
17 goosefoot	18 bracken (fern)	19 long-tail iris	20 daisy fleabane

Chapter 7 자연

 단어

11. **oats** [옷츠] 귀리
12. **wild plant** [와일드 플랜트] 야생초
13. **dandelion** [댄더라이언] 민들레
14. **plantain** [플랜틴] 질경이
15. **mare's-tail** [메어즈-테일] 말풀

16. **ixeris** [익세리스] 씀바귀
17. **goosefoot** [구스풋] 명아주
18. **bracken (fern)** [브래컨 (펀)] 고사리
19. **long-tail iris** [롱-테일 아이리스] 각시붓꽃
20. **daisy fleabane** [데이지 플리베인] 개망초

177

연습문제 13 [Unit 61~65]

1-5 단어와 뜻을 서로 연결하세요.

1. kindergarten 　　　　　　　ⓐ 과학
2. science 　　　　　　　　　 ⓑ 잡초
3. gingko (tree) 　　　　　　　ⓒ 튤립
4. tulip 　　　　　　　　　　 ⓓ 은행나무
5. weed 　　　　　　　　　　 ⓔ 유치원

6-10 그림에 해당하는 단어를 찾아 문장을 완성하세요.

6. A(n) _____ is the first school that a child enters.
   ⓐ elementary school
   ⓑ high school

7. _____ should be taught at school for children's good nature.
   ⓐ Art ⓑ Physics

8. In autumn, the leaves of _____ trees turn into red.
   ⓐ pine ⓑ maple

9. The national flower of Korea is the _____.
   ⓐ forget-me-not
   ⓑ rose of Sharon

10. I found out a four-leaf _____, the sign of luck.
    ⓐ clover ⓑ oats

11-15 주어진 뜻을 보고 빈칸에 가장 적절한 단어를 써보세요.

> carnation　　willow tree　　dandelion
> 　　mathematics　　playground

11. (운동장) ....
12. (수학) ....
13. (버드나무) ....
14. (카네이션) ....
15. (민들레) ....

16-20 영어 문장을 보고 뜻을 써보세요. 뜻을 보고는 영어 문장을 써보세요.

16. We'll be middle school students soon.

17. What is your favorite subject?

18. I want to see it in person.

19. 이 꽃 이름은 뭐야?

20. 정말 귀여운 풀이구나!

Unit 66  동물

A 동남아에서 코끼리를 타본 적이 있니?
B 응, 해 봤어. 그런데 다시는 안 하려고.
A 왜?
B 텔레비전에서 코끼리가 학대받는 것을 봤어.
A 그렇구나. 나도 절대 코끼리를 타지 않을래.

Have you ridden an elephant in Southeast Asia?
Yes, I have. But I will never do it again.
Why?
I saw elephants mistreated on TV.
Oh, I see. I will never ride them, either.

1. **mouse** [마우스] 쥐
2. **cow** [카우] 소
3. **tiger** [타이거] 호랑이
4. **rabbit** [래빗] 토끼
5. **dragon** [드래건] 용
6. **snake** [스네이크] 뱀
7. **horse** [호울스] 말
8. **sheep** [쉽:] 양
9. **monkey** [멍키] 원숭이

1 mouse	2 cow	3 tiger	4 rabbit
5 dragon	6 snake	7 horse	8 sheep
9 monkey	10 dog	11 pig	12 fox
13 wolf	14 hippo (=hippopotamus)	15 elephant	16 bear
17 giraffe	18 panda	19 camel	20 lion

Chapter **7** 자연

 단어

10. **dog** [독] 개
11. **pig** [픽] 돼지
12. **fox** [팍스] 여우
13. **wolf** [울프] 늑대
14. **hippo(=hippopotamus)** [히포(=히포포:타무스)] 하마
15. **elephant** [엘리펀트] 코끼리
16. **bear** [베어] 곰
17. **giraffe** [지래프] 기린
18. **panda** [팬더] 판다
19. **camel** [캐멀] 낙타
20. **lion** [라이언] 사자

Unit 67 곤충, 벌레

A 곤충의 특징이 뭔지 아니? — What are the characteristics of an insect?
B 곤충은 머리, 가슴, 배로 나뉘고 다리가 6개인 걸 말해. — An insect has a head, a thorax and an abdomen. It has six legs.
A 그럼, 거미는 곤충이 아니야? — Then, isn't the spider an insect?
B 응. 거미는 거미류에 속해. — No. The spider belongs to the genus of spider.
A 넌 정말 똑똑하구나. — You're so smart.

1. **dragonfly** [드래건플라이] 잠자리
2. **diving beetle** [다이빙 비틀] 물방개
3. **cricket** [크리켓] 귀뚜라미
4. **butterfly** [버러플라이] 나비
5. **grasshopper** [그래스하:퍼] 메뚜기
6. **pupa** [퓨:파] 번데기
7. **mantis** [맨티스] 사마귀
8. **cicada** [시카:다] 매미
9. **moth** [모:쓰] 나방
10. **ladybug** [레이디벅] 무당벌레

1 dragonfly	2 diving beetle	3 cricket	4 butterfly
5 grasshopper	6 pupa	7 mantis	8 cicada
9 moth	10 ladybug	11 fly	12 cockroach
13 mosquito	14 bee	15 ant	16 horsefly
17 spider	18 dung beetle	19 beetle	20 silkworm

Chapter 7 자연

 단어

11. **fly** [플라이] 파리
12. **cockroach** [카:크로취] 바퀴벌레
13. **mosquito** [모스퀴:토] 모기
14. **bee** [비] 벌
15. **ant** [앤트] 개미
16. **horsefly** [홀:스플라이] 등에
17. **spider** [스파이더] 거미
18. **dung beetle** [덩 비:틀] 쇠똥구리
19. **beetle** [비:틀] 딱정벌레
20. **silkworm** [씰크웜:] 누에

Unit 68  조류

A 오늘 아침에 우리 집에 제비 한 쌍이 둥지를 틀었어.
B 그럼 너에게 좋은 일이 생길거야.

A 아, 무슨 일이 생길까?
B 어쩌면 시험에 통과할지도 몰라.

This morning, a pair of swallows built a nest at our house.
Then good things will happen to you.

Oh, what will happen to me?
Maybe you will pass the exam.

1. **sparrow** [스패로우] 참새
2. **swallow** [스왈:로우] 제비
3. **common kingfisher** [커:먼 킹피셔] 물총새
4. **magpie** [맥파이] 까치
5. **crow** [크로우] 까마귀
6. **hawk** [호:크] 매
7. **wild goose** [와일드 구즈] 기러기
8. **eagle** [이:글] 독수리
9. **penguin** [펭귄] 펭귄
10. **crane** [크레인] 학
11. **dove** [더브] 비둘기
12. **duck** [덕] 오리

1 sparrow	2 swallow	3 common kingfisher	4 magpie
5 crow	6 hawk	7 wild goose	8 eagle
9 penguin	10 crane	11 dove	12 duck
13 chicken	14 turkey	15 peacock	16 mandarin duck
17 parrot	18 seagull	19 cormorant	20 pelican

13. **chicken** [취킨] 닭
14. **turkey** [털:키] 칠면조
15. **peacock** [피:콕] 공작새
16. **mandarin duck** [맨더린 덕] 원앙
17. **parrot** [패럿] 앵무새
18. **seagull** [씨:걸] 갈매기
19. **cormorant** [콜:모런트] 가마우지
20. **pelican** [펠리컨] 펠리컨

Unit 69 해양 동물

🅐 물속에서 사는 건 다 어류라고 하니?
🅑 아니, 물속에서 살면서 아가미로 호흡을 하고 척추가 있는 것이 어류야.
🅐 아, 그렇구나.

Do you call all that live in the water fish?
No, the things that live in the water, breathe by the gill and have backbone, they are fish.
Oh, I see.

단어

1. **ray(=sting ray)** [뤠이(=스팅 뤠이)] 가오리
2. **hairtail** [헤어테일] 갈치
3. **mackerel** [매크럴] 고등어
4. **flatfish(=halibut)** [플랫피쉬(=핼리벗)] 광어
5. **shark** [샤:크] 상어
6. **saury pike** [쏘:리 파이크] 꽁치
7. **squid** [스퀴드] 오징어
8. **cod** [카:드] 대구
9. **starfish** [스타:피쉬] 불가사리
10. **whale** [웨일] 고래
11. **skate** [스케이트] 홍어
12. **croaker** [크로커] 조기

1 ray(=sting ray)	2 hairtail	3 mackerel	4 flatfish(=halibut)
5 shark	6 saury pike	7 squid	8 cod
9 starfish	10 whale	11 skate	12 croaker
13 tuna	14 eel	15 sweetfish	16 rockfish
17 trout	18 crayfish	19 shrimp	20 crab

Chapter 7 자연

 단어

13. **tuna** [튜:나] 참치
14. **eel** [일:] 장어
15. **sweetfish** [스윗:피쉬] 은어
16. **rockfish** [롹피쉬] 우럭
17. **trout** [트라우트] 송어
18. **crayfish** [크레이피쉬] 가재
19. **shrimp** [쉬림프] 새우
20. **crab** [크랩] 게

Unit 70 날씨

🅐 내일 날씨는 어때요?

🅑 화창하고 맑은 날씨일 거야.

🅐 내일 그럼 우리 야외로 놀러 가요?

🅑 음, 그럴까?

How will the weather be tomorrow?

It will be sunny and clear.

Then, will we go out for a picnic tomorrow?

Well, shall we?

단어

1. **blast** [블래스트] 돌풍
2. **cold** [콜드] 차가운
3. **cloudy** [클라우디] 흐린
4. **cyclone** [싸이클론] 사이클론
5. **dew** [듀] 이슬
6. **drizzle** [드리즐] 이슬비
7. **foggy** [포:기] 안개가 낀
8. **forecast** [포어캐스트] 일기예보
9. **frost** [프로:스트] 서리
10. **gale** [게일] 강풍

1 blast	2 cold	3 cloudy	4 cyclone
5 dew	6 drizzle	7 foggy	8 forecast
9 frost	10 gale	11 gloomy	12 hail
13 humid	14 hurricane	15 icy	16 mild
17 moist	18 muggy	19 shower	20 sleet

Chapter 7 자연

 단어

- 11. **gloomy** [글루:미] 어둑어둑한
- 12. **hail** [헤일] 우박
- 13. **humid** [휴:미드] 습한
- 14. **hurricane** [허:리케인] 허리케인
- 15. **icy** [아이씨] 차디찬
- 16. **mild** [마일드] 온화한
- 17. **moist** [모이스트] 축축한
- 18. **muggy** [머기] 후텁지근한
- 19. **shower** [샤워] 소나기
- 20. **sleet** [슬릿:] 진눈깨비

189

연습문제 14 [Unit 66~70]

1-5 단어와 뜻을 서로 연결하세요.

1. wolf
2. dragonfly
3. duck
4. whale
5. cloudy

ⓐ 늑대
ⓑ 오리
ⓒ 흐린
ⓓ 잠자리
ⓔ 고래

6-10 그림에 해당하는 단어를 찾아 문장을 완성하세요.

6. Siberian _____s are endangered nowadays.
   ⓐ bear   ⓑ tiger

7. Moths look similar to _____. But they don't have beautiful colors.
   ⓐ mantises   ⓑ butterflies

8. _____s are protected as natural monuments in Korea.
   ⓐ Crane   ⓑ Crow

9. A _____ can be dangerous to the eggs of some fish.
   ⓐ star fish   ⓑ crab

10. A _____ can blow away trees and roofs of houses.
    ⓐ hurricane   ⓑ shower

11-15 주어진 뜻을 보고 빈칸에 가장 적절한 단어를 써보세요.

> cricket   eagle   dew
> hippo(=hippopotamus)   shark

11. (하마) _____

12. (귀뚜라미) _____

13. (독수리) _____

14. (상어) _____

15. (이슬) _____

16-20 영어 문장을 보고 뜻을 써보세요. 뜻을 보고는 영어 문장을 써보세요.

16. Have you ridden an elephant in Southeast Asia?

17. Then, isn't the spider an insect?

18. This morning, a pair of swallows built a nest at our house.

19. 물속에서 사는 건 다 어류라고 하니?

20. 화창하고 맑은 날씨일 거야.

Unit 71 환경

- 🅐 대기오염이 갈수록 심해지고 있어요.
- 🅑 우리가 무엇을 해야 할까요?
- 🅐 일회용품 사용을 줄이고, 물건을 재활용하는 것이죠.
- 🅑 지금 당장 시작해야겠군요!

The air pollution is getting worse and worse.
What should we do?
We can use disposable products less and recycle things.
We should start right now!

1. **air pollution** [에어 폴루:션] 공기오염
2. **alternative energy** [얼터너티브 에너지] 대체에너지
3. **climate change** [클라이밋 췌인쥐] 기후변화
4. **emission** [에미션] (배기가스) 배출
5. **endangered** [인데인져드] 멸종위기에 처한
6. **energy crisis** [에너지 크라이시스] 에너지 위기
7. **environmental pollution** [엔바이런먼털 폴루:션] 환경오염
8. **exhaust** [이그조:스트] (자동차의) 배기가스
9. **fallout** [폴:아웃] 방사능 낙진
10. **fossil fuel** [파슬 퓨:얼] 화석연료
11. **fumes** [퓸:즈] 매연
12. **global warming** [글로벌 워:밍] 지구 온난화
13. **greenhouse effect** [그린:하우스 이펙트] 온실효과

1 air pollution	2 alternative energy	3 climate change	4 emission
5 endangered	6 energy crisis	7 environmental pollution	8 exhaust
9 fallout	10 fossil fuel	11 fumes	12 global warming
13 greenhouse effect	14 nuclear fission	15 ozone depletion	16 ground pollution
17 acid rain	18 recycle	19 rubbish	20 water pollution

 단어

14. **nuclear fission** [뉴:클리어 피션] 핵분열
15. **ozone depletion** [오존 디플리:션] 오존층 파괴
16. **ground pollution** [그라운드 폴루:션] 토양오염
17. **acid rain** [애씨드 뤠인] 산성비
18. **recycle** [리:싸이클] 재활용하다
19. **rubbish** [러비쉬] 쓰레기
20. **water pollution** [워:터 폴루:션] 수질오염

Unit 72 지리

- A 아마존은 세계에서 가장 큰 열대우림이에요.
- B 어느 정도로 큰가요?
- A 한국의 70배 정도 된다고 해요.
- B 엄청나게 크네요!

The Amazon forest is the largest rain forest in the world.
How large is it?
It is seventy times South Korea.
How large!

1. **atmosphere** [앳모스피어] 대기
2. **bay** [베이] 만
3. **rainforest** [뤠인포:리스트] 열대 우림
4. **catastrophe** [커태스트로피] 재난
5. **cliff** [클리프] 낭떠러지
6. **desert** [데저트] 사막
7. **disaster** [디재스터] 재앙
8. **dormant volcano** [돌:먼트 볼:케이노] 휴화산
9. **drought** [드라웃트] 가뭄
10. **earthquake** [얼:쓰퀘이크] 지진
11. **eruption** [이럽션] (화산의) 분출
12. **Arctic(=the North Pole)** [알:ㅋ틱(=더 놀쓰 폴)] 북극
13. **flood** [플러드] 홍수
14. **forest** [포:리스트] 숲, 산림
15. **gravity** [그래버리] 중력

1 atmosphere	2 bay	3 rainforest	4 catastrophe
5 cliff	6 desert	7 disaster	8 dormant volcano
9 drought	10 earthquake	11 eruption	12 Arctic (=the North Pole)
13 flood	14 forest	15 gravity	16 Antarctic (=the South Pole)
17 hemisphere	18 latitude	19 longitude	20 the equator

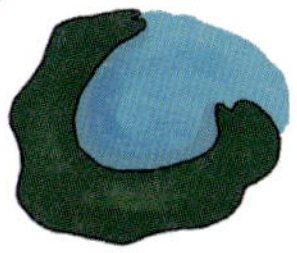

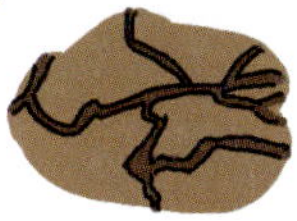

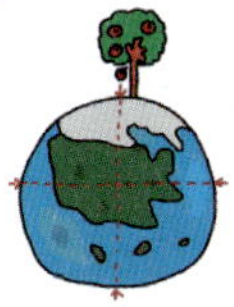

16. **Antarctic(=the South Pole)** [앤탈:ㅋ틱(=더 싸우스 폴)] 남극
17. **hemisphere** [헤미스피어] 반구
18. **latitude** [래러튜:드] 위도
19. **longitude** [롱:기튜:드] 경도
20. **the equator** [디 이퀘이터] 적도

Unit 73 천문학

🅐 우주에서 지구를 보면 어떨까?
🅑 아마 지구에 사는 인간들이 작은 먼지 같을 거야.
🅐 그러겠네. 우주를 여행하고 싶어.
🅑 나도 그래.

What would it be like to see the Earth from the universe?
People may look like tiny dust on the Earth.
One may think so. I want to travel in space.
So do I.

단어

1. **Mercury** [머:큐리] 수성
2. **Venus** [비:너스] 금성
3. **Earth** [얼:쓰] 지구
4. **Mars** [마:스] 화성
5. **Jupiter** [쥬:피터] 목성
6. **Saturn** [쌔턴] 토성
7. **Uranus** [유러너스] 천왕성
8. **Neptune** [넵튠:] 해왕성
9. **Sun** [썬] 태양
10. **Moon** [문:] 달
11. **black hole** [블랙 홀] 블랙홀
12. **alien** [에일리언] 외계인

1 Mercury	2 Venus	3 Earth	4 Mars
5 Jupiter	6 Saturn	7 Uranus	8 Neptune
9 Sun	10 Moon	11 black hole	12 alien
13 star	14 planet	15 shooting star (=meteor)	16 satellite
17 the Big Dipper	18 galaxy	19 solar system	20 solar eclipse

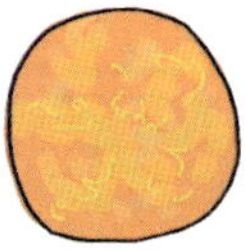

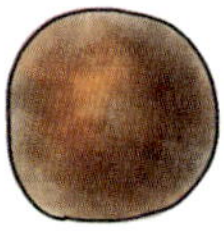

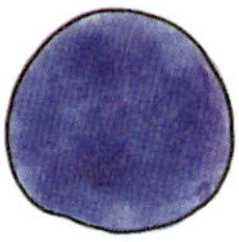

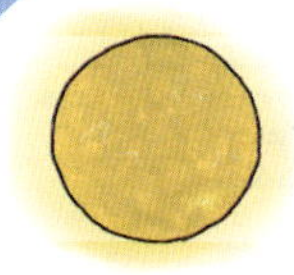

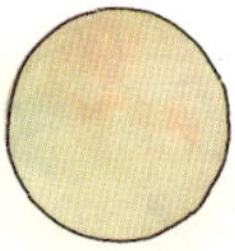

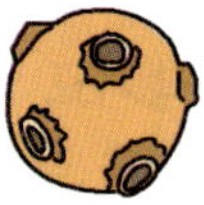

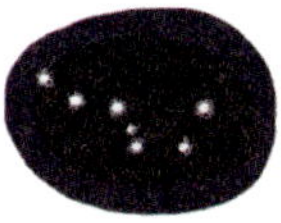

13. **star** [스타:] 별
14. **planet** [플래닛] 행성
15. **shooting star(=meteor)** [슈팅 스타:(=미:티어:)] 별똥별
16. **satellite** [새터라이트] 위성
17. **the Big Dipper** [더 빅 디퍼] 북두칠성
18. **galaxy** [갤럭시] 은하
19. **solar system** [쏠라 씨스템] 태양계
20. **solar eclipse** [쏠라 이클립스] 일식

Unit 74 공항

- Ⓐ 비행기표 발권을 하려고 하는데요.
- Ⓑ 여권을 주세요.
- Ⓐ 네, 여기 있습니다.
- Ⓑ 창가 자리 원하세요 아니면 통로 자리 원하세요?
- Ⓐ 창가 자리요.

I want to get my plane ticket.
Give me your passport, please.
Okay, here it is.
Do you want a window seat or an aisle seat?
A window seat, please.

1. **air cargo** [에얼 칼:고] 항공화물
2. **airfare** [에얼페얼] 항공운임
3. **airline** [에얼라인] 항공사
4. **airport tax** [에얼폴트 택스] 공항세
5. **arrivals board** [어라이벌즈 보:드] 도착 안내전광판
6. **baggage check** [배기쥐 체크] 수하물표
7. **baggage claim** [배기쥐 클레임] 짐 찾는 곳
8. **lounge** [라운쥐] 라운지
9. **check-in** [췌크-인] 탑승 수속
10. **customs clearance** [커스텀즈 클리어런스] 통관
11. **customs official** [커스텀즈 오피셜] 세관 직원

1 air cargo	2 airfare	3 airline	4 airport tax
5 arrivals board	6 baggage check	7 baggage claim	8 lounge
9 check-in	10 customs clearance	11 customs official	12 delayed
13 departure	14 departures board	15 destination	16 detector
17 duty-free shop	18 quarantine	19 air traffic control	20 route

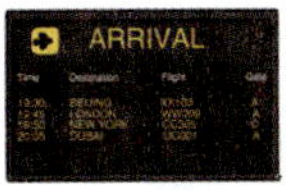

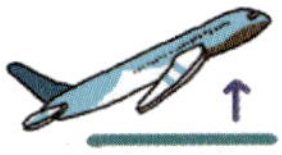

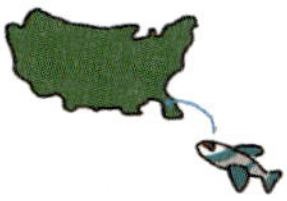

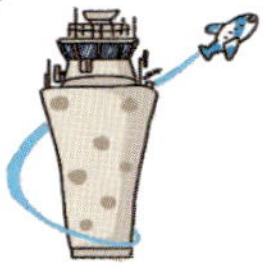

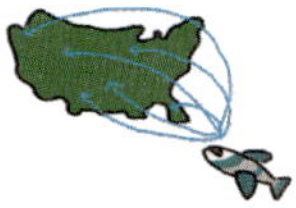

12. **delayed** [딜레이드] 연착된
13. **departure** [디파:쳐] 출발
14. **departures board** [디파:쳐즈 보:드] 출발 안내 전광판
15. **destination** [데스티네이션] 목적지
16. **detector** [디텍터] 검색대
17. **duty-free shop** [듀:리-프리 샵] 면세점
18. **quarantine** [쿼:런틴:] 검역
19. **air traffic control** [에어 트래픽 컨트롤] 항공교통관제
20. **route** [루:트] 항로

199

Unit 75 비행기

A 탑승권을 보여주시겠어요?
B 여기 있습니다.
A 비즈니스석은 이쪽 통로로 들어가시면 됩니다.
B 네, 감사합니다.

May I see your boarding pass, please?
Here it is.
You can go through this aisle to the business class.
Okay, thank you.

1. **cockpit** [콕:핏] 조종석
2. **airstair** [에어스테어] 비행기 계단
3. **aisle seat** [아일 씻] 통로 쪽 좌석
4. **window seat** [윈도우 씻] 창가 좌석
5. **blanket** [블랭킷] 담요
6. **business class** [비즈니스 클래쓰] 비즈니스석
7. **first class** [펄:스트 클래쓰] 일등석
8. **economy class** [이커:너미 클래쓰] 이코노미석
9. **cabin** [캐빈] 기내
10. **captain** [캡틴] 기장
11. **carry-on baggage** [캐리-온 배기쥐] 기내 휴대수하물
12. **disembarkation card** [디스임바:케이션 카:드] 입국카드

1 cockpit	2 airstair	3 aisle seat	4 window seat
5 blanket	6 business class	7 first class	8 economy class
9 cabin	10 captain	11 carry-on baggage	12 disembarkation card
13 embarkation card	14 emergency	15 flight attendant	16 cargo compartment
17 in-flight entertainment	18 in-flight meal	19 take-off	20 landing

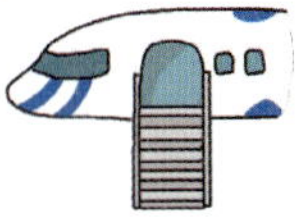

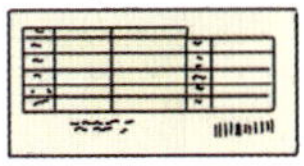

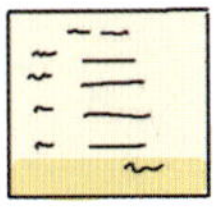

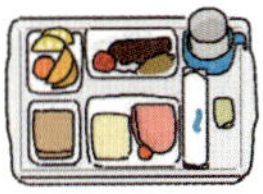

13. **embarkation card** [임바:케이션 카드] 출국카드
14. **emergency** [이멀:전시] 응급상황
15. **flight attendant** [플라잇 어텐던트] 승무원
16. **cargo compartment** [카고 컴파트먼트] 화물칸
17. **in-flight entertainment** [인-플라잇 에너테인먼트] 기내 영화
18. **in-flight meal** [인-플라잇 미일] 기내식
19. **take-off** [테이크-오:프] 이륙
20. **landing** [랜딩] 착륙

연습문제 15 [Unit 71~75]

1-5 단어와 뜻을 서로 연결하세요.

1. global warming
2. disaster
3. Venus
4. check-in
5. landing

ⓐ 탑승 수속
ⓑ 착륙
ⓒ 지구온난화
ⓓ 금성
ⓔ 재앙

6-10 그림에 해당하는 단어를 찾아 문장을 완성하세요.

6. Because of the _____, statues can melt away.
   ⓐ energy crisis   ⓑ acid rain

7. Polar bears live in the _____ region.
   ⓐ Arctic   ⓑ Antarctic

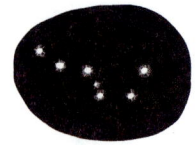

8. _____ looks like a ladle.
   ⓐ A shooting star   ⓑ The Big Dipper

9. What is your _____? – My _____ is Florida.
   ⓐ destination   ⓑ route

10. I prefer a _____ to an aisle seat for I can look out there.
    ⓐ blanket   ⓑ window seat

11-15 주어진 뜻을 보고 빈칸에 가장 적절한 단어를 써보세요.

| desert | alien | captain | rubbish | airfare |

11. (쓰레기) ....

12. (사막) ....

13. (외계인) ....

14. (항공운임) ....

15. (기장) ....

16-20 영어 문장을 보고 뜻을 써보세요. 뜻을 보고는 영어 문장을 써보세요.

16. We should start right now!

17. How large is it?

18. I want to travel in space.

19. 창가 자리요.

20. 여기 있습니다.

Unit 76 교통수단

- A 열기구를 타본 적이 있니?   Have you ever been on a balloon?
- B 응, 타봤어.   Yes, I have.
- A 무섭지 않았니?   Weren't you fearful?
- B 하나도 무섭지 않아. 너무 재미있었어.   Not at all. It was quite exciting.

1. **airplane** [에어플레인] 비행기
2. **ambulance** [앰뷸런스] 구급차
3. **balloon** [벌룬:] 열기구
4. **bicycle** [바이씨클] 자전거
5. **boat** [보웃트] 보트
6. **bus** [버스] 버스
7. **carriage** [캐리쥐] 객차
8. **convertible** [컨버:터블] 덮개 차
9. **fire engine** [파이어 엔쥔] 소방차
10. **forklift** [포크리프트] 지게차
11. **helicopter** [헬리콥:터] 헬리콥터
12. **locomotive** [로커모티브] 기관차

1 airplane	2 ambulance	3 balloon	4 bicycle
5 boat	6 bus	7 carriage	8 convertible
9 fire engine	10 forklift	11 helicopter	12 locomotive
13 motorcycle	14 mountain bike	15 police car	16 recycling truck
17 rowboat	18 scooter	19 subway	20 taxi

Chapter 8 여행과 교통

 단어

13. **motorcycle** [모터싸이클] 오토바이
14. **mountain bike** [마운틴 바이크] 산악자전거
15. **police car** [폴리:스 카:] 경찰차
16. **recycling truck** [리:싸이클링 트럭] 재활용 트럭
17. **rowboat** [로우보웃] 노 젓는 배
18. **scooter** [스쿠:터] 스쿠터
19. **subway** [써브웨이] 지하철
20. **taxi** [택시] 택시

Unit 77 자동차

A 차를 전체적으로 점검하는 게 좋겠어요.
It would be good to check the whole of the car.

B 아, 맞아.
Oh, that's right.

A 엔진 오일도 교체해야 해요.
You should change the motor oil, too.

B 그래. 수리센터에 가자.
Okay. Let's go to the car repairing center.

1. **speedometer** [스피다:미터] 속도계
2. **fuel gauge** [퓨:얼 게이쥐] 연료 표시기
3. **steering wheel** [스티어링 휠:] 핸들
4. **brake pedal** [브레이크 페달] 브레이크 페달
5. **accelerator** [억셀러레이러] 가속장치
6. **hazard lights** [해절드 라잇츠] 경고등
7. **driver's seat** [드라이버즈 씻] 운전석
8. **handbrake** [핸드브레이크] 핸드브레이크
9. **lock** [락] 잠금장치
10. **roof** [루:프] 지붕
11. **windscreen** [윈드스크린:] 앞 유리
12. **wiper** [와이퍼] 와이퍼

자동차의 구조

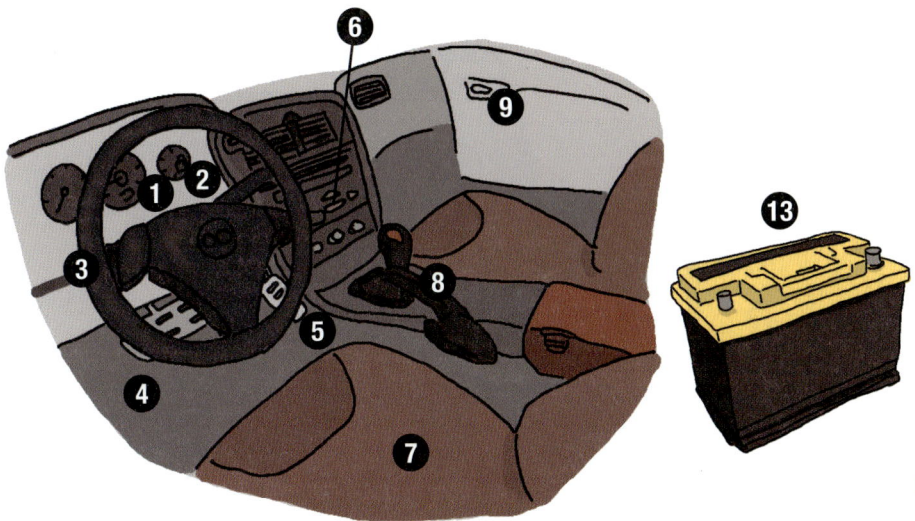

13. **battery** [배터리] 배터리
14. **hood** [후드] 보닛
15. **headlight** [헤드라잇] 헤드라이트
16. **number plate** [넘버 플레이트] 번호판
17. **fog light** [포그 라잇] 안개등
18. **bumper** [범퍼] 범퍼
19. **tire** [타이어] 타이어
20. **trunk** [트렁크] 트렁크

Unit 78 버스

🅐 버스 정류장이 어디에 있나요?
🅑 어디로 가는 버스를 타려고 하니?

🅐 서울 잠실로 가는 버스를 타려고요.
🅑 직진하다가 빵집에서 오른쪽으로 가렴.

Where is the bus stop?
Which bus do you want to get on?

The bus to Jamsil, Seoul.
Go straight and turn right at the bakery.

단어

1. **bus driver** [버스 드라이버] 버스운전사
2. **bus fare** [버스 페어] 버스 요금
3. **bus journey** [버스 져니] 버스 여행
4. **bus lane** [버스 레인] 버스 전용차선
5. **bus stop** [버스 스탑] 버스 정류소
6. **chartered bus** [차털드 버스] 전세버스
7. **coach** [코우취] 대형 관광버스
8. **comfort stop** [컴포트 스탑:] 정차
9. **direct bus** [다이렉트 버스] 직행 버스
10. **double-decker bus** [더블-데커 버스] 이층 버스
11. **express bus** [익스프레스 버스] 고속버스
12. **intercity bus** [인터씨티 버스] 시외버스
13. **last stop** [래스트 스탑] 종착역

1 bus driver	2 bus fare	3 bus journey	4 bus lane
5 bus stop	6 chartered bus	7 coach	8 comfort stop
9 direct bus	10 double-decker bus	11 express bus	12 intercity bus
13 last stop	14 loaded bus	15 luggage hold	16 microbus
17 next stop	18 night bus	19 passing lane	20 trailer bus

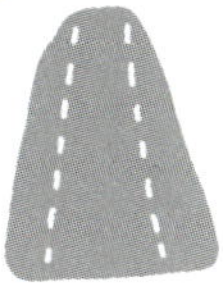

Chapter 8 여행과 교통

 단어

14. **loaded bus** [로디드 버스] 만원버스
15. **luggage hold** [러기쥐 홀드] 수화물 보관 공간
16. **microbus** [마이크로버스] 소형버스
17. **next stop** [넥스트 스탑] 다음 정거장
18. **night bus** [나잇 버스] 야간 버스
19. **passing lane** [패씽 레인] 추월 차선
20. **trailer bus** [트레일러 버스] 견인차가 달린 대형 버스

기차

🅐 뉴욕 행 티켓 두 장 주세요.

🅑 어떤 좌석으로 드릴까요?
🅐 일반석으로 두 장 주세요.
🅑 여기 있습니다.

Two tickets for New York, please.

Which seats do you want?
Two economy seats, please.
Here you are.

1. **AVE** [에이브이이] 스페인의 고속철도
2. **caboose** [커부스] (기차의) 승무원실
3. **waiting room** [웨이팅 룸] 대합실
4. **CRH** [씨알에이취] 중국의 고속철도
5. **Eurostar** [유로스타] 유로스타
6. **excursion train** [익스커:젼 트레인] 유람 열차
7. **ICE** [아이씨이/아이스] 독일의 고속 열차
8. **luggage rack** [러기쥐 랙] 소지품 걸이
9. **monorail** [모:노뤠일] 단궤 열차
10. **platform** [플랫폼:] 승강장
11. **pull into** [풀 인투] 역에 들어오다
12. **express freight train** [익스프레스 프레잇 트레인] 급행 화물열차

1 AVE	2 caboose	3 waiting room	4 CRH
5 Eurostar	6 excursion train	7 ICE	8 luggage rack
9 monorail	10 platform	11 pull into	12 express freight train
13 sleeper train	14 standee	15 stateroom	16 tail light
17 TGV	18 ticket barrier	19 ticket inspector	20 track

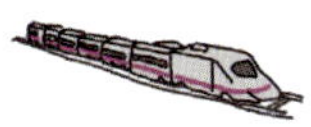

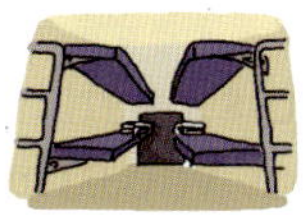

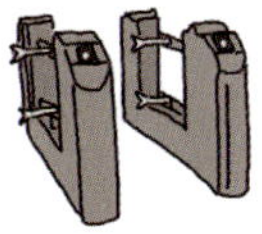

 단어

13. **sleeper train** [슬리:퍼 트레인] 침실 기차
14. **standee** [스탠디:] (열차, 극장의) 입석 승객
15. **stateroom** [스테이트룸:] 특실
16. **tail light** [테일라잇] 미등
17. **TGV** [티쥐뷔] 프랑스 고속열차
18. **ticket barrier** [티켓 배리어] 개찰구
19. **ticket inspector** [티켓 인스펙터] 검표 승무원
20. **track** [트랙] 선로

211

Unit 80 배

A 나는 이번 여름방학 때 가족들과 크루즈 여행을 가.
B 와, 부럽다. 며칠 갔다 오니?

A 20일 정도 갔다가 올 거야.
B 여행 잘 다녀와.

I'm going on a cruise with my family this summer vacation.
Wow, I envy you. How many days will you travel?
For about 20 days.
Bon voyage.

단어

1. **aircraft carrier** [에어크래프트 캐리어] 항공모함
2. **barge** [바:쥐] 바지 운반선
3. **cabin number** [캐빈 넘버] 객실 번호
4. **captain** [캡틴] 선장
5. **cargo ship** [칼:고 쉽] 화물선
6. **shipping container** [쉬핑 컨테이너] 컨테이너
7. **crew** [크루:] 승무원
8. **crude oil tanker** [크루드 오일 탱커] 원유 운반선
9. **cruise ship** [크루즈 쉽] 유람선
10. **deep-sea fishing vessel** [딥: 씨: 피싱 베셀] 원양어선
11. **warship** [워:쉽] 군함
12. **embark** [임바:크] 출항하다

1 aircraft carrier	2 barge	3 cabin number	4 captain
5 cargo ship	6 shipping container	7 crew	8 crude oil tanker
9 cruise ship	10 deep-sea fishing vessel	11 warship	12 embark
13 fishing operation	14 fishing vessel	15 harbor	16 icebreaker
17 life jacket	18 lifeboat	19 submarine	20 refrigerated carrier

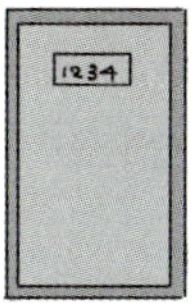

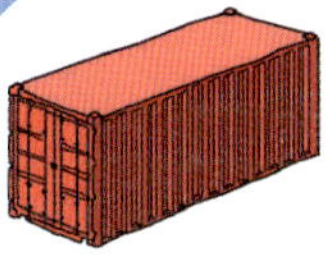

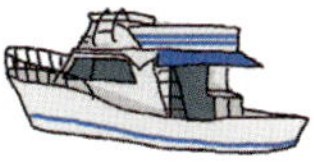

Chapter 8 여행과 교통

 단어

13. **fishing operation** [피싱 오퍼레이션] 조업
14. **fishing vessel** [피싱 베쎌] 어선
15. **harbor** [하:버] 항구
16. **icebreaker** [아이스브레이커] 쇄빙선
17. **life jacket** [라이프 재킷] 구명조끼
18. **lifeboat** [라이프보트] 구조선
19. **submarine** [써브마린:] 잠수함
20. **refrigerated carrier** [리프리저레이티드 캐리어] 냉동선

연습문제 16 [Unit 76~80]

1-5 단어와 뜻을 서로 연결하세요.

1. bicycle
2. accelerator
3. bus stop
4. platform
5. captain

ⓐ 선장
ⓑ 버스 정류장
ⓒ 가속장치
ⓓ 자전거
ⓔ 승강장

6-10 그림에 해당하는 단어를 찾아 문장을 완성하세요.

6. When an _____ came out, every car got out of its way.
ⓐ ambulance ⓑ airplane

7. The rain began. And the _____ began to work.
ⓐ windscreen ⓑ wiper

8. To get the destination early, you should take the bus. No other vehicle can violate the _____.
ⓐ bus lane ⓑ bus driver

9. To travel across Siberia, my family took the _____.
ⓐ sleeper train ⓑ express freight train

10. When you get on board, you should first take the _____ just in case.
ⓐ crew ⓑ life jacket

11-15 주어진 뜻을 보고 빈칸에 가장 적절한 단어를 써보세요.

| battery | subway | track | submarine | last stop |

11. (지하철) _____
12. (배터리) _____
13. (종착역) _____
14. (선로) _____
15. (잠수함) _____

16-20 영어 문장을 보고 뜻을 써보세요. 뜻을 보고는 영어 문장을 써보세요.

16. Have you ever been on a balloon?
   _____

17. Let's go to the car repairing center.
   _____

18. Go straight and turn right at the bakery.
   _____

19. 뉴욕 행 티켓 두 장 주세요.
   _____

20. 와, 부럽다.
   _____

Unit 81 교통안전

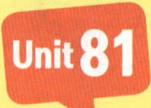

A 길을 건널 때는 양쪽을 잘 살펴봐라.	When you cross the street, look both ways carefully.
B 네, 엄마.	Okay, Mom.
A 항상 조심해야 하는 거 알지.	You know that you should always be careful.
B 아, 알겠어요. 걱정 마세요, 엄마.	Oh, I see. Don't worry, Mom.

1. **abroad** [어브로:드] 해외로
2. **convey** [컨베이] 운송하다
3. **crosswalk** [크로스워크] 횡단보도
4. **drunk driving** [드렁크 드라이빙] 음주운전
5. **driving while drowsy** [드라이빙 와일 드라우지] 졸음운전
6. **fine** [파인] 벌금
7. **hit-and-run** [힛-앤-런] 뺑소니
8. **intersection** [인터섹션] 사거리
9. **jaywalking** [제이워:킹] 무단횡단
10. **speeding** [스피딩] 과속
11. **passenger** [패씬저] 승객

1 abroad	2 convey	3 crosswalk	4 drunk driving
5 driving while drowsy	6 fine	7 hit-and-run	8 intersection
9 jaywalking	10 speeding	11 passenger	12 pavement
13 pedestrian	14 roadway	15 roundabout	16 sidewalk
17 signpost	18 street lamp	19 traffic	20 traffic light

Chapter 8 여행과 교통

12. **pavement** [페이브먼트] 포장도로
13. **pedestrian** [퍼데스트리언] 보행자
14. **roadway** [로드웨이] 도로
15. **roundabout** [롸운드어바웃] 로터리
16. **sidewalk** [싸이드웍:크] 인도
17. **signpost** [싸인포스트] 표지판
18. **street lamp** [스트릿 램프] 가로등
19. **traffic** [트래픽] 교통량
20. **traffic light** [트래픽 라잇] 신호등

217

Unit 82  관광

A 이 근처에 식물원이 있나요?

B 네. 여기서 직진해서 500m정도 가면 식물원이 보일 거예요.

A 오, 정말 감사합니다.

B 별말씀을요.

Is there a botanical garden around here?
Yes. You can go straight about 500m and then see it.
Oh, thank you very much.
You're welcome.

1. **accommodation** [어커:머데이션] 숙박시설
2. **attraction** [어트랙션] 명소
3. **carsickness** [카:씨크니스] 차멀미
4. **city sightseeing** [씨티 싸이트씨잉] 시내관광
5. **cruise** [크루:즈] 선박여행
6. **field trip** [필:드 트립] 현장 학습
7. **historic place** [히스토:릭 플레이스] 역사유적지
8. **holiday** [할:러데이] 휴가
9. **International Date Line** [인터네셔널 데잇 라인] 날짜 변경선
10. **landmark** [랜드마:크] 지역명물
11. **locals** [로컬즈] 현지인
12. **night view** [나잇 뷰] 야경

1. accommodation	2. attraction	3. carsickness	4. city sightseeing
5. cruise	6. field trip	7. historic place	8. holiday
9. International Date Line	10. landmark	11. locals	12. night view
13. observatory	14. package tour	15. outlook	16. permanent exhibition hall
17. relic	18. dabbling in water	19. ticket office	20. sunbathing

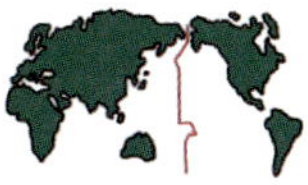

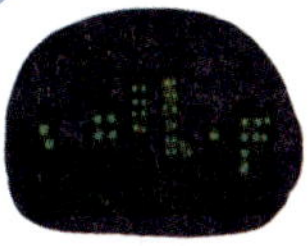

Chapter 8 여행과 교통

13. **observatory** [업절:버토:리] 전망대
14. **package tour** [패키지 투어] 패키지여행
15. **outlook** [아웃룩] 전망
16. **permanent exhibition hall** [펄머넌트 엑시비션 홀] 상설전시관
17. **relic** [렐릭] 유물
18. **dabbling in water** [대블링 인 워러] 물놀이
19. **ticket office** [티켓 오:피스] 매표소
20. **sunbathing** [썬베이딩] 일광욕

219

Unit 83  호텔

- A 예약하셨나요?
- B 네, 예약번호는 1234예요.
- A 아 네. 2인 금연 객실로 예약하셨네요.
- B 네, 맞아요.

Did you make a reservation?
Yes, the reservation number is 1234.
Ah, yes. You reserved a non-smoking double room.
Yes, right.

1. **maid service** [메이드 썰비스] 객실 청소
2. **minibar** [미니바아] 소형 냉장고
3. **non-smoking room** [난-스모킹 룸:] 금연 객실
4. **penthouse** [펜트 하우스] 특실
5. **receptionist** [리셉셔니스트] 안내원
6. **reservation** [리절베이션] 예약
7. **rollaway bed** [롤어웨이 베드] 이동식 침대
8. **room service** [룸: 썰비스] 룸서비스
9. **room with a nice view** [룸 위더 나이스 뷰] 전망 좋은 방
10. **single room** [씽글 룸:] 1인용 객실
11. **suite room** [스윗트 룸:] 고급 객실
12. **swimming pool** [스위밍 풀] 수영장
13. **wake-up call** [웨이크-업 콜] 모닝콜
14. **amenity** [어메너티] 편의시설

1 maid service	2 minibar	3 non-smoking room	4 penthouse
5 receptionist	6 reservation	7 rollaway bed	8 room service
9 room with a nice view	10 single room	11 suite room	12 swimming pool
13 wake-up call	14 amenity	15 bedding	16 chambermaid
17 check in	18 check out	19 complimentary breakfast	20 disposables

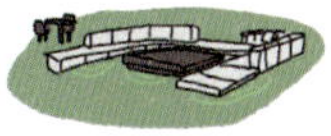

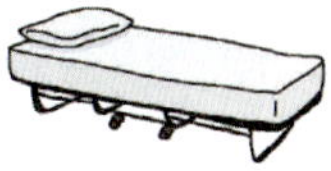

Chapter 8 여행과 교통

 단어

15. **bedding** [베딩] 침구
16. **chambermaid** [체임버메이드] 객실 담당 여종업원
17. **check in** [췌크 인] 체크인하다
18. **check out** [췌크 아웃] 체크아웃 하다
19. **complimentary breakfast** [컴플리멘터리 브렉퍼스트] 조식 무료
20. **disposables** [디스포저블즈] 일회용품들

221

Unit 84 레스토랑

A 오늘의 점심 특별메뉴는 무엇인가요?
B 칠면조 요리에요.
A 그걸로 주세요.
B 네, 바로 준비해 드릴게요.

What is today's lunch special?
It is a turkey.
I'll have it.
Okay, your dish will be ready right away.

1. **appetizer** [애피타이저] 전채요리
2. **bill** [빌] 계산서
3. **chef** [쉐프] 요리사
4. **cuisine** [퀴진:] 요리법
5. **dish of the day** [디쉬 옵 더 데이] 오늘의 음식
6. **restaurant** [뤠스토란트] 식당
7. **fancy restaurant** [팬시 뤠스토란트] 고급 레스토랑
8. **high chair** [하이 췌어] 어린이용 의자
9. **leftover** [레프트오버] 남은 음식
10. **lunch special** [런취 스페셜] 점심 특별메뉴
11. **main dish** [메인 디쉬] 주 요리
12. **make a reservation** [메이커 레저베이션] 예약하다
13. **medium** [미디엄] 중간 정도로 익힘
14. **order** [오더] 주문

1 appetizer	2 bill	3 chef	4 cuisine
5 dish of the day	6 restaurant	7 fancy restaurant	8 high chair
9 leftover	10 lunch special	11 main dish	12 make a reservation
13 medium	14 order	15 well-cooked	16 overcooked
17 rare	18 reserved seat	19 service included	20 take out

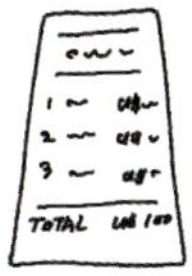

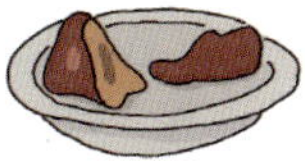

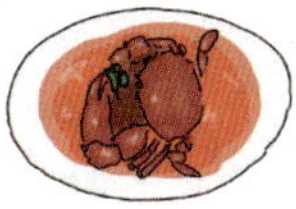

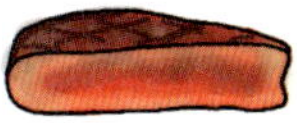

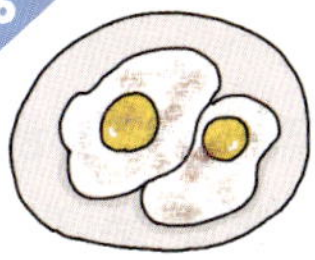

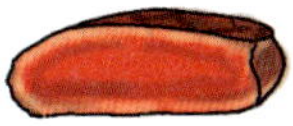

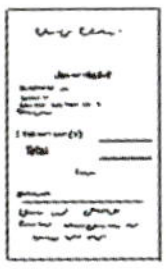

Chapter 8 여행과 교통

 단어

15. **well-cooked** [웰-쿡트] 잘 익은
16. **overcooked** [오버쿡트] 너무 익은
17. **rare** [뤠어] 설익은
18. **reserved seat** [리저:브드 씻] 예약석
19. **service included** [써비스 인클루디드] 팁이 포함됨
20. **take out** [테이크 아웃] 가지고 나가다

Unit 85 레스토랑 음식

A 무엇을 주문하시겠습니까?
B 오믈렛 두 개 주세요. 계란은 너무 익히지 말아주세요.
A 네, 오믈렛 두 개 해서 30달러입니다.
B 알겠습니다. 여기요.

What would you order?
Two omelets, please. The egg part shouldn't be overcooked.
Okay, two omelets cost 30 dollars.
I see. Here it is.

1. **canapé** [까나페] 카나페
2. **crumble** [크럼블] 크럼블
3. **dessert** [디저:트] 후식
4. **fish and chips** [피쉬 앤 칩스] 생선튀김과 감자튀김
5. **fried rice** [프라이드 롸이스] 볶음밥
6. **gratin** [그래튼] 그라탕
7. **lasagna** [라자냐] 라자냐
8. **main dish** [메인 디쉬] 주 요리
9. **mixed brill** [믹스트 브릴] 섞음 구이
10. **omelet** [오믈렛] 오믈렛
11. **pastry** [페이스트리] 구운 과자
12. **pudding** [푸딩] 푸딩

1 canapé	2 crumble	3 dessert	4 fish and chips
5 fried rice	6 gratin	7 lasagna	8 main dish
9 mixed brill	10 omelet	11 pastry	12 pudding
13 roast	14 salad	15 scramble	16 pie
17 sorbet	18 soup	19 spaghetti	20 steak

Chapter 8 여행과 교통

13. **roast** [뤄스트] 구이 요리
14. **salad** [샐러드] 샐러드
15. **scramble** [스크램블] 재료를 뒤섞은 요리
16. **pie** [파이] 파이
17. **sorbet** [소:르베이] 셔벗
18. **soup** [숲] 수프
19. **spaghetti** [스파게리] 스파게티
20. **steak** [스테이크] 스테이크

연습문제 17 [Unit 81~85]

1-5 단어와 뜻을 서로 연결하세요.

1. passenger
2. holiday
3. reservation
4. bill
5. steak

ⓐ 계산서
ⓑ 스테이크
ⓒ 휴가
ⓓ 예약
ⓔ 승객

6-10 그림에 해당하는 단어를 찾아 문장을 완성하세요.

6. When you drive, you should watch out for _____s.
   ⓐ street lamp ⓑ pedestrian

7. Tom should tune his watch when the plane crossed the _____.
   ⓐ historic place
   ⓑ International Date Line

8. When my family entered the hotel room, I ran straight to the _____ and found out cool drinks.
   ⓐ minibar ⓑ single room

9. The _____ was so good that we could enjoy our meal.
   ⓐ bill ⓑ chef

10. What would you like for _____? – I'd like an ice cream.
    ⓐ dessert ⓑ main dish

226

11-15 주어진 뜻을 보고 빈칸에 가장 적절한 단어를 써보세요.

| rare traffic pudding wake-up call attraction |

11. (교통량) ....
12. (명소) ....
13. (모닝콜) ....
14. (설익은) ....
15. (푸딩) ....

16-20 영어 문장을 보고 뜻을 써보세요. 뜻을 보고는 영어 문장을 써보세요.

16. **You know that you should always be careful.**

17. **Is there a botanical garden around here?**

18. **Did you make a reservation?**

19. 그걸로 주세요.

20. 무엇을 주문하시겠습니까?

Unit 86 쇼핑

🅐 이 컵은 얼마인가요? How much is this cup?
🅑 그것은 5달러예요. It's 5 dollars.
🅐 오, 싸네요. Oh, it's cheap.
🅑 네, 지금 재고 정리 세일 중이에요. Yes, we are having a clearance sale now.

1. **brand-new** [브랜-뉴:] 신상품
2. **cash register(=counter)** [캐쉬 레지스터(=카운터)] 계산대
3. **cheap** [칩] 저렴한
4. **clearance** [클리어런스] 재고정리
5. **defective** [디펙티브] 하자가 있는
6. **discount** [디스카운트] 할인
7. **expensive** [익스펜시브] 비싼
8. **express counter** [익스프레스 카운터] 빠른 계산대
9. **warranty(=guarantee)** [워:런티(=개런티)] 보증(서)
10. **installment** [인스톨먼트] 할부
11. **interest-free** [인터레스트-프리] 무이자의
12. **plastic bag** [플래스틱 백] 비닐봉투

1 brand-new	2 cash register(=counter)	3 cheap	4 clearance
5 defective	6 discount	7 expensive	8 express counter
9 warranty (=guarantee)	10 installment	11 interest-free	12 plastic bag
13 purchase	14 trolley	15 receipt	16 refund
17 retailer	18 sold out	19 special offer	20 good bargain

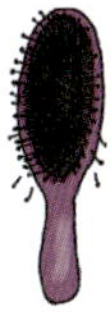

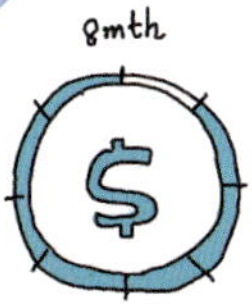

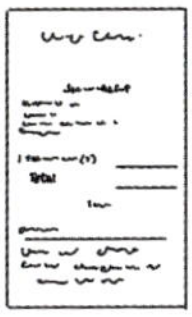

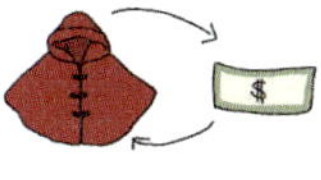

Chapter 8 여행과 교통

 단어

13. **purchase** [펄:체이스] 구입하다
14. **trolley** [트롤:리] 손수레
15. **receipt** [뤼씯:] 영수증
16. **refund** [뤼:펀드] 환불
17. **retailer** [뤼:테일러] 소매점
18. **sold out** [쏠드 아웃] 매진
19. **special offer** [스페셜 오우퍼] 특별가
20. **good bargain** [굿 바:긴] 싸게 산 물건

Unit 87 화장품

A 엄마 로션이 떨어졌어요.
B 스킨은 아직 있니?
A 네, 로션만 떨어졌어요.
B 그럼, 하나 사러 가자.

Mom, I'm out of a lotion.
Do you have a toner yet?
Yes, I'm only out of a lotion.
Then, let's go buy one.

1. **basic skin care products** [베이직 스킨 케어 프로덕츠] 기초화장품
2. **toner** [토너] 스킨
3. **lotion** [로션] 로션
4. **cream** [크림:] 크림
5. **essence** [에쎈스] 에센스
6. **eye-cream** [아이-크림] 아이크림
7. **body lotion** [바디 로션] 바디로션
8. **hand cream** [핸드 크림] 핸드크림
9. **lip balm** [립 밤] 립밤
10. **makeup** [메이컵] 색조화장품
11. **eye-shadow** [아이-쉐도우] 아이섀도
12. **lipstick** [립스틱] 립스틱
13. **eyebrow pencil** [아이브로우 펜슬] 아이브로펜슬
14. **mascara** [마스캐러] 마스카라

1. basic skin care products	2. toner	3. lotion	4. cream
5. essence	6. eye-cream	7. body lotion	8. hand cream
9. lip balm	10. makeup	11. eye-shadow	12. lipstick
13. eyebrow pencil	14. mascara	15. nail polish	16. soap
17. cleansing foam	18. sunblock	19. cushion	20. moisturizer

Chapter 8 여행과 교통

15. **nail polish** [네일 폴리쉬] 매니큐어
16. **soap** [솝] 비누
17. **cleansing foam** [클렌징 폼] 클렌징 폼
18. **sunblock** [썬 블록ː] 자외선 차단제
19. **cushion** [쿠션] 쿠션
20. **moisturizer** [모이스춰라이저] 보습제

  # 상점

A 너무 많이 걸었더니 배가 고파요.   I walked so long that I feel hungry.

B 조금 있으면 저녁을 먹을 거야.   We'll have dinner in a minute.

A 더 이상 못 기다리겠어요.   I can't wait any more.

B 저기 제과점이 있네. 빵을 좀 먹으러 가자.   There is a bakery. Let's go get some bread.

1. **antique shop** [앤티크 샵] 골동품가게
2. **bakery** [베이커리] 제과점
3. **bookmaker's** [북메이커즈] 마권가게
4. **butcher's** [붓처즈] 정육점
5. **car showroom** [카 쇼룸] 자동차 전시장
6. **charity shop** [채러티 샵] 자선가게
7. **pharmacy** [파:머씨] 약국
8. **DIY store** [디아이와이 스토어] DIY 가게
9. **dress shop** [드레스 샵] 옷 가게
10. **dry cleaner's** [드라이 클리너즈] 세탁소
11. **fishmonger** [피쉬몽거] 생선가게
12. **florist's** [플로:리스츠] 꽃집

1 antique shop	2 bakery	3 bookmaker's	4 butcher's
5 car showroom	6 charity shop	7 pharmacy	8 DIY store
9 dress shop	10 dry cleaner's	11 fishmonger	12 florist's
13 garden center	14 general store	15 gift shop	16 hairdresser's
17 hardware shop	18 stall	19 laundromat	20 stationery store

Chapter 8 여행과 교통

 단어

13. **garden center** [가:든 쎈터] 원예 용품점
14. **general store** [제네럴 스토:어] 잡화상
15. **gift shop** [기프트 샵] 선물 가게
16. **hairdresser's** [헤어드레써즈] 미용실
17. **hardware shop** [하:드웨어 샵] 철물점
18. **stall** [스톨:] 매점
19. **laundromat** [론:드러맷] 빨래방
20. **stationery store** [스테이셔너리 스토어] 문방구

233

  # 도서관

A 안나, 어디 가니?
B 도서관에 책을 빌리러 가.

A 아 그래. 나도 신간 소설을 반납해야 하는데, 같이 가도 돼?
B 그럼.

Anna, where are you going?
I'm going to the library to borrow a book.

Oh, I see. I also need to return the new novel. Can I join you?
Sure.

1. **library** [라이브러리] 도서관
2. **reading room** [뤼딩 룸:] 열람실
3. **bookshelf** [북쉘프] 서가
4. **audio-visual materials** [오디오-비주얼 메테리얼즈] 시청각자료
5. **library card** [라이브러리 카드] 대출증
6. **be overdue** [비 오버듀] 연체하다
7. **suspend book lending** [써스펜드 북 렌딩] 대출 정지하다
8. **new book** [뉴 북] 신간
9. **novel** [나블] 소설
10. **essay** [에쎄이] 수필
11. **fairy tale book** [페어리 테일 북] 동화책
12. **picture book** [픽처 북] 그림책
13. **photo collection(=photo album)** [포토 컬렉션(=포토 앨범)] 사진집
14. **book of poetry** [북 옵 포이트리] 시집

1  library	2  reading room	3  bookshelf	4  audio-visual materials
5  library card	6  be overdue	7  suspend book lending	8 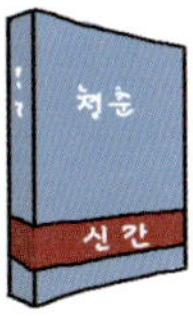 new book
9  novel	10 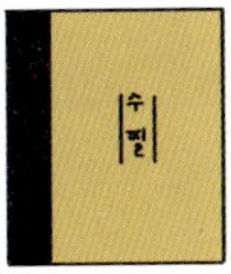 essay	11  fairy tale book	12  picture book
13  photo collection (=photo album)	14  book of poetry	15  library	16  books for children
17  book request	18  librarian	19  the closed on day	20  book search

Chapter 8 여행과 교통

 단어

15. **library** [라이브러리] 문고
16. **books for children** [북스 포 췰드런] 아동서
17. **book request** [북 뤼퀘스트] 도서 신청
18. **librarian** [라이브러리언] 사서
19. **the closed on day** [더 클로우즈드 온 데이] 휴관일
20. **book search** [북 썰:취] 도서검색

235

Unit 90 우체국

A 태국으로 이 소포를 보내려고 해요.
I want to send this parcel to Thailand.

B 항공으로 보낼 건가요, 해상으로 보낼 건가요?
Do you want to send it via air mail or by sea mail?

A 항공으로 보내주세요.
Please send it by air mail.

단어

1. **post office** [포스트오피스] 우체국
2. **mail clerk(=postal clerk)** [메일 클럭(포스털 클럭)] 우체국 직원
3. **mailbox** [메일 박스] 우체통
4. **mail** [메일] 우편물
5. **letter** [레러] 편지
6. **postcard** [포스트카드] 우편엽서
7. **New Year's card** [뉴 이얼즈 카드] 연하장
8. **parcel** [파:슬] 소포
9. **delivery service** [딜리버리 써:비스] 택배
10. **postal fare** [포스털 페어] 우편요금
11. **collect on delivery** [컬렉트 온 딜리버리] 착불, 수취인부담
12. **registered mail** [뤠지스터드 메일] 등기
13. **express mail(=express delivery)** [익스프레스 메일(=익스프레스 딜리버리)] 빠른우편

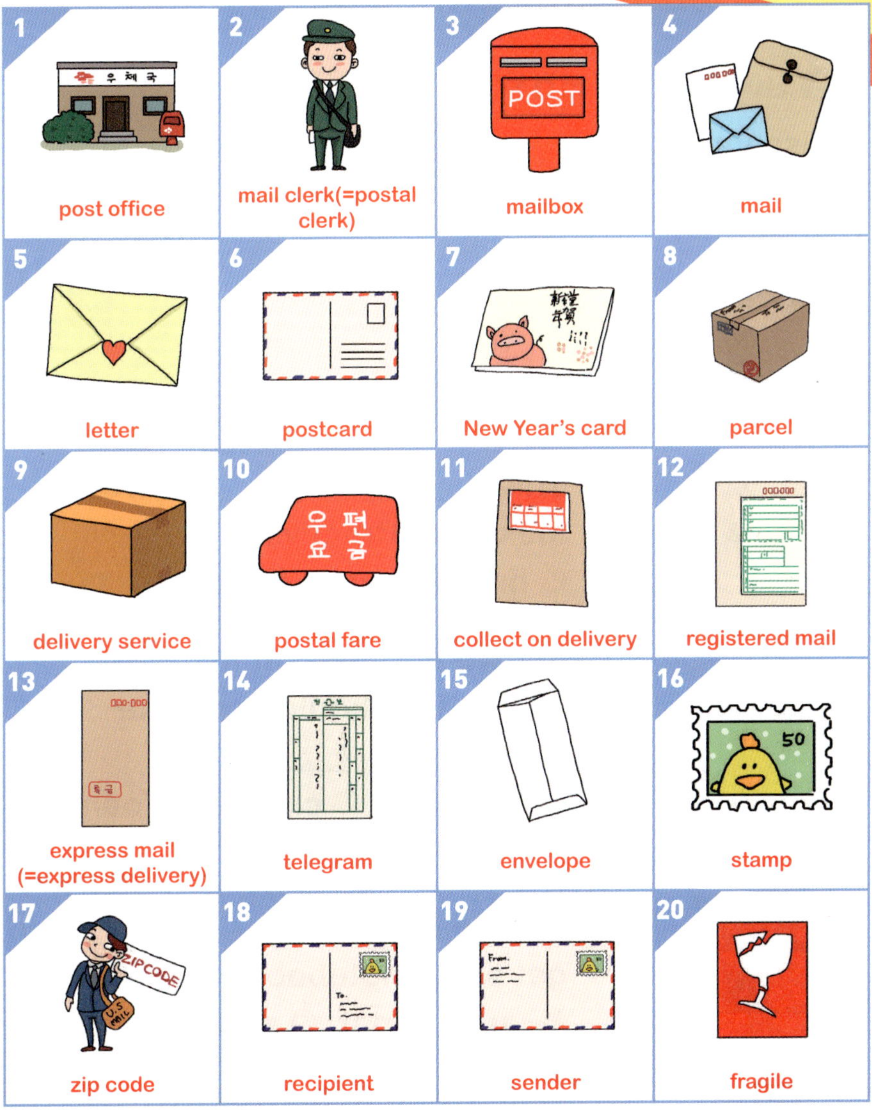

1 post office	2 mail clerk(=postal clerk)	3 mailbox	4 mail
5 letter	6 postcard	7 New Year's card	8 parcel
9 delivery service	10 postal fare	11 collect on delivery	12 registered mail
13 express mail (=express delivery)	14 telegram	15 envelope	16 stamp
17 zip code	18 recipient	19 sender	20 fragile

14. **telegram** [텔레그램] 전보
15. **envelope** [엔벨롭] 봉투
16. **stamp** [스탬프] 우표
17. **zip code** [집 코드] 우편번호
18. **recipient** [뤼씨피언트] 받는 사람
19. **sender** [쎈더] 보내는 사람
20. **fragile** [프래즐] 깨지기 쉬운

연습문제 18 [Unit 86~90]

1-5 단어와 뜻을 서로 연결하세요.

1. discount　　　　　　　　　　ⓐ 약국
2. toner　　　　　　　　　　　ⓑ 우편물
3. pharmacy　　　　　　　　　ⓒ 스킨
4. novel　　　　　　　　　　　ⓓ 할인
5. mail　　　　　　　　　　　　ⓔ 소설

6-10 그림에 해당하는 단어를 찾아 문장을 완성하세요.

6. This _____ dress looks so attractive.
   ⓐ brand-new　ⓑ cheap

7. For we are here on the beach, we should apply the _____.
   ⓐ sunblock　ⓑ cleansing foam

8. Before you go to school, we need to stop by the _____ and get some notebooks and pencils.
   ⓐ laundromat　ⓑ stationery store

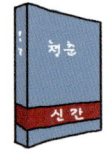

9. I can't wait to borrow the _____.
   ⓐ library card　ⓑ new book

10. To send a letter, one should write down addresses and put a _____ on its envelope.
    ⓐ stamp　ⓑ postcard

11-15 주어진 뜻을 보고 빈칸에 가장 적절한 단어를 써보세요.

> post office   receipt   bookshelf
> lip balm   butcher's

11. (영수증) ....

12. (립밤) ....

13. (정육점) ....

14. (서가) ....

15. (우체국) ....

16-20 영어 문장을 보고 뜻을 써보세요. 뜻을 보고는 영어 문장을 써보세요.

16. Yes, we are having a clearance sale now.

17. Mom, I'm out of a lotion.

18. We'll have dinner in a minute.

19. 같이 가도 돼?

20. 항공으로 보내주세요.

방향과 위치

🅐 이 주위에 공원이 있나요?
🅑 이 길을 따라 쭉 가세요. 그건 은행 뒤에 있어요.
🅐 아, 감사합니다.
🅑 아니에요.

Is there a park around here?
Go straight along this street. It is behind the bank.
Oh, thank you.
You're welcome.

1. **across** [어크롸쓰] ~을 가로질러
2. **after** [애프터] ~후에
3. **along** [얼롱] ~을 따라
4. **around** [어롸운드] ~주위에
5. **at** [앳] ~에
6. **behind** [비하인드] ~뒤에
7. **direction** [디렉션] 방향
8. **down** [다운] ~아래로
9. **far** [파] 거리가 먼
10. **from** [프롬] ~로부터
11. **in front of** [인 프론 토브] ~의 앞에
12. **keep going** [킵 고잉] 계속 가다

1 across	2 after	3 along	4 around
5 at	6 behind	7 direction	8 down
9 far	10 from	11 in front of	12 keep going
13 map	14 nearby	15 next to	16 on
17 opposite	18 shortcut	19 straight	20 to

Chapter 8 여행과 교통

단어

13. **map** [맵] 지도
14. **nearby** [니어바이] 인근에, 가까운 곳에
15. **next to** [넥스 투] ~옆에
16. **on** [온] ~위에
17. **opposite** [어:파짓트] ~ 맞은편에
18. **shortcut** [숄트컷] 지름길
19. **straight** [스트뤠잇트] 곧장
20. **to** [투] ~로

241

Unit 92 응급 상황

🅐 응급 처치 가능하신 분이 계신가요?
🅑 제가 심폐소생술을 할 줄 압니다.
🅐 그럼 이 환자에게 해주세요. 제가 119에 전화할게요.

Is there anyone who can give first aid?
I know how to give CPR.
Then, please give it to this patient. I'll call 119.

1. **accident** [액씨던트] 사고
2. **ambulance** [앰뷸런스] 앰뷸런스
3. **attack** [어택] 폭행
4. **bleeding** [블리:딩] 출혈
5. **break down** [브레이크 다운] 고장나다
6. **CPR** [씨피알] 심폐소생술
7. **dial** [다이얼] 전화하다
8. **earthquake** [얼:쓰퀘이크] 지진
9. **emergency call** [이멀:전씨 콜] 응급전화
10. **explosive** [익스플로씨브] 폭발물
11. **first aid** [펄스트 에이드] 응급처치
12. **go flat** [고우 플랫] 펑크 나다

1 accident	 2 ambulance	 3 attack	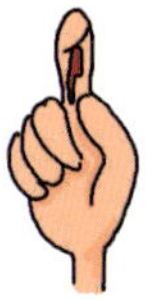 4 bleeding
 5 break down	 6 CPR	 7 dial	 8 earthquake
9 emergency call	 10 explosive	 11 first aid	 12 go flat
 13 hazard lights	 14 headache	 15 hit	 16 hurt
 17 pickpocket	 18 report	 19 robber	 20 terror

Chapter 9 위급상황

 단어

13. **hazard lights** [해절드 라잇츠] 비상등
14. **headache** [헤데이크] 두통
15. **hit** [힛] 차에 치다
16. **hurt** [헐트] 다치다
17. **pickpocket** [픽파:킷] 소매치기
18. **report** [뤼폴트] 신고하다
19. **robber** [롸:버] 강도
20. **terror** [테러] 테러

Unit 93 생리 현상

🅐 나는 너무 졸려.
🅑 나도 그래. 그래서 하품을 참을 수 없어.
🅐 밖에 나가서 산책이라도 하고 올까?
🅑 그러자.

I am so sleepy.
So am I. And I can't stop yawning.
How about going out and walking around?
Let's do that.

단어

1. **sweat** [스웻] 땀
2. **sweat gland** [스웻 글랜드] 땀샘
3. **saliva** [설리바] 침
4. **nasal discharge** [네이절 디스차쥐] 콧물
5. **earwax** [이어왁스] 귀지
6. **bogey(=booger)** [보기(=부걸)] 코딱지
7. **yawning** [요닝] 하품
8. **hiccup** [히컵] 딸꾹질
9. **sneeze** [스니:즈] 재채기
10. **belch(=burp)** [빌취(=벌프)] 트림
11. **gas** [개스] 방귀
12. **breath** [브레쓰] 숨

1 sweat	2 sweat gland	3 saliva	4 nasal discharge
5 earwax	6 bogey(=booger)	7 yawning	8 hiccup
9 sneeze	10 belch(=burp)	11 gas	12 breath
13 cough	14 sigh	15 urine	16 feces
17 sleep	18 phlegm	19 dandruff	20 eardrum

Chapter 9 위급상황

 단어

13. **cough** [커프] 기침
14. **sigh** [싸이] 한숨
15. **urine** [유린] 소변
16. **feces** [피:씨:즈] 대변
17. **sleep** [슬립] 눈곱
18. **phlegm** [플레즘] 가래
19. **dandruff** [댄드러프] 비듬
20. **eardrum** [이어드럼] 고막

245

Unit 94 병명

A 갑자기 한기가 느껴지고 머리가 아파요.	Suddenly I feel chills and my head aches.
B 목이 아프거나 콧물이 나오나요?	Do you have a sore throat or a runny nose?
A 아니요.	No, I don't.
B 몸살 같네요. 이 약을 먹으세요.	You seem to ache all over your body. Take this pill, please.

단어

1. **ache** [에이크] 아픔, 통증
2. **allergy** [앨러쥐] 알레르기
3. **arthritis** [알쓰라이티스] 관절염
4. **atopy** [애터피] 아토피
5. **autism** [오:티즘] 자폐증
6. **blister** [블리스터] 물집
7. **blood pressure** [블러드 프레슈어] 혈압
8. **bruise** [브루:즈] 멍
9. **burn** [번] 화상
10. **cancer** [캔써] 암

1 ache	2 allergy	3 arthritis	4 atopy
5 autism	6 blister	7 blood pressure	8 bruise
9 burn	10 cancer	11 cavity	12 chills
13 cold	14 constipation	15 diarrhea	16 enteritis
17 eczema	18 fever	19 flu	20 food poisoning

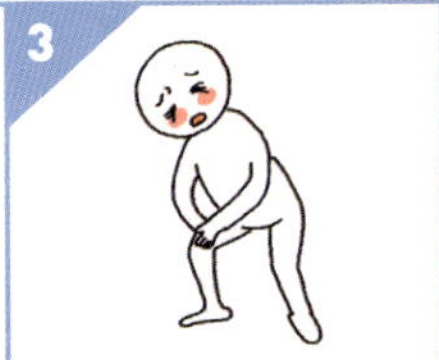

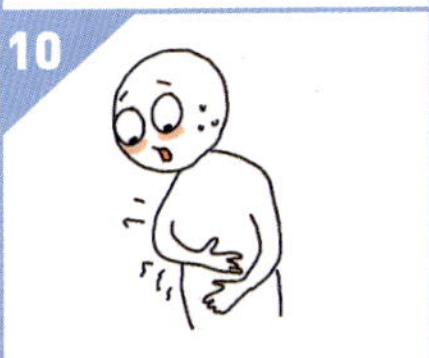

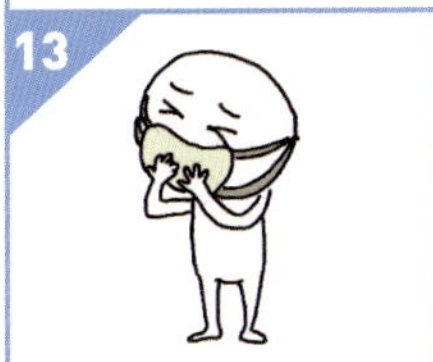

Chapter 9 위급상황

 단어

- 11. **cavity** [캐버티] 충치
- 12. **chills** [칠스] 한기
- 13. **cold** [콜드] 감기
- 14. **constipation** [컨스티페이션] 변비
- 15. **diarrhea** [다이어리:아] 설사
- 16. **enteritis** [엔터라이러스] 장염
- 17. **eczema** [익지마] 습진
- 18. **fever** [피:버] 열
- 19. **flu** [플루:] 독감
- 20. **food poisoning** [푸드 포이즈닝] 식중독

  의약품

🅐 너의 집에 있는 구급상자에 어떤 것들이 들어있니?
🅑 붕대랑 탈지면, 소독약 등이 들어 있어.
🅐 우리랑 비슷하네.
🅑 그래.

What are there in the first aid kit in your house?
There are bandage, cotton and disinfectant etc.
It's almost the same with ours.
Right.

1. **adhesive bandage** [어드히시브 밴디쥐] 접착성 밴드
2. **antacid** [앤터씨드] 제산제
3. **antiallergic drug** [앤티앨러직 드럭] 알레르기 약
4. **antidiarrheal** [앤티다이어리얼] 지사제
5. **antiseptic** [앤티셉틱] 소독제
6. **aspirin** [애스피린] 아스피린
7. **bandage** [밴디쥐] 붕대
8. **cotton** [카:튼] 탈지면
9. **cough syrup** [코:프 시럽] 기침 감기약
10. **disinfectant** [디스인펙턴트] 소독약
11. **dressing** [드뤠씽] 드레싱, 붕대감기
12. **enema** [에너머] 관장제

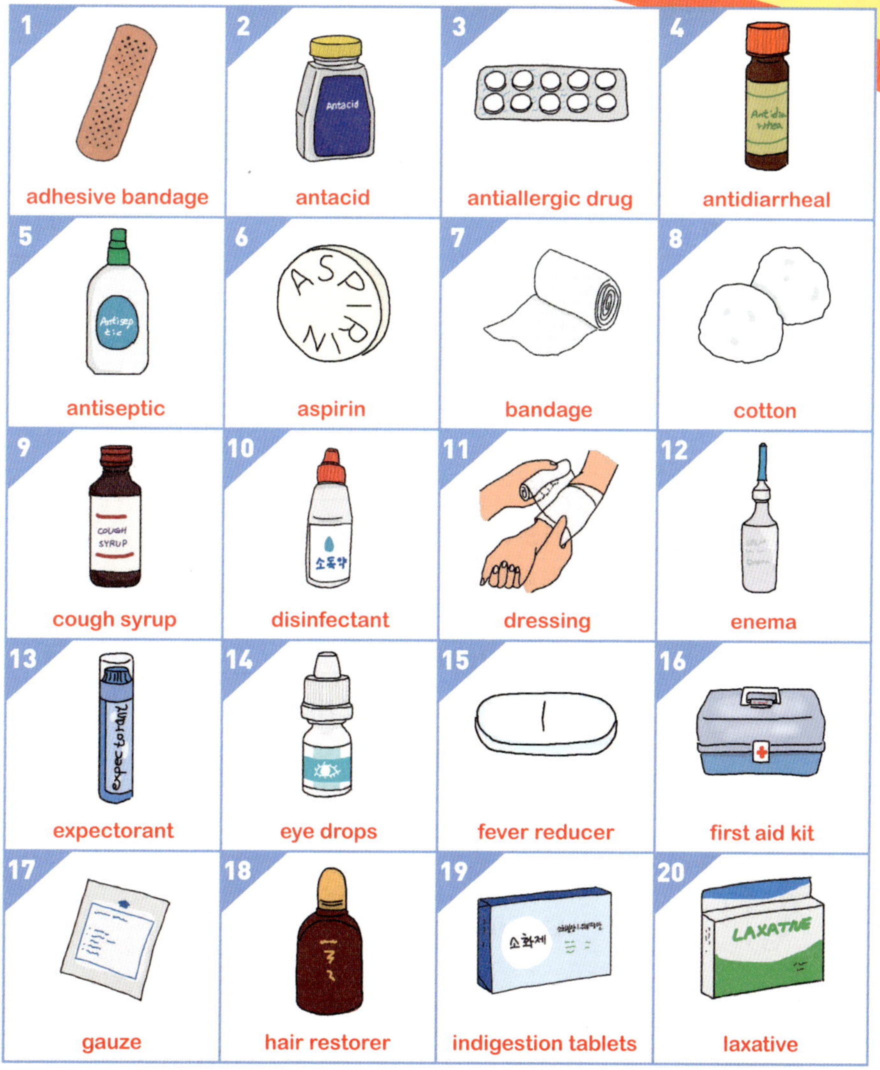

1 adhesive bandage	2 antacid	3 antiallergic drug	4 antidiarrheal
5 antiseptic	6 aspirin	7 bandage	8 cotton
9 cough syrup	10 disinfectant	11 dressing	12 enema
13 expectorant	14 eye drops	15 fever reducer	16 first aid kit
17 gauze	18 hair restorer	19 indigestion tablets	20 laxative

Chapter 9 위급상황

 단어

13. **expectorant** [익스펙토런트] (가래를 삭여 주는) 거담제
14. **eye drops** [아이 드랍스] 안약
15. **fever reducer** [피버 리듀서] 해열제
16. **first aid kit** [펄스트 에이드 킷] 구급상자
17. **gauze** [거:즈] 거즈
18. **hair restorer** [헤어 리스토어러] 발모제
19. **indigestion tablets** [인다이제스쳔 태블 릿츠] 소화제
20. **laxative** [랙서티브] 완하제

249

연습문제 19 [Unit 91~95]

1-5 단어와 뜻을 서로 연결하세요.

1. direction　　　　　　　　　　　ⓐ 알레르기
2. earthquake　　　　　　　　　　ⓑ 붕대
3. yawning　　　　　　　　　　　ⓒ 지진
4. allergy　　　　　　　　　　　　ⓓ 하품
5. bandage　　　　　　　　　　　ⓔ 방향

6-10 그림에 해당하는 단어를 찾아 문장을 완성하세요.

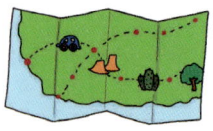
6. We need a _____, because we are new here.
   ⓐ map　ⓑ shortcut

7. A severe _____ can be an emergency.
   ⓐ attack　ⓑ headache

8. I got a cold and gave a big _____.
   ⓐ hiccup　ⓑ cough

9. Tom went to see a dentist for he had _____(i)es.
   ⓐ allergy　ⓑ cavity

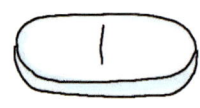
10. I had a fever and needed a _____.
    ⓐ fever reducer　ⓑ gauze

11-15 주어진 뜻을 보고 빈칸에 가장 적절한 단어를 써보세요.

sweat   cancer   in front of   cotton   accident

11. (~의 앞에) ....
12. (사고) ....
13. (땀) ....
14. (암) ....
15. (탈지면) ....

16-20 영어 문장을 보고 뜻을 써보세요. 뜻을 보고는 영어 문장을 써보세요.

16. **Do you have a sore throat or a runny nose?**

17. **I know how to give CPR.**

18. **I am so sleepy.**

19. 이 약을 먹으세요.

20. 우리랑 비슷하네.

Unit 96 탄생석, 탄생화

🅐 당신의 탄생석은 무엇인가요?   What is your birthstone?
🅑 저의 탄생석은 단백석이예요. 당신의 탄생석은 뭐예요?   Mine is opal. What is yours?
🅐 저는 자수정이에요.   Mine is amethyst.
🅑 아, 그렇군요.   Oh, I see.

1. **garnet** [가:넷] 석류석
2. **amethyst** [애머씨스트] 자수정
3. **aquamarine** [아쿠아마린:] 남옥
4. **diamond** [다이아몬드] 금강석
5. **emerald** [에메랄드] 취옥
6. **pearl** [펄] 진주
7. **ruby** [루:비] 홍옥
8. **peridot** [페리돗] 감람석
9. **sapphire** [사파이어] 청옥
10. **opal** [오팔] 단백석

1 garnet	2 amethyst	3 aquamarine	4 diamond
5 emerald	6 pearl	7 ruby	8 peridot
9 sapphire	10 opal	11 topaz	12 turquoise
13 daffodil	14 myosotis	15 daisy	16 marigold
17 dandelion	18 rose	19 lavender	20 clover

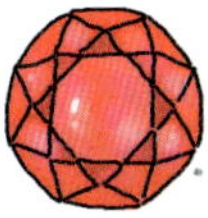

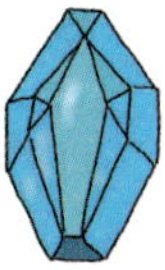

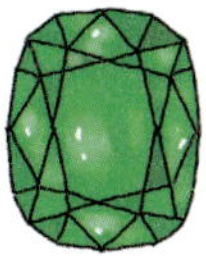

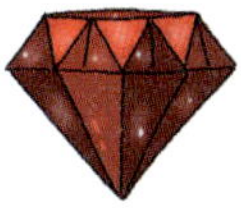

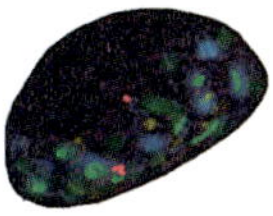

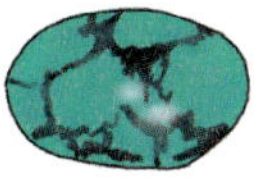

 단어

11. **topaz** [토파즈] 황옥
12. **turquoise** [털:코이즈] 터키석
13. **daffodil** [대포딜] 수선화
14. **myosotis** [마이어쏘우티스] 물망초
15. **daisy** [데이지] 데이지
16. **marigold** [메리골드] 금잔화
17. **dandelion** [댄덜라이언] 민들레
18. **rose** [로즈] 장미
19. **lavender** [라벤더] 라벤더
20. **clover** [클로버] 토끼풀

그리스 신화의 주신, 별자리

A 그리스 신화에 나오는 신들 중에 어느 신을 제일 좋아하세요?
B 저는 아르테미스를 제일 좋아해요.
A 아르테미스가 누군가요?
B 그녀는 달과 순결의 여신이에요.

Which god or goddess of the Greek myth is your favorite?
My favorite is Artemis.
Who is Artemis?
She is the goddess of the moon and virginity.

1. **Zeus** [제우스] 제우스
2. **Hera** [히어러] 헤라
3. **Poseidon** [포우싸이든] 포세이돈
4. **Demeter** [디미:러] 데메테르
5. **Athena** [어씨너] 아테나
6. **Apollo** [어팔로우] 아폴론
7. **Ares** [에어리즈] 아레스
8. **Hades** [헤이디즈] 하데스
9. **Capricorn** [캐프리콘] 염소자리
10. **Aquarius** [어쿼리어스] 물병자리

1 Zeus	2 Hera	3 Poseidon	4 Demeter
5 Athena	6 Apollo	7 Ares	8 Hades
9 Capricorn	10 Aquarius	11 Pisces	12 Aries
13 Taurus	14 Gemini	15 Cancer	16 Leo
17 Virgo	18 Libra	19 Scorpio	20 Sagittarius

11. **Pisces** [파이씨:즈] 물고기자리
12. **Aries** [에리:즈] 양자리
13. **Taurus** [토:러쓰] 황소자리
14. **Gemini** [제미나이] 쌍둥이자리
15. **Cancer** [캔써] 게자리
16. **Leo** [리:오] 사자자리
17. **Virgo** [벌:고] 처녀자리
18. **Libra** [리:브라] 천칭자리
19. **Scorpio** [스콜:피오] 전갈자리
20. **Sagittarius** [새지테리어스] 사수자리

Unit 98 의성어, 의태어

A 에취!
B 재채기를 좀 조용히 해주세요. 정말 깜짝 놀랐어요.
A 죄송합니다.

Ahchoo!
Quiet down your sneeze. I was so startled.
I'm so sorry.

1. **ahchoo** [아추] 에취
2. **beep(bleep)** [빕:(블립:)] 삐~
3. **bla bla** [블라 블라] 조잘조잘
4. **splat** [스플랫] 철퍼덕
5. **bubble bubble** [버블 버블] (거품) 부글부글
6. **crash** [크래쉬] 쨍그랑
7. **clap clap** [클랩 클랩] 짝짝
8. **crunch** [크런취] 아삭아삭
9. **dilly-dally** [딜리-댈리] 꾸물거리다
10. **ding-dong** [딩-동] 딩동
11. **tick-tack** [틱-택] 째깍째깍

1 ahchoo	2 beep(bleep)	3 bla bla	4 splat
5 bubble bubble	6 crash	7 clap clap	8 crunch
9 dilly-dally	10 ding-dong	11 tick-tack	12 hurly-burly
13 mumble	14 jingle-jangle	15 mumble	16 munch crunch
17 peek-a-boo	18 pitter-patter	19 smack	20 sniff

 단어

- 12. **hurly-burly** [헐:리-벌:리] 왁자지껄
- 13. **mumble** [멈블] 오물오물
- 14. **jingle-jangle** [징글-쟁글] 딸랑 딸랑
- 15. **mumble** [멈블] 우물우물
- 16. **munch crunch** [먼취 크런취] 냠냠
- 17. **peek-a-boo** [피-커-부] 까꿍
- 18. **pitter-patter** [피러-패러] 후두두
- 19. **smack** [스맥] 짝
- 20. **sniff** [스니프] 킁킁

Unit 99 약어

🅐 이거 언제까지 주면 되니?   Until when should I give it to you?
🅑 가능한 한 빨리.   ASAP.
🅐 재촉하지 좀 마.   Don't rush me.
🅑 급해서 그래.   I'm in a hurry.

1. **A3(Anytime, Anywhere, Anyplace)** [에이쓰리] 언제, 어디서나, 어느 곳이나
2. **ASAP(as soon as possible)** [에이에스에이피] 가능한 한 빨리
3. **ATM(at the moment)** [에이티엠] 바로 지금
4. **B4(before)** [비포] 전에
5. **BF(boy friend)** [비에프] 남자친구
6. **GF(girl friend)** [쥐에프] 여자친구
7. **BTW(by the way, between)** [비티더블유] 그런데, 사이에
8. **CM(call me)** [씨엠] 전화해
9. **GFI(go for it)** [쥐에프아이] 그걸로 해
10. **GTG(got to go)** [쥐티쥐] 가야 해
11. **JJ(just joking)** [제이제이] 농담
12. **LOLO(lots of love)** [엘오엘오] 큰 사랑
13. **LTNS(long time no see)** [엘티엔에쓰] 오랜만이야
14. **NP(no problem)** [엔피] 문제없어
15. **NM(nothing much)** [엔엠] 별일 없어
16. **SUL(see you later)** [에쓰유엘] 다음에 보자

1 A3(Anytime, Anywhere, Anyplace)	2 ASAP(as soon as possible)	3 ATM(at the moment)	4 B4(before)
5 BF(boy friend)	6 GF(girl friend)	7 BTW(by the way, between)	8 CM(call me)
9 GFI(go for it)	10 GTG(got to go)	11 JJ(just joking)	12 LOLO(lots of love)
13 LTNS (long time no see)	14 NP(no problem)	15 NM(nothing much)	16 SUL(see you later)
17 TYSO(thank you so much)	18 TTYL(talk to you later)	19 IMHO(in my humble opinion)	20 UW(you're welcome)

Chapter 10 기타

 단어

17. TYSO(thank you so much) [티와이에쓰오] 정말 고마워

18. TTYL(talk to you later) [티티와이엘] 다음에 다시 이야기 하자

19. IMHO(in my humble opinion) [아이엠에이취오] 내 생각에는

20. UW(you're welcome) [유더블유] 천만에

259

Unit 100 세상에서 가장 아름다운 단어

🅐 나는 엄마가 세상에서 제일 좋아요.   Mom, you're my favorite in the world.

🅑 나도 세상에서 너를 제일 사랑해.   I love you the most, too.

1. **mother** [머더] 어머니
2. **passion** [패션] 열정
3. **smile** [스마일] 미소
4. **love** [러브] 사랑
5. **eternity** [이터:너티] 영원
6. **fantastic** [팬태스틱] 환상적인
7. **destiny** [데스티니] 운명
8. **tranquility** [트랜퀼러티] 평온
9. **peace** [피:스] 평화
10. **blossom** [블러썸] 꽃, 개화
11. **sunshine** [썬샤인] 햇빛
12. **sweetheart** [스윗:하:트] 연인

1 mother	2 passion	3 smile	4 love
5 eternity	6 fantastic	7 destiny	8 tranquility
9 peace	10 blossom	11 sunshine	12 sweetheart
13 gorgeous	14 umbrella	15 hope	16 grace
17 rainbow	18 blue	19 sunflower	20 twinkle

13. **gorgeous** [골:쥐어스] 아주 멋진
14. **umbrella** [엄브렐러] 우산
15. **hope** [호프] 희망
16. **grace** [그레이스] 우아함, 품위
17. **rainbow** [뤠인보우] 무지개
18. **blue** [블루] 파란, 파란색
19. **sunflower** [썬플라워] 해바라기
20. **twinkle** [트윙클] 반짝이다, 빛남

연습문제 20 [Unit 96~100]

1-5 단어와 뜻을 서로 연결하세요.

1. rose
2. Apollo
3. ahchoo
4. ASAP
5. peace

ⓐ 아폴론
ⓑ 가능한 한 빨리
ⓒ 장미
ⓓ 평화
ⓔ 에취

6-10 그림에 해당하는 단어를 찾아 문장을 완성하세요.

6. A(n) _____ symbolizes wealth and long life.
   ⓐ aquamarine   ⓑ pearl

7. _____ is the goddess of agriculture and she protects marriage and women.
   ⓐ Hera   ⓑ Demeter

8. My baby niece laughs cheerfully when I say _____.
   ⓐ peek-a-boo   ⓑ bla bla

9. When I say good-bye to my best friend, I usually say _____.
   ⓐ SUL(see you later)
   ⓑ GFI(go for it)

10. We promised each other to be together for _____.
    ⓐ tranquility   ⓑ eternity

11-15 주어진 뜻을 보고 빈칸에 가장 적절한 단어를 써보세요.

> Hades   mother   sniff   LTNS   daisy

11. (데이지) ....
12. (하데스) ....
13. (킁킁) ....
14. (오랜만이야) ....
15. (어머니) ....

16-20 영어 문장을 보고 뜻을 써보세요. 뜻을 보고는 영어 문장을 써보세요.

16. What is your birthstone?

17. She is the goddess of the moon and virginity.

18. Quiet down your sneeze.

19. 급해서 그래.

20. 나도 세상에서 너를 제일 사랑해.

교육부 지정 초등 기본 영단어

001 a [ə/eɪ][어/에이] — art. (부정관사), 하나의

002 about [əˈbaʊt][어바웃] — prep. ~에 대한, adv. 약, 거의

003 above [əˈbʌv][어버브] — prep. ~보다 위에

004 academy [əˈkædəmi][어캐더미] — n. (특수 분야의) 학교

005 accent [ˈæksent][액센트] — n. 말씨, 강세

006 accident [ˈæksɪdənt][액씨던트] — n. 사고, 우연

007 across [əˈkrɔːs][어크로:쓰] — adv. 건너서, prep. 가로질러

008 act [ækt][액트] — n. 행동 v. 행동을 취하다

009 add [æd][애드] — v. 첨가하다, 더하다

010 address [ˈædres/əˈdres][애드레스/어드레스] — n. 주소, v. 주소를 쓰다

011 adult [əˈdʌlt][어덜트] — n. 성인, 어른

012 adventure [ədˈventʃə(r)][어드벤춰] — n. 모험

013 advise [ədˈvaɪz][어드바이즈] — v. 조언하다, 충고하다

014 afraid [əˈfreɪd][어프레이드] — adj. 두려워하는, 겁내는

015 after [ˈæftə(r)][애프터] — prep. 뒤에, 후에

016 afternoon [ˌæftərˈnuːn][애프터눈:] — n. 오후

017 again [əˈgeɪn][어게인] — adv. 다시, 한 번 더

018 against [əˈgenst][어겐스트] — prep. ~에 반대하여

019 age [eɪdʒ][에이쥐] — n. 나이, 연령

020 ago [əˈgoʊ][어고우] — adv. 전에

교육부 지정 초등 기본 영단어

021	**agree** [əˈgriː][어그리:]	v. 동의하다
022	**ahead** [əˈhed][어헤드]	adv. 앞으로, 앞에
023	**air** [er][에어]	n. 공기, 대기
024	**airplane** [ˈerpleɪn][에어플레인]	n. 비행기
025	**airline** [ˈerlaɪn][에어라인]	n. 항공사
026	**airport** [ˈerpɔːrt][에어포:트]	n. 공항
027	**all** [ɔːl][올:]	adj. 모든 n. 모두
028	**almost** [ˈɑːlmoʊst][올:모스트]	adv. 거의
029	**alone** [əˈloʊn][얼로운]	adj., adv. 혼자, 외로운
030	**along** [əˈlɔːŋ][얼롱:]	prep. ~을 따라
031	**aloud** [əˈlaʊd][얼라우드]	adv. 소리 내어, 크게
032	**already** [ɔːlˈredi][올:뤠디]	adv. 이미, 벌써
033	**alright** [ɔːlˈraɪt][올:롸잇트]	adj., adv. 괜찮은
034	**also** [ˈɔːlsoʊ][올:쏘]	adv. 또한, 게다가
035	**always** [ˈɔːlweɪz][올:웨이즈]	adv. 항상, 언제나
036	**A.M. / a.m.** [ˌeɪ ˈem][에이엠]	오전
037	**and** [ænd][앤드]	conj. 그리고
038	**angel** [ˈeɪndʒl][에인즐]	n. 천사
039	**anger** [ˈæŋgə(r)][앵거]	n. 분노, 화
040	**animal** [ˈænɪml][애니멀]	n. 동물

교육부 지정 초등 기본 영단어

041	another [əˈnʌðə(r)][어나더]	adj., pron. 또 하나(의)
042	answer [ˈænsə(r)][앤써]	n. 대답, 회신
043	ant [ænt][앤트]	n. 개미
044	any [ˈeni][에니]	adj., pron. 어느, 어떤
045	apple [ˈæpl][애플]	n. 사과
046	area [ˈeriə][에어리어]	n. 구역, 지역
047	arm [ɑːrm][암ː]	n. 팔
048	around [əˈraʊnd][어롸운드]	adv. 약, prep. 둘레에
049	arrive [əˈraɪv][어롸이브]	v. 도착하다
050	art [ɑːrt][아ː트]	n. 미술, 예술
051	as [æz][애즈]	prep. ~처럼, ~로서
052	ask [æsk][애스크]	v. 묻다, 요청하다
053	at [æt][앳]	prep. ~에(서)
054	aunt [ænt][앤트]	n. 고모, 이모, 숙모
055	away [əˈweɪ][어웨이]	adv. 떨어져, 다른데(로)
056	baby [ˈbeɪbi][베이비]	n. 아기, 새끼
057	back [bæk][백]	n. 등, 허리, adj. 뒤쪽의
058	background [ˈbækɡraʊnd][백그라운드]	n. 배경
059	bad [bæd][배드]	adj. 나쁜, 안 좋은
060	bake [beɪk][베이크]	v. 굽다

교육부 지정 초등 기본 영단어

061	**ball** [bɔːl][볼ː]	n. 공
062	**balloon** [bəˈluːn][벌룬ː]	n. 풍선, 열기구
063	**band** [bænd][밴드]	n. 밴드, 띠
064	**bank** [bæŋk][뱅크]	n. 은행, 둑
065	**base** [beɪs][베이스]	n. 기초, 토대, adj. 비열한
066	**baseball** [ˈbeɪsbɔːl][베이스볼ː]	n. 야구
067	**basic** [ˈbeɪsɪk][베이직]	adj. 기초적인, 근본적인
068	**basket** [ˈbæskɪt][배스킷]	n. 바구니
069	**basketball** [ˈbæskɪtbɔːl][배스킷볼ː]	n. 농구
070	**bat** [bæt][뱃]	n. 방망이
071	**bath** [bæθ][배쓰]	n. 욕조
072	**bathroom** [ˈbæθrʊm][배쓰룸]	n. 욕실, 화장실
073	**battery** [ˈbætəri][배러리]	n. 배터리
074	**battle** [ˈbætl][배틀]	n. 전투
075	**be** [biː][비ː]	v. 있다, 이다
076	**beach** [biːtʃ][비ː취]	n. 해변
077	**bean** [biːn][빈ː]	n. 콩
078	**bear** [ber][베어]	n. 곰, v. 참다, 견디다
079	**beauty** [ˈbjuːti][뷰ː티]	n. 미, 아름다움
080	**because** [bɪˈkɔːz][비코우즈]	conj. ~때문에

교육부 지정 초등 기본 영단어

081	**become** [bɪˈkʌm][비컴]	v. ~이 되다
082	**bed** [bed][베드]	n. 침대
083	**bedroom** [ˈbedrʊm][베드룸]	n. 침실
084	**bee** [biː][비ː]	n. 벌
085	**beef** [biːf][비ː프]	n. 소고기
086	**before** [bɪˈfɔː(r)][비포ː]	prep. 전에
087	**begin** [bɪˈgɪn][비긴]	v. 시작하다
088	**behind** [bɪˈhaɪnd][비하인드]	prep., adv. 뒤에
089	**believe** [bɪˈliːv][빌리ː브]	v. 믿다
090	**bell** [bel][벨]	n. 종
091	**below** [bɪˈloʊ][빌로우]	prep., adv. 아래에
092	**beside** [bɪˈsaɪd][비싸이드]	prep. 옆에
093	**between** [bɪˈtwiːn][비트윈ː]	prep. 사이에
094	**bicycle** [ˈbaɪsɪkl][바이씨클]	n. 자전거
095	**big** [bɪg][빅]	adj. 큰
096	**bill** [bɪl][빌]	n. 계산서, 지폐
097	**bird** [bɜːrd][버ː드]	n. 새
098	**birth** [bɜːrθ][벌ː쓰]	n. 탄생
099	**birthday** [ˈbɜːrθdeɪ][벌ː쓰데이]	n. 생일
100	**bite** [baɪt][바이트]	v. 물다

교육부 지정 초등 기본 영단어

101	**black** [blæk][블랙]	adj. 검은, n. 검은색
102	**block** [blɑːk][블락ː]	n. 사각형 덩어리, v. 막다
103	**blood** [blʌd][블러드]	n. 피
104	**blue** [bluː][블루ː]	adj. 파란, n. 파란색
105	**board** [bɔːrd][보ː드]	n. 판자
106	**boat** [boʊt][보우트]	n. 배, 보트
107	**body** [ˈbɑːdi][바ː디]	n. 몸
108	**bomb** [bɑːm][밤ː]	n. 폭탄
109	**bone** [boʊn][보운]	n. 뼈
110	**book** [bʊk][북]	n. 책, v. 예약하다
111	**boot** [buːt][부ː트]	n. 부츠
112	**borrow** [ˈbɑːroʊ][바ː로우]	v. 빌리다
113	**boss** [bɔːs][보ː스]	n. 상관, 상사
114	**both** [boʊθ][보우쓰]	adj., pron. 둘 다(의)
115	**bottle** [ˈbɑːtl][바ː틀]	n. 병
116	**bottom** [ˈbɑːtəm][바ː텀]	n. 맨 아래
117	**bowl** [boʊl][보울]	n. 그릇, 통
118	**boy** [bɔɪ][보이]	n. 소년
119	**brain** [breɪn][브레인]	n. 뇌
120	**brake** [breɪk][브레이크]	n. 제동장치, 브레이크

교육부 지정 초등 기본 영단어

121	**branch** [bræntʃ][브랜치]	n. 나뭇가지, 분점
122	**brand** [brænd][브랜드]	n. 상표, 브랜드
123	**brave** [breɪv][브레이브]	adj. 용감한
124	**bread** [bred][브레드]	n. 빵
125	**break** [breɪk][브레이크]	v. 깨어지다, 깨다, n. 휴식 시간
126	**breakfast** [ˈbrekfəst][브렉퍼스트]	n. 아침식사
127	**bridge** [brɪdʒ][브릿쥐]	n. 다리
128	**bright** [braɪt][브라이트]	adj. 밝은, 똑똑한
129	**bring** [brɪŋ][브링]	v. 가지고 오다
130	**brother** [ˈbrʌðə(r)][브라더]	n. 남자형제
131	**brown** [braʊn][브라운]	n., adj. 갈색(의)
132	**brush** [brʌʃ][브러쉬]	n. 붓
133	**bubble** [ˈbʌbl][버블]	n. 거품
134	**bug** [bʌg][벅]	n. 작은 곤충, 벌레
135	**build** [bɪld][빌드]	v. 건축하다, 짓다
136	**burn** [bɜːrn][번ː]	v. 타다, 불사르다
137	**business** [ˈbɪznəs][비즈니스]	n. 사업, 상업, 장사
138	**busy** [ˈbɪzi][비지]	adj. 바쁜
139	**but** [bʌt][벗]	conj. 그러나
140	**button** [ˈbʌtn][버튼]	n. 단추

교육부 지정 초등 기본 영단어

141	buy [baɪ][바이]	v. 사다
142	by [baɪ][바이]	prep. ~옆에, ~가 한, ~로
143	cage [keɪdʒ][케이쥐]	n. 새장, 우리
144	calendar [ˈkælɪndə(r)][캘린더]	n. 달력
145	call [kɔːl][콜ː]	v. ~라고 부르다, n. 전화, 외침
146	calm [kɑːm][캄ː]	adj. 침착한, 차분한, v. 진정시키다
147	can [kæn][캔]	v. ~할 수 있다, n. 깡통
148	candy [ˈkændi][캔디]	n. 사탕
149	cap [kæp][캡]	n. 모자
150	captain [ˈkæptɪn][캡틴]	n. 선장
151	car [kɑː(r)][카ː]	n. 자동차
152	care [ker][케어]	n. 돌봄, 조심, 주의
153	carrot [ˈkærət][캐롯]	n. 당근
154	carry [ˈkæri][캐리]	v. 나르다
155	cart [kɑːrt][카ː트]	n. 수레, 손수레
156	case [keɪs][케이스]	n. 경우, 상자
157	cash [kæʃ][캐쉬]	n. 현금
158	castle [ˈkæsl][캐슬]	n. 성
159	cat [kæt][캣]	n. 고양이
160	catch [kætʃ][캐취]	v. 잡다

교육부 지정 초등 기본 영단어

161	**certain** [ˈsɜːrtn][썰튼]	adj. 확실한, 확신하는
162	**chain** [tʃeɪn][체인]	n. 사슬, 쇠줄
163	**chair** [tʃer][체어]	n. 의자
164	**chance** [tʃæns][챈스]	n. 기회
165	**change** [tʃeɪndʒ][체인쥐]	v. 바꾸다, 바뀌다, n. 변화
166	**cheap** [tʃiːp][칩]	adj. 싼, 저렴한
167	**check / cheque** [tʃek][체크]	n. 수표
168	**child** [tʃaɪld][촤일드]	n. 어린이
169	**choose** [tʃuːz][츄ː즈]	v. 고르다
170	**church** [tʃɜːrtʃ][처ː치]	n. 교회
171	**cinema** [ˈsɪnəmə][씨네마]	n. 영화관, 영화
172	**circle** [ˈsɜːrkl][써ː클]	n. 원
173	**city** [ˈsɪti][씨티]	n. 도시
174	**class** [klæs][클래스]	n. 학급, 수업
175	**classroom** [ˈklæsruːm][클래스룸ː]	n. 교실
176	**clean** [kliːn][클린ː]	adj. 깨끗한
177	**clear** [klɪr][클리어]	adj. 분명한, 확실한
178	**clerk** [klɜːrk][클럭ː]	n. 점원
179	**clever** [ˈklevə(r)][클레버]	adj. 영리한
180	**climb** [klaɪm][클라임]	v. 오르다

교육부 지정 초등 기본 영단어

181	**clip** [klɪp][클립]	n. 핀, 클립
182	**clock** [klɑːk][클락:]	n. 시계
183	**close** [kloʊz/kloʊs][클로우즈/클로우스]	v. 닫다, adj. 가까운
184	**cloth** [klɔːθ][클로:쓰]	n. 천, 옷감
185	**cloud** [klaʊd][클라우드]	n. 구름
186	**club** [klʌb][클럽]	n. 클럽, 동호회
187	**coin** [kɔɪn][코인]	n. 동전, 주화
188	**cold** [koʊld][코울드]	adj. 추운, n. 추위
189	**collect** [kəˈlekt][컬렉트]	v. 모으다
190	**college** [ˈkɑːlɪdʒ][칼:리쥐]	n. 대학
191	**color / colour** [ˈkʌlə(r)][컬러]	n. 색깔
192	**come** [kʌm][컴]	v. 오다
193	**comedy** [ˈkɑːmədi][커:메디]	n. 희극
194	**company** [ˈkʌmpəni][컴퍼니]	n. 회사, 함께 있음
195	**concert** [ˈkɑːnsərt][콘:써트]	n. 연주회, 콘서트
196	**condition** [kənˈdɪʃn][컨디션]	n. 상태
197	**congratulate** [kənˈgrætʃuleɪt][컹그래출레이트]	v. 축하하다
198	**contest** [ˈkɑːntest][컨:테스트]	n. 대회, 시합
199	**control** [kənˈtroʊl][컨트롤]	n. 지배, v. 지배하다
200	**cook** [kʊk][쿡]	n. 요리사, v. 요리하다

교육부 지정 초등 기본 영단어

201	**cookie / cooky** [ˈkʊki][쿠키]	n. 과자
202	**cool** [kuːl][쿨ː]	adj. 시원한, 서늘한, v. 식다, 식히다
203	**copy** [ˈkɑːpi][카ː피]	n. 복사(본), v. 복사하다
204	**corner** [ˈkɔːrnə(r)][코ː너]	n. 모서리, 모퉁이
205	**cost** [kɔːst][코ː스트]	n. 값, 비용
206	**cotton** [ˈkɑːtn][코ː튼]	n. 목화, 면직물
207	**could** [kʊd][쿠드]	v. (can의 과거형)
208	**country** [ˈkʌntri][컨츄리]	n. 국가, 나라, 지역
209	**countryside** [ˈkʌntrisaɪd][컨츄리싸이드]	n. 시골 지역
210	**couple** [ˈkʌpl][커플]	n. 두 사람
211	**cousin** [ˈkʌzn][커즌]	n. 사촌
212	**cover** [ˈkʌvə(r)][커버]	v. 씌우다, 덮다, n. 덮개
213	**cow** [kaʊ][카우]	n. 암소, 젖소
214	**crazy** [ˈkreɪzi][크레이지]	adj. 정상이 아닌
215	**cross** [krɔːs][크로ː스]	n. 십자, 십자가, v. 건너다
216	**crowd** [kraʊd][크라우드]	n. 사람들, 군중
217	**crown** [kraʊn][크라운]	n. 왕관
218	**cry** [kraɪ][크라이]	v. 울다, 외치다
219	**culture** [ˈkʌltʃə(r)][컬쳐]	n. 문화
220	**curious** [ˈkjʊriəs][큐리어스]	adj. 궁금한, 호기심이 많은

교육부 지정 초등 기본 영단어

221	curtain [ˈkɜːrtn][커:튼]	n. 커튼
222	customer [ˈkʌstəmə(r)][커스터머]	n. 고객, 손님
223	cut [kʌt][컷]	v. 베다, 자르다, n. 상처
224	cute [kjuːt][큐:트]	adj. 귀여운
225	cycle [ˈsaɪkl][싸이클]	n. 자전거, 순환
226	dad [dæd][댇]	n. 아빠
227	dance [dæns][댄스]	n. 춤
228	danger [ˈdeɪndʒə(r)][데인져]	n. 위험
229	dark [dɑːrk][다:크]	adj. 어두운, 캄캄한
230	date [deɪt][데이트]	n. 날짜
231	daughter [ˈdɔːtə(r)][도우러]	n. 딸
232	day [deɪ][데이]	n. 하루, 날
233	dead [ded][데드]	adj. 죽은
234	death [deθ][데쓰]	n. 죽음
235	decide [dɪˈsaɪd][디싸이드]	v. 결정하다
236	deep [diːp][딥:]	adj. 깊은
237	delicious [dɪˈlɪʃəs][딜리셔스]	adj. 맛있는
238	dentist [ˈdentɪst][덴티스트]	n. 치과의사
239	design [dɪˈzaɪn][디자인]	n. 디자인
240	desk [desk][데스크]	n. 책상

교육부 지정 초등 기본 영단어

241	**dialogue / dialog** [ˈdaɪəlɔːg][다이얼로:그]	n. 대화
242	**diary** [ˈdaɪəri][다이어리]	n. 수첩, 일기
243	**die** [daɪ][다이]	v. 죽다
244	**different** [ˈdɪfrənt][디퍼런트]	adj. 다른
245	**difficult** [ˈdɪfɪkəlt][디피컬트]	adj. 어려운
246	**dinner** [ˈdɪnə(r)][디너]	n. 저녁식사
247	**dirty** [ˈdɜːrti][더:티]	adj. 더러운, 지저분한
248	**discuss** [dɪˈskʌs][디스커스]	v. 논의하다
249	**dish** [dɪʃ][디쉬]	n. 접시, 설거지감, 요리
250	**divide** [dɪˈvaɪd][디바이드]	v. 나누다
251	**do** [duː][두:]	v. 하다
252	**doctor** [ˈdɑːktə(r)][닥:터]	n. 의사
253	**dog** [dɔːg][독:]	n. 개
254	**doll** [dɑːl][돌:]	n. 인형
255	**dolphin** [ˈdɑːlfɪn][돌:핀]	n. 돌고래
256	**door** [dɔː(r)][도:어]	n. 문
257	**double** [ˈdʌbl][더블]	adj. 두 배의
258	**down** [daʊn][다운]	adv. 아래로, 아래에
259	**draw** [drɔː][드로우]	v. 그리다, 당기다
260	**dream** [driːm][드림:]	n. 꿈, v. 꿈을 꾸다

교육부 지정 초등 기본 영단어

261	**drink** [drɪŋk][드링크]	n. 마실 것, v. 마시다
262	**drive** [draɪv][드라이브]	v. 운전하다, 태워다 주다
263	**drop** [drɑːp][드랍ː]	v. 떨어지다, 떨어뜨리다
264	**dry** [draɪ][드라이]	adj. 마른, v. 마르다, 말리다
265	**duck** [dʌk][덕]	n. 오리
266	**during** [ˈdʊrɪŋ][듀링]	prep. ~동안, ~중에
267	**ear** [ɪr][이어]	n. 귀
268	**early** [ˈɜːrli][얼ː리]	adj. 이른, adv. 일찍
269	**earth** [ɜːrθ][얼ː쓰]	n. 지구, 땅
270	**east** [iːst][이ː스트]	n. 동쪽
271	**easy** [ˈiːzi][이ː지]	adj. 쉬운
272	**eat** [iːt][잍ː]	v. 먹다
273	**egg** [eg][에그]	n. 달걀
274	**elementary** [ˌelɪˈmentri][엘리멘터리]	adj. 초보의, 초급의
275	**elephant** [ˈelɪfənt][엘리펀트]	n. 코끼리
276	**end** [end][엔드]	n. 끝, v. 끝나다, 끝내다
277	**engine** [ˈendʒɪn][엔쥔]	n. 엔진
278	**engineer** [ˌendʒɪˈnɪr][엔지니어]	n. 기술자
279	**enjoy** [ɪnˈdʒɔɪ][인죠이]	v. 즐기다
280	**enough** [ɪˈnʌf][이너프]	adj. 충분한

교육부 지정 초등 기본 영단어

281	**enter** [ˈentə(r)][엔터]	v. 들어가다
282	**eraser** [ɪˈreɪsər][이레이저]	n. 지우개
283	**error** [ˈerə(r)][에러]	n. 실수, 오류
284	**evening** [ˈiːvnɪŋ][이:브닝]	n. 저녁
285	**every** [ˈevri][에브리]	adj. 모든
286	**exam** [ɪgˈzæm][이그잼]	n. 시험
287	**example** [ɪgˈzæmpl][이그잼플]	n. 예
288	**exercise** [ˈeksərsaɪz][엑서사이즈]	n. 운동, 연습
289	**exit** [ˈegzɪt][엑짓]	n. 출구
290	**eye** [aɪ][아이]	n. 눈
291	**face** [feɪs][페이스]	n. 얼굴
292	**fact** [fækt][팩트]	n. 사실
293	**factory** [ˈfæktəri][팩토리]	n. 공장
294	**fail** [feɪl][페일]	v. 실패하다
295	**fall** [fɔːl][폴:]	v. 넘어지다, n. 가을
296	**family** [ˈfæməli][패밀리]	n. 가족
297	**famous** [ˈfeɪməs][페이머스]	adj. 유명한
298	**fan** [fæn][팬]	n. 팬, 선풍기
299	**fantastic** [fænˈtæstɪk][팬태스틱]	adj. 환상적인
300	**far** [fɑː(r)][파:]	adj. 먼

교육부 지정 초등 기본 영단어

301	farm [fɑːrm][팜:]	n. 농장
302	fast [fæst][패스트]	adj. 빠른, adv. 빨리
303	fat [fæt][팻]	adj. 뚱뚱한, n. 지방
304	father [ˈfɑːðə(r)][파:더]	n. 아버지
305	favorite / favourite [ˈfeɪvərɪt][페이버릿]	adj. 좋아하는
306	feel [fiːl][필:]	v. 느끼다, n. 느낌
307	fever [ˈfiːvə(r)][피:버]	n. 열
308	field [fiːld][필:드]	n. 들판
309	fight [faɪt][파잇트]	v. 싸우다, n. 싸움
310	file [faɪl][파일]	n. 파일
311	fill [fɪl][필]	v. 채우다
312	find [faɪnd][파인드]	v. 발견하다
313	fine [faɪn][파인]	adj. 좋은, 건강한
314	finger [ˈfɪŋɡə(r)][핑거]	n. 손가락
315	finish [ˈfɪnɪʃ][피니쉬]	v. 끝내다, 끝나다
316	fire [ˈfaɪə(r)][파이어]	n. 불
317	fish [fɪʃ][피쉬]	n. 물고기
318	fix [fɪks][픽스]	v. 고정하다
319	flag [flæɡ][플래그]	n. 깃발
320	floor [flɔː(r)][플로:어]	n. 바닥

교육부 지정 초등 기본 영단어

321	**flower** [ˈflaʊə(r)][플라워]	n. 꽃
322	**fly** [flaɪ][플라이]	v. 날다, 날리다
323	**focus** [ˈfoʊkəs][포커스]	v. 집중하다, n. 초점
324	**fog** [fɔːg][포:그]	n. 안개
325	**food** [fuːd][푸:드]	n. 식품, 음식
326	**fool** [fuːl][풀:]	n. 바보, 광대
327	**foot** [fʊt][풋]	n. 발
328	**football** [ˈfʊtbɔːl][풋볼:]	n. 축구
329	**for** [fɔː(r)][포:]	prep. ~을 위한
330	**forest** [ˈfɔːrɪst][포:리스트]	n. 숲
331	**forever** [fərˈevə(r)][포에버]	adv. 영원히
332	**forget** [fərˈget][폴겟]	v. 잊어버리다
333	**form** [fɔːrm][폼:]	n. 형태
334	**fox** [fɑːks][팍:스]	n. 여우
335	**free** [friː][프리:]	adj. 자유로운
336	**fresh** [freʃ][프레쉬]	adj. 신선한
337	**friend** [frend][프렌드]	n. 친구
338	**frog** [frɔːg][프록:]	n. 개구리
339	**from** [frɑːm][프람:]	prep. ~부터
340	**front** [frʌnt][프런트]	n. 앞면, 앞쪽

교육부 지정 초등 기본 영단어

341	**fruit** [fruːt][프루ː트]	n. 과일
342	**fry** [fraɪ][프라이]	v. 굽다, 튀기다
343	**full** [fʊl][풀]	adj. 가득한
344	**fun** [fʌn][펀]	n. 재미, adj. 재미있는
345	**future** [ˈfjuːtʃə(r)][퓨ː쳐]	n. 미래
346	**garden** [ˈɡɑːrdn][가ː든]	n. 정원
347	**gate** [ɡeɪt][게이트]	n. 문
348	**gentleman** [ˈdʒentlmən][젠틀먼]	n. 신사
349	**gesture** [ˈdʒestʃə(r)][제스처]	n. 몸짓
350	**get** [ɡet][겟]	v. 받다, 얻다
351	**ghost** [ɡoʊst][고스트]	n. 유령
352	**giant** [ˈdʒaɪənt][자이언트]	n. 거인, adj. 거대한
353	**gift** [ɡɪft][기프트]	n. 선물
354	**giraffe** [dʒəˈræf][지래프]	n. 기린
355	**girl** [ɡɜːrl][걸ː]	n. 소녀
356	**give** [ɡɪv][기브]	v. 주다
357	**glad** [ɡlæd][글래드]	adj. 기쁜
358	**glass** [ɡlæs][글래스]	n. 유리
359	**glove** [ɡlʌv][글러브]	n. 장갑
360	**glue** [ɡluː][글루ː]	n. 접착제

교육부 지정 초등 기본 영단어

361	**go** [goʊ][고우]	v. 가다
362	**goal** [goʊl][고울]	n. 골문, 골, 목표
363	**god** [gɑːd][갓ː]	n. 신
364	**gold** [goʊld][골드]	n. 금, adj. 금빛의
365	**good** [gʊd][굿]	adj. 좋은, n. 선
366	**goodbye** [ˌgʊdˈbaɪ][굿바이]	안녕(헤어질 때 인사)
367	**grandfather** [ˈgrænfɑːðə(r)][그랜파ː더]	n. 할아버지
368	**grape** [greɪp][그레이프]	n. 포도
369	**grass** [græs][그래스]	n. 풀
370	**great** [greɪt][그레이트]	adj. 큰, 위대한
371	**green** [griːn][그린ː]	n., adj. 초록색(의)
372	**grey / gray** [greɪ][그레이]	n., adj. 회색(의)
373	**ground** [graʊnd][그라운드]	n. 땅, 토지, pl. 운동장
374	**group** [gruːp][그룹ː]	n. 무리, 그룹
375	**grow** [groʊ][그로우]	v. 커지다, 자라다
376	**guess** [ges][게스]	v. 생각하다
377	**guide** [gaɪd][가이드]	n. 안내, v. 안내하다
378	**guy** [gaɪ][가이]	n. 남자
379	**habit** [ˈhæbɪt][해빗]	n. 습관, 버릇
380	**hair** [her][헤어]	n. 머리카락

교육부 지정 초등 기본 영단어

381	**hand** [hænd][핸드]	**n.** 손
382	**handsome** [ˈhænsəm][핸섬]	**adj.** 잘생긴
383	**hang** [hæŋ][행]	**v.** 매달다, 걸다
384	**happy** [ˈhæpi][해피]	**adj.** 행복한
385	**hard** [hɑːrd][하ː드]	**adj.** 단단한, 어려운
386	**hat** [hæt][햇]	**n.** 모자
387	**hate** [heɪt][헤이트]	**v.** 싫어하다
388	**have** [hæv][해브]	**v.** 가지다
389	**he** [hiː][히ː]	**pron.** 그
390	**head** [hed][헤드]	**n.** 머리
391	**headache** [ˈhedeɪk][헤데이크]	**n.** 두통
392	**heart** [hɑːrt][할ː트]	**n.** 심장, 가슴, 마음
393	**heat** [hiːt][힛ː]	**n.** 열
394	**heaven** [ˈhevn][헤븐]	**n.** 천국
395	**heavy** [ˈhevi][헤비]	**adj.** 무거운
396	**helicopter** [ˈhelɪkɑːptə(r)][헬리캅ː터]	**n.** 헬리콥터
397	**hello / hey / hi** [həˈloʊ/heɪ/haɪ][헬로/헤이/하이]	안녕(만나서 하는 인사)
398	**help** [help][헬프]	**v.** 도와주다, **n.** 도움
399	**here** [hɪr][히어]	**adv.** 여기에
400	**hero** [ˈhiːroʊ][히ː로우]	**n.** 영웅

교육부 지정 초등 기본 영단어

401	high [haɪ][하이]	adj. 높은
402	hill [hɪl][힐]	n. 언덕
403	history [ˈhɪstəri][히스토리]	n. 역사
404	hit [hɪt][힛]	v. 치다, n. 치기, 타격
405	hobby [ˈhɑːbi][하ː비]	n. 취미
406	hold [hoʊld][호울드]	v. 쥐다, 잡다
407	holiday [ˈhɑːlədeɪ][할ː러데이]	n. 휴일, 휴가
408	home [hoʊm][호움]	n. 집
409	homework [ˈhoʊmwɜːrk][호움월ː크]	n. 숙제
410	honest [ˈɑːnɪst][아ː니스트]	adj. 정직한
411	honey [ˈhʌni][허니]	n. 꿀
412	hope [hoʊp][호프]	v. 바라다, 희망하다
413	horse [hɔːrs][홀ː스]	n. 말
414	hospital [ˈhɑːspɪtl][하ː스피틀]	n. 병원
415	hot [hɑːt][핫ː]	adj. 뜨거운, 매운
416	hour [ˈaʊə(r)][아우어]	n. 시간
417	house [haʊs][하우스]	n. 집
418	how [haʊ][하우]	adv. 어떻게
419	however [haʊˈevə(r)][하우에버]	conj. 그러나
420	human [ˈhjuːmən][휴ː먼]	n. 인간

교육부 지정 초등 기본 영단어

421	**humor / humour** [ˈhjuːmə(r)][휴:머]	n. 유머
422	**hundred** [ˈhʌndrəd][헌드레드]	n. 100
423	**hungry** [ˈhʌŋgri][헝그리]	adj. 배고픈
424	**hunt** [hʌnt][헌트]	v. 사냥하다
425	**hurry** [ˈhɜːri][허:뤼]	v. 서두르다
426	**husband** [ˈhʌzbənd][허즈번드]	n. 남편
427	**I** [aɪ][아이]	pron. 나는, 내가
428	**ice** [aɪs][아이스]	n. 얼음
429	**idea** [aɪˈdiːə][아이디:어]	n. 생각
430	**if** [ɪf][이프]	conj. (만약) ~면
431	**important** [ɪmˈpɔːrtnt][임폴:턴트]	adj. 중요한
432	**in** [ɪn][인]	prep. ~에, adv. 안에
433	**inside** [ˌɪnˈsaɪd][인싸이드]	prep. ~의 안에
434	**into** [ˈɪntuː][인투:]	prep. ~안으로
435	**introduce** [ˌɪntrəˈdjuːs][인트로듀:스]	v. 소개하다
436	**invite** [ɪnˈvaɪt][인바이트]	v. 초대하다
437	**it** [ɪt][잇]	pron. 그것
438	**jeans** [dʒiːnz][진:즈]	n. 청바지
439	**job** [dʒɑːb][잡:]	n. 직업
440	**join** [dʒɔɪn][조인]	v. 연결하다, 가입하다

교육부 지정 초등 기본 영단어

441	**joy** [dʒɔɪ][조이]	**n.** 기쁨
442	**just** [dʒʌst][저스트]	**adv.** 딱, **adj.** 공정한
443	**keep** [kiːp][킵ː]	**v.** 유지하다
444	**key** [kiː][키ː]	**n.** 열쇠
445	**kick** [kɪk][킥]	**v.** 차다, **n.** 발길질
446	**kid** [kɪd][키드]	**n.** 아이
447	**kill** [kɪl][킬]	**v.** 죽이다
448	**kind** [kaɪnd][카인드]	**adj.** 친절한
449	**king** [kɪŋ][킹]	**n.** 왕
450	**kitchen** [ˈkɪtʃɪn][키췬]	**n.** 부엌
451	**knife** [naɪf][나이프]	**n.** 칼
452	**know** [noʊ][노우]	**v.** 알다
453	**lady** [ˈleɪdi][레이디]	**n.** 숙녀
454	**lake** [leɪk][레이크]	**n.** 호수
455	**land** [lænd][랜드]	**n.** 땅
456	**large** [lɑːrdʒ][라ː쥐]	**adj.** 큰
457	**last** [læst][래스트]	**adj.** 마지막의, **v.** 지속하다
458	**late** [leɪt][레이트]	**adj.** 늦은
459	**lazy** [ˈleɪzi][레이지]	**adj.** 게으른
460	**leaf** [liːf][리ː프]	**n.** 나뭇잎

교육부 지정 초등 기본 영단어

461	**learn** [lɜːrn][런ː]	v. 배우다
462	**left** [left][레프트]	n., adj. 왼쪽(의)
463	**leg** [leg][렉]	n. 다리
464	**lesson** [ˈlesn][레슨]	n. 수업
465	**letter** [ˈletə(r)][레터]	n. 편지
466	**library** [ˈlaɪbrəri][라이브러리]	n. 도서관
467	**lie** [laɪ][라이]	v. 눕다, 거짓말하다, n. 거짓말
468	**light** [laɪt][라이트]	n. 빛, adj. 가벼운
469	**like** [laɪk][라이크]	v. 좋아하다, prep. ~와 비슷한
470	**line** [laɪn][라인]	n. 선, 줄
471	**lion** [ˈlaɪən][라이언]	n. 사자
472	**lip** [lɪp][립]	n. 입술
473	**listen** [ˈlɪsn][리슨]	v. 듣다
474	**little** [ˈlɪtl][리틀]	adj. 작은
475	**live** [lɪv/laɪv][리브/라이브]	v. 살다, adj. 살아있는
476	**livingroom** [ˈlɪvɪŋ ˌrʊm][리빙룸]	n. 거실
477	**long** [lɔːŋ][롱ː]	adj. 긴
478	**look** [lʊk][룩]	v. 보다
479	**love** [lʌv][러브]	n. 사랑, v. 사랑하다
480	**low** [loʊ][로우]	adj. 낮은

교육부 지정 초등 기본 영단어

481	**luck** [lʌk][럭]	**n.** 운
482	**lunch** [lʌntʃ][런취]	**n.** 점심식사
483	**mad** [mæd][매드]	**adj.** 정신 이상인
484	**mail** [meɪl][메일]	**n.** 우편(물)
485	**make** [meɪk][메이크]	**v.** 만들다
486	**man** [mæn][맨]	**n.** 사람, 남자
487	**many** [ˈmeni][메니]	**adj.** 많은
488	**map** [mæp][맵]	**n.** 지도
489	**marry** [ˈmæri][매리]	**v.** 결혼하다
490	**math** [mæθ][매쓰]	**n.** 수학
491	**may** [meɪ][메이]	**v.** ~일지도 모른다, **n.** (May)5월
492	**meat** [miːt][밋ː]	**n.** 고기
493	**meet** [miːt][밋ː]	**v.** 만나다
494	**memory** [ˈmeməri][메모리]	**n.** 기억
495	**middle** [ˈmɪdl][미들]	**n.**, **adj.** 가운데(의)
496	**might** [maɪt][마이트]	**n.** 힘, **v.** (may의 과거)
497	**milk** [mɪlk][밀크]	**n.** 우유
498	**mind** [maɪnd][마인드]	**n.** 마음
499	**mirror** [ˈmɪrə(r)][미러]	**n.** 거울
500	**miss** [mɪs][미스]	**v.** 그리워하다, 놓치다, **n.** ~양

교육부 지정 초등 기본 영단어

501	money [ˈmʌni][머니]	n. 돈
502	monkey [ˈmʌŋki][멍키]	n. 원숭이
503	month [mʌnθ][먼쓰]	n. 달, 월
504	moon [muːn][문:]	n. 달
505	morning [ˈmɔːrnɪŋ][모:닝]	n. 아침
506	mother [ˈmʌðə(r)][머더]	n. 어머니
507	mountain [ˈmaʊntn][마운틴]	n. 산
508	mouse [maʊs][마우스]	n. 쥐, 마우스
509	mouth [maʊθ][마우쓰]	n. 입
510	move [muːv][무:브]	v. 움직이다
511	movie [ˈmuːvi][무:비]	n. 영화
512	much [mʌtʃ][머취]	adj. 많은, adv. 많이
513	museum [mjuˈziːəm][뮤지:엄]	n. 박물관
514	music [ˈmjuːzɪk][뮤:직]	n. 음악
515	must [mʌst][머스트]	v. ~해야 한다
516	name [neɪm][네임]	n. 이름
517	nation [ˈneɪʃn][네이션]	n. 국가, 국민
518	nature [ˈneɪtʃə(r)][네이처]	n. 자연
519	near [nɪr][니어]	adj. 가까운
520	neck [nek][넥]	n. 목

교육부 지정 초등 기본 영단어

521	**need** [niːd][니ː드]	v. 필요하다, n. 필요
522	**never** [ˈnevə(r)][네버]	adv. 결코 ~않다
523	**new** [nuː][뉴ː]	adj. 새로운
524	**newspaper** [ˈnuːzpeɪpə(r)][뉴ː스페이퍼]	n. 신문
525	**next** [nekst][넥스트]	adj. 다음의
526	**nice** [naɪs][나이스]	adj. 멋진
527	**night** [naɪt][나이트]	n. 밤
528	**no / nope / nay** [noʊ/noʊp/neɪ][노/노프/네이]	아니요
529	**noon** [nuːn][눈ː]	n. 정오
530	**north** [nɔːrθ][놀ː쓰]	n. 북쪽
531	**nose** [noʊz][노우즈]	n. 코
532	**not** [nɑːt][낫ː]	adv. ~아니다
533	**note** [noʊt][노트]	n. 메모, 쪽지
534	**nothing** [ˈnʌθɪŋ][낫띵]	pron. 아무것도 아닌 것
535	**now** [naʊ][나우]	adv. 지금
536	**number** [ˈnʌmbə(r)][넘버]	n. 숫자
537	**nurse** [nɜːrs][널ː스]	n. 간호사
538	**ocean** [ˈoʊʃn][오션]	n. 대양
539	**of** [ʌv][오브]	prep. ~의
540	**off** [ɔːf][오ː프]	adv. (어떤 곳에서 멀리로)

교육부 지정 초등 기본 영단어

541	**office** [ˈɔːfɪs][오:피스]	n. 사무실
542	**often** [ˈɔːfn][오:픈]	adv. 자주
543	**oil** [ɔɪl][오일]	n. 기름, 석유
544	**old** [oʊld][올드]	adj. 나이든
545	**on** [ɔːn][온:]	prep. ~위에
546	**one** [wʌn][원]	n., adj. 하나(의)
547	**only** [ˈoʊnli][온리]	adj. 유일한
548	**open** [ˈoʊpən][오픈]	adj. 열린, v. 열다
549	**or** [ɔː(r)][오:얼]	conj. 또는, 혹은
550	**out** [aʊt][아웃]	adv., prep. 밖으로
551	**over** [ˈoʊvə(r)][오버]	prep. ~위에
552	**paint** [peɪnt][페인트]	n. 페인트, v. 페인트를 칠하다
553	**palace** [ˈpælɪs][팰리스]	n. 궁전
554	**pants** [pænts][팬츠]	n. 바지
555	**paper** [ˈpeɪpə(r)][페이퍼]	n. 종이
556	**parent** [ˈperənt][페어런트]	n. 부모
557	**park** [pɑːrk][파:크]	n. 공원
558	**part** [pɑːrt][파:트]	n. 일부, 부분
559	**pass** [pæs][패스]	v. 통과하다, 합격하다
560	**pay** [peɪ][페이]	v. 지불하다

교육부 지정 초등 기본 영단어

561	**peace** [piːs][피ː스]	**n.** 평화
562	**pear** [peə(r)][페어]	**n.** 배
563	**pencil** [ˈpensl][펜슬]	**n.** 연필
564	**people** [ˈpiːpl][피ː플]	**n.** 사람
565	**pick** [pɪk][픽]	**v.** 고르다
566	**picnic** [ˈpɪknɪk][피크닉]	**n.** 소풍
567	**picture** [ˈpɪktʃə(r)][픽쳐]	**n.** 그림, 사진
568	**pig** [pɪɡ][픽]	**n.** 돼지
569	**pink** [pɪŋk][핑크]	**n., adj.** 분홍색(의)
570	**place** [pleɪs][플레이스]	**n.** 장소
571	**plan** [plæn][플랜]	**n.** 계획
572	**play** [pleɪ][플레이]	**v.** 놀다, 하다, **n.** 놀이
573	**please** [pliːz][플리ː즈]	제발, **v.** 기쁘게 하다
574	**P. M. / p.m.** [ˌpiː ˈem][피ː엠]	오후
575	**pocket** [ˈpɑːkɪt][파ː킷]	**n.** 주머니
576	**point** [pɔɪnt][포인트]	**n.** 의견, 요점, 점
577	**police** [pəˈliːs][폴리ː스]	**n.** 경찰
578	**poor** [pʊr][푸어]	**adj.** 가난한
579	**potato** [pəˈteɪtoʊ][포테이토]	**n.** 감자
580	**powder** [ˈpaʊdə(r)][파우더]	**n.** 가루

교육부 지정 초등 기본 영단어

581	**present** [ˈpreznt/prɪˈzent][프레젠트/프리젠트]	**adj.** 현재의, 출석한, **n.** 선물, **v.** 선물하다
582	**pretty** [ˈprɪti][프리티]	**adj.** 예쁜
583	**prince** [prɪns][프린스]	**n.** 왕자
584	**print** [prɪnt][프린트]	**v.** 인쇄하다
585	**prize** [praɪz][프라이즈]	**n.** 상
586	**problem** [ˈprɑːbləm][프라:블럼]	**n.** 문제
587	**puppy** [ˈpʌpi][퍼피]	**n.** 강아지
588	**push** [pʊʃ][푸쉬]	**v.** 밀다
589	**put** [pʊt][풋]	**v.** 놓다
590	**puzzle** [ˈpʌzl][퍼즐]	**n.** 퍼즐, **v.** 어리둥절하게 하다
591	**queen** [kwiːn][퀸:]	**n.** 여왕
592	**question** [ˈkwestʃən][퀘스천]	**n.** 질문
593	**quick** [kwɪk][퀵]	**adj.** 빠른
594	**quiet** [ˈkwaɪət][콰이어트]	**adj.** 조용한
595	**rabbit** [ˈræbɪt][래빗]	**n.** 토끼
596	**race** [reɪs][레이스]	**n.** 경주
597	**rain** [reɪn][레인]	**n.** 비
598	**rainbow** [ˈreɪnboʊ][레인보우]	**n.** 무지개
599	**read** [riːd][뤼:드]	**v.** 읽다
600	**ready** [ˈredi][뤠디]	**adj.** 준비된

교육부 지정 초등 기본 영단어

601	**red** [red][레드]	**n., adj.** 빨간색(의)
602	**remember** [rɪˈmembə(r)][리멤버]	**v.** 기억하다
603	**restaurant** [ˈrestərɑːnt][레스토란:트]	**n.** 레스토랑, 식당
604	**restroom** [ˈrestrʊm][레스트룸]	**n.** 화장실
605	**return** [rɪˈtɜːrn][리턴]	**v.** 돌아오다, 반납하다
606	**rich** [rɪtʃ][리치]	**adj.** 부유한
607	**right** [raɪt][롸잇트]	**adj.** 옳은, 오른쪽의
608	**ring** [rɪŋ][륑]	**n.** 반지
609	**river** [ˈrɪvə(r)][뤼버]	**n.** 강
610	**road** [roʊd][로드]	**n.** 길
611	**rock** [rɑːk][롹:]	**n.** 바위
612	**roof** [ruːf][루:프]	**n.** 지붕
613	**room** [rʊm][룸:]	**n.** 방
614	**run** [rʌn][런]	**v.** 달리다
615	**sad** [sæd][쌔드]	**adj.** 슬픈
616	**safe** [seɪf][쎄이프]	**adj.** 안전한
617	**sale** [seɪl][쎄일]	**n.** 판매
618	**salt** [sɔːlt][쏠:트]	**n.** 소금
619	**same** [seɪm][쎄임]	**adj.** 같은
620	**sand** [sænd][쌘드]	**n.** 모래

교육부 지정 초등 기본 영단어

621	**save** [seɪv][쎄이브]	v. 구하다, 절약하다
622	**say** [seɪ][쎄이]	v. 말하다
623	**school** [skuːl][스쿨:]	n. 학교
624	**science** [ˈsaɪəns][싸이언스]	n. 과학
625	**scissors** [ˈsɪzərz][씨저스]	n. 가위
626	**score** [skɔː(r)][스코:어]	n. 점수, 악보
627	**sea** [siː][씨:]	n. 바다
628	**season** [ˈsiːzn][씨:즌]	n. 계절
629	**see** [siː][씨:]	v. 보다
630	**sell** [sel][쎌]	v. 팔다
631	**send** [send][쎈드]	v. 보내다
632	**she** [ʃiː][쉬:]	pron. 그녀
633	**ship** [ʃɪp][쉽]	n. 배
634	**shock** [ʃɑːk][샤:크]	n. 충격, v. 충격을 주다
635	**shoe** [ʃuː][슈:]	n. 신발
636	**shop** [ʃɑːp][샵:]	n. 가게
637	**short** [ʃɔːrt][숄:트]	adj. 짧은
638	**should** [ʃʊd][슈드]	v. ~해야 한다
639	**show** [ʃoʊ][쇼우]	v. 보여주다, n. 쇼
640	**shy** [ʃaɪ][샤이]	adj. 수줍어하는

교육부 지정 초등 기본 영단어

641	**sick** [sɪk][씩]	**adj.** 아픈
642	**side** [saɪd][싸이드]	**n.** 옆
643	**sing** [sɪŋ][씽]	**v.** 노래하다
644	**sister** [ˈsɪstə(r)][씨스터]	**n.** 여자 형제
645	**sit** [sɪt][씻]	**v.** 앉다
646	**size** [saɪz][싸이즈]	**n.** 크기
647	**skin** [skɪn][스킨]	**n.** 피부
648	**skirt** [skɜːrt][스커ː트]	**n.** 치마
649	**sky** [skaɪ][스카이]	**n.** 하늘
650	**sleep** [sliːp][슬립ː]	**v.** 자다
651	**slow** [sloʊ][슬로우]	**adj.** 느린
652	**small** [smɔːl][스몰ː]	**adj.** 작은
653	**smart** [smɑːrt][스마ː트]	**adj.** 영리한
654	**smell** [smel][스멜]	**n.** 냄새, **v.** 냄새 맡다
655	**smile** [smaɪl][스마일]	**n.** 미소, **v.** 미소 짓다
656	**snow** [snoʊ][스노우]	**n.** 눈
657	**so** [soʊ][쏘]	**conj.** 그래서, **adv.** 너무
658	**soccer** [ˈsɑːkər][싸ː커]	**n.** 축구
659	**sock** [sɑːk][싹ː]	**n.** 양말
660	**soft** [sɔːft][쏘ː프트]	**adj.** 부드러운

교육부 지정 초등 기본 영단어

661	some [sʌm][썸]	adj.	몇몇의
662	son [sʌn][썬]	n.	아들
663	song [sɔːŋ][쏭:]	n.	노래
664	sorry [ˈsɔːri][쏘:리]	adj.	미안한, 애석한
665	sound [saʊnd][싸운드]	n. 소리, adj. 건전한	
666	sour [ˈsaʊə(r)][싸우어]	adj.	신
667	south [saʊθ][싸우쓰]	n.	남쪽
668	space [speɪs][스페이스]	n.	우주, 공간
669	speak [spiːk][스피:크]	v.	말하다
670	speed [spiːd][스피:드]	n.	속도, 속력
671	spoon [spuːn][스푼:]	n.	숟가락
672	stand [stænd][스탠드]	v.	서다, 참다, 견디다
673	start [stɑːrt][스타:트]	v. 시작하다, n. 시작	
674	stay [steɪ][스테이]	v. 머무르다, n. 머무름	
675	stone [stoʊn][스톤]	n.	돌
676	stop [stɑːp][스탑:]	v. 멈추다, n. (버스) 정류장	
677	store [stɔː(r)][스토:어]	n.	가게
678	story [ˈstɔːri][스토:리]	n.	이야기
679	strawberry [ˈstrɔːberi][스트로:베리]	n.	딸기
680	street [striːt][스트릿:]	n.	거리

교육부 지정 초등 기본 영단어

681	**stress** [stres][스트레스]	**n.** 스트레스, 강세
682	**strong** [strɔːŋ][스트롱ː]	**adj.** 강한
683	**student** [ˈstuːdnt][스튜ː던트]	**n.** 학생
684	**study** [ˈstʌdi][스터디]	**v.** 공부하다
685	**subway** [ˈsʌbweɪ][써브웨이]	**n.** 지하철
686	**sugar** [ˈʃʊɡə(r)][슈거]	**n.** 설탕
687	**sun** [sʌn][썬]	**n.** 태양
688	**supper** [ˈsʌpə(r)][써퍼]	**n.** 저녁식사
689	**swim** [swɪm][스윔]	**v.** 수영하다
690	**table** [ˈteɪbl][테이블]	**n.** 탁자
691	**tail** [teɪl][테일]	**n.** 꼬리
692	**take** [teɪk][테이크]	**v.** 가지고 가다, 잡다
693	**talk** [tɔːk][토ː크]	**v.** 이야기하다
694	**tall** [tɔːl][톨ː]	**adj.** 큰
695	**tape** [teɪp][테이프]	**n.** 테이프
696	**taste** [teɪst][테이스트]	**n.** 맛
697	**teach** [tiːtʃ][티ː취]	**v.** 가르치다
698	**teen** [tiːn][틴ː]	**n.** 10대
699	**telephone** [ˈtelɪfoʊn][텔리폰]	**n.** 전화
700	**tell** [tel][텔]	**v.** 말하다

교육부 지정 초등 기본 영단어

701	**test** [test][테스트]	**v.** 시험하다, **n.** 시험
702	**textbook** [ˈtekstbʊk][텍스트북]	**n.** 교과서
703	**than** [ðæn][댄]	**prep.** ~보다
704	**thank** [θæŋk][땡크]	**v.** 고마워하다
705	**that** [ðæt][댓]	**pron.** 저것, **adj.** 저
706	**the** [ðə][더]	**art.** (정관사) 그
707	**there** [ðer][데얼]	**adv.** 거기에
708	**they** [ðeɪ][데이]	**pron.** 그들, 그것들
709	**thing** [θɪŋ][띵]	**n.** 것
710	**think** [θɪŋk][띵크]	**v.** 생각하다
711	**thirst** [θɜːrst][떨ː스트]	**n.** 목마름
712	**this** [ðɪs][디스]	**n.** 이것, **adj.** 이
713	**tiger** [ˈtaɪɡə(r)][타이거]	**n.** 호랑이
714	**time** [taɪm][타임]	**n.** 시간
715	**to** [tuː][투ː]	**prep.** ~로
716	**today** [təˈdeɪ][투데이]	**n.** 오늘
717	**together** [təˈɡeðə(r)][투게더]	**adv.** 함께
718	**tomorrow** [təˈmɑːroʊ][투마ː로우]	**n., adv.** 내일
719	**tonight** [təˈnaɪt][투나잇]	**n., adv.** 오늘밤
720	**too** [tuː][투ː]	**adv.** 너무

교육부 지정 초등 기본 영단어

721	**tooth** [tuːθ][투:쓰]	n. 이빨
722	**top** [tɑːp][탑:]	n. 정상, 꼭대기
723	**touch** [tʌtʃ][터치]	v. 만지다
724	**tour** [tʊr][투어]	n. 여행, 관광
725	**tower** [ˈtaʊə(r)][타워]	n. 탑
726	**town** [taʊn][타운]	n. 도시, 시내
727	**toy** [tɔɪ][토이]	n. 장난감
728	**train** [treɪn][트레인]	n. 기차
729	**travel** [ˈtrævl][트래블]	v. 여행하다, n. 여행
730	**tree** [triː][트리:]	n. 나무
731	**triangle** [ˈtraɪæŋgl][트라이앵글]	n. 삼각형
732	**trip** [trɪp][트립]	n. (짧은) 여행
733	**true** [truː][트루:]	adj. 사실인
734	**try** [traɪ][트라이]	v. 노력하다, (한번) 해보다
735	**turn** [tɜːrn][턴:]	v. 돌다, n. 차례, 순번
736	**twice** [twaɪs][트와이스]	n. 두 번
737	**type** [taɪp][타입]	n. 형, 유형
738	**ugly** [ˈʌgli][어글리]	adj. 못생긴
739	**umbrella** [ʌmˈbrelə][엄브렐러]	n. 우산
740	**uncle** [ˈʌŋkl][엉클]	n. 삼촌, 숙부

교육부 지정 초등 기본 영단어

741	under [ˈʌndə(r)][언더]	adv., prep. (~)아래에
742	understand [ˌʌndərˈstænd][언더스탠드]	v. 이해하다
743	up [ʌp][업]	adv., prep. 위로, 위에
744	use [juːz/juːs][유즈/유ː스]	v. 사용하다, n. 사용, 이용
745	vegetable [ˈvedʒtəbl][베저터블]	n. 채소, 야채
746	very [ˈveri][베리]	adv. 매우, adj. 바로 그
747	visit [ˈvɪzɪt][비지트]	v. 방문하다
748	voice [vɔɪs][보이스]	n. 목소리
749	wait [weɪt][웨이트]	v. 기다리다
750	wake [weɪk][웨이크]	v. 깨어나다
751	walk [wɔːk][워ː크]	v. 걷다
752	wall [wɔːl][월ː]	n. 벽
753	want [wɔːnt][원ː트]	v. 원하다
754	war [wɔː(r)][워ː]	n. 전쟁
755	warm [wɔːrm][웜ː]	adj. 따뜻한
756	wash [wɔːʃ][워ː시]	v. 씻다
757	watch [wɔːtʃ][워ː치]	v. 지켜보다, n. 시계
758	water [ˈwɔːtə(r)][워ː터]	n. 물
759	watermelon [ˈwɔːtərmelən][워ː터멜론]	n. 수박
760	way [weɪ][웨이]	n. 길

교육부 지정 초등 기본 영단어

761 **we** [wi:][위:]   **pron.** 우리

762 **wear** [wer][웨어]   **v.** 입다

763 **weather** [ˈweðə(r)][웨더]   **n.** 날씨

764 **wedding** [ˈwedɪŋ][웨딩]   **n.** 결혼식

765 **week** [wi:k][위:크]   **n.** 주

766 **weekend** [ˈwi:kend][위:켄드]   **n.** 주말

767 **weight** [weɪt][웨이트]   **n.** 무게

768 **welcome** [ˈwelkəm][웰컴]   **v.** 환영하다, **n.** 환영

769 **well** [wel][웰]   음, **n.** 우물

770 **west** [west][웨스트]   **n.** 서쪽

771 **wet** [wet][웻]   **adj.** 젖은

772 **what** [wɑ:t][왓:]   **pron.** 무엇

773 **when** [wen][웬]   **adv.** 언제

774 **where** [wer][웨어]   **adv.** 어디서

775 **white** [waɪt][와이트]   **n.**, **adj.** 흰색(의)

776 **who** [hu:][후:]   **pron.** 누구

777 **why** [waɪ][와이]   **adv.** 왜

778 **wife** [waɪf][와이프]   **n.** 아내

779 **will** [wɪl][윌]   **v.** ~할 것이다, **n.** 의지

780 **win** [wɪn][윈]   **v.** 이기다

교육부 지정 초등 기본 영단어

781	**wind** [wɪnd][윈드]	n. 바람
782	**window** [ˈwɪndoʊ][윈도우]	n. 창문
783	**wish** [wɪʃ][위시]	v. 바라다
784	**with** [wɪð][위드]	prep. ~와 함께
785	**woman** [ˈwʊmən][워먼]	n. 여자
786	**wood** [wʊd][우드]	n. 나무, 숲
787	**word** [wɜːrd][워ː드]	n. 말, 단어, 낱말
788	**work** [wɜːrk][워ː크]	v. 일하다, n. 일
789	**world** [wɜːrld][월ː드]	n. 세계
790	**worry** [ˈwɜːri][워ː리]	v. 걱정하다, n. 걱정
791	**write** [raɪt][롸이트]	v. 쓰다
792	**wrong** [rɔːŋ][륑ː]	adj. 틀린, 잘못된
793	**year** [jɪr][이어]	n. 해, 1년
794	**yellow** [ˈjeloʊ][옐로우]	n., adj. 노란색(의)
795	**yes / yeah / yep** [jes/jeə/jep][예스/예/옙]	네
796	**yesterday** [ˈjestərdeɪ][예스터데이]	n. 어제
797	**you** [juː][유ː]	pron. 너, 당신, 너희들
798	**young** [jʌŋ][영]	adj. 젊은
799	**zebra** [ˈziːbrə][지ː브러]	n. 얼룩말
800	**zoo** [zuː][주ː]	n. 동물원

연습문제
정답 및 해석

연습문제 1

1. ⓑ 2. ⓓ 3. ⓔ 4. ⓒ 5. ⓐ
6. ⓐ 7. ⓑ 8. ⓑ 9. ⓐ 10. ⓑ

11. Hawaii
12. Golden Gate Bridge
13. Easter
14. South Pole
15. Thailand

16. 미국에는 몇 개의 주가 있나요?
17. 응, 작년 여름에 다녀왔어.
18. 너는 정말 착하구나.
19. What belongs to the three oceans?
20. I loved it very much.

문장 해석

6. 알래스카는 미국에서 가장 큰 주이다.
7. 많은 사람들이 주말에 센트럴 파크에서 쉬고 있다.
8. 할로윈 데이에 어른들은 아이들에게 초콜릿과 사탕을 준다.
9. 미국과 유럽은 대서양으로 나뉘어 있다.
10. 캐나다는 아메리카의 북쪽에 위치해 있다.

연습문제 2

1. ⓓ 2. ⓐ 3. ⓑ 4. ⓔ 5. ⓒ
6. ⓑ 7. ⓐ 8. ⓐ 9. ⓑ 10. ⓐ

11. daughter
12. child
13. foot
14. bone
15. perm

16. 가족이 몇 명이에요?
17. 시간이 참 빠르네!
18. 나도 그래.
19. What's wrong with her?
20. We envy each other.

문장 해석

6. 남편은 한 여성과 결혼한 사람이다.
7. 임산부가 아기를 낳을 것이다.
8. 어깨로 문을 밀어. 그러면 열릴 거야.
9. 너의 뇌는 너의 머리 속에 있다.
10. 우리 할아버지는 대머리를 걱정하신다.

연습문제 3

1. ⓔ 2. ⓒ 3. ⓐ 4. ⓑ 5. ⓓ
6. ⓐ 7. ⓑ 8. ⓐ 9. ⓐ 10. ⓑ

11. bare face
12. bright
13. hear
14. dancer
15. apartment

16. 잠을 일찍 자려고 해 봐. 내 여드름은 없어졌어.
17. 당신의 성격은 어떤가요?
18. 안나, 뭐하고 있니?
19. What does your father do?
20. Where do you live?

> 문장 해석

6. 톰은 아토피 때문에 병원에 가 봐야 한다.
7. 게으른 존은 오후 늦게까지 TV를 보았다.
8. 나는 너의 도움에 정말로 고마워.
9. 판사는 그 사건에 대해 공정한 판결을 내렸다.
10. 전주의 중심가에는 여전히 한옥들이 많다.

연습문제 4

1. ⓒ 2. ⓔ 3. ⓑ 4. ⓐ 5. ⓓ
6. ⓑ 7. ⓐ 8. ⓑ 9. ⓐ 10. ⓑ

11. front door
12. closet
13. lamp
14. vacuum cleaner
15. ladle

16. 엄마, 오늘 지붕을 수리해야 할 거 같아요.
17. 예쁜 서랍장을 어디에 가면 살 수 있나요?
18. 저도 그러려고요.
19. Good, let's go see it.
20. Shall we clean the kitchen today?

> 문장 해석

6. 내 공부방은 2층에 있다.
7. 찬장에는 접시가 없다.
8. 베개는 매우 가볍다.
9. 냉장고가 고장 나서 수리기사를 불러야 한다.
10. 엄마는 저녁을 만들기 전에 앞치마를 찾고 계셨다.

연습문제 5

1. ⓑ 2. ⓐ 3. ⓓ 4. ⓔ 5. ⓒ
6. ⓑ 7. ⓐ 8. ⓐ 9. ⓑ 10. ⓐ

11. mirror
12. floor
13. hammer
14. sift
15. strawberry

16. 새 욕조가 생겼네요.
17. 조명을 바꾸었어요.
18. 그럼, 드라이버랑 톱을 사옵시다.
19. Okay, what can I do for you?
20. How much are these apples?

문장 해석

6. 욕실에 있는 수도꼭지에서 물방울이 계속해서 떨어졌다.
7. 온돌은 한국의 전통 온열 시스템이다.
8. 톱은 나무를 자르는 데에 사용된다.
9. 사람들은 보통 캠핑을 가서 다양한 고기들을 바비큐 한다.
10. 포도가 시어지면, 우리는 그것을 먹을 수 없다.

연습문제 6

1. ⓔ 2. ⓒ 3. ⓑ 4. ⓐ 5. ⓓ
6. ⓐ 7. ⓑ 8. ⓑ 9. ⓑ 10. ⓐ

11. potato
12. sausage
13. mackerel
14. barley
15. egg

16. 채소는 너무 맛이 없어요.
17. 오늘 삼겹살 파티를 할까?
18. 회의 그 식감이 싫어요.
19. If you have it continually, you will get used to it.
20. Then, get your calcium by cheese.

문장 해석

6. 대파는 건강에 매우 좋다.
7. 돼지고기의 색깔이 분홍색인데 반해 소고기의 색깔은 붉다.
8. 엄마가 고추장 소스를 넣고 오징어를 볶아주셨다.
9. 콩은 작고, 둥글고, 매우 영양가가 있다.
10. 우리는 보통 구운 빵 위에 버터를 펴 바른다.

연습문제 7

1. c 2. a 3. b 4. e 5. d
6. a 7. b 8. a 9. b 10. a

11. chips
12. donut
13. sesame oil
14. fish 'n' chips
15. dried seaweed rolls
16. 맞아, 그런데 그것들을 너무 많이 먹으면 뚱뚱해질 수 있어.
17. 냄새가 너무 달콤해요.
18. 설탕이 든 음식을 많이 먹지 말아라.
19. I like dim sum. What about you?
20. What is your favorite Korean food, James?

> **문장 해석**
>
> 6. 엄마가 친구들을 만나러 나가셨기 때문에 아빠가 베이컨 치즈 토스트를 만들어 주셨다.
> 7. 인도 사람들은 보통 인도 빵인 난을 카레와 함께 먹는다.
> 8. 유럽인들은 후추를 사기 위해 먼 거리를 여행했다.
> 9. 케밥은 터키의 전통 음식이다.
> 10. 가장 유명한 발효음식 중의 하나는 김치이다.

연습문제 8

1. c 2. d 3. e 4. b 5. a
6. b 7. b 8. a 9. a 10. b

11. honey cookie
12. suit
13. brooch
14. straw hat
15. boots
16. 오이소박이 만드는 것 좀 도와주겠니?
17. 알았다. 큰 사이즈로 하나 사자꾸나.
18. 내가 사러 같이 가줄게.
19. You're wearing a unique hat, Anna.
20. I want to try on these boots.

> **문장 해석**
>
> 6. 녹차는 나이 드는 것을 늦춰줄 수 있는 음료이다.
> 7. 다리 부분이 두 개이기 때문에 청바지는 항상 복수형으로 말해야 한다.
> 8. 소매치기가 시장에서 내 지갑을 훔쳤다.
> 9. 아빠는 나에게 인라인 스케이트를 탈 때 헬멧을 쓰라고 하셨다.
> 10. 사람들은 비가 올 때 보통 나막신을 신었다.

연습문제 9

1. ⓐ 2. ⓒ 3. ⓑ 4. ⓔ 5. ⓓ
6. ⓐ 7. ⓐ 8. ⓑ 9. ⓐ 10. ⓑ

11. tomorrow
12. Monday
13. exercising
14. the Bible
15. musical

16. 뛰어가면 늦지 않을 거야.
17. 수요일이야.
18. 저는 만화책 만드는 것을 좋아해요.
19. I'm Catholic. What about you?
20. What do you usually do on weekends?

문장 해석

6. 한 시간은 60분으로 이루어져 있다.
7. 5월에는 어린이 날, 어버이 날, 스승의 날이 있다.
8. 매년 여름 우리 가족은 보통 여행을 간다.
9. 절은 근처의 숲이나 산을 방문했을 때 머물기 좋은 장소이다.
10. 7월 4일, 미국인들은 독립기념일을 축하하기 위해 불꽃놀이를 한다.

연습문제 10

1. ⓑ 2. ⓓ 3. ⓐ 4. ⓒ 5. ⓔ
6. ⓐ 7. ⓑ 8. ⓐ 9. ⓑ 10. ⓐ

11. invitation
12. basketball
13. rafting
14. compass
15. audience

16. 풍선과 색종이 조각으로 파티장을 장식하자.
17. 어떤 스포츠를 좋아하세요?
18. 네, 저는 산이 너무 좋아요.
19. Do you like camping?
20. I like animations.

문장 해석

6. 셰익스피어의 희곡에서 어릿광대들은 매우 중요한 역할을 한다.
7. 올림픽에서 한국인들은 양궁에서의 최고 점수로 유명하다.
8. 부모님의 도움이 없었으면 나는 자전거타기를 배울 수 없었을 거야.
9. 캠핑을 갔을 때 따뜻하게 자려면 침낭이 필요하다.
10. 영화 티켓을 살 때, 우리는 매표소로 간다.

연습문제 11

1. ⓒ 2. ⓑ 3. ⓐ 4. ⓔ 5. ⓓ
6. ⓑ 7. ⓐ 8. ⓑ 9. ⓐ 10. ⓐ

11. musician
12. piano
13. art institute
14. white
15. average

16. 이번 대회에서 지휘자는 누구니?
17. 바이올린을 배우는 특별한 이유가 있니?
18. 난 어제 반 고흐 전시회에 갔어.
19. What color do you like?
20. You multiply so fast.

문장 해석

6. 축구를 하기 전에 사람들은 보통 국가를 따라 부른다.
7. 백파이프는 일반적으로 스코틀랜드에서 연주된다.
8. 이젤, 붓, 물감 그리고 팔레트는 미술 용품을 이룬다.
9. 오렌지 색은 빨강과 노랑으로 만들어진다.
10. 두 자연수의 총합은 보통 두 수의 곱셈의 결과보다 작다.

연습문제 12

1. ⓔ 2. ⓒ 3. ⓐ 4. ⓑ 5. ⓓ
6. ⓐ 7. ⓑ 8. ⓐ 9. ⓑ 10. ⓑ

11. square
12. underline
13. What? :@
14. notebook
15. access

16. 사각형의 네 각의 합은 몇 도인가요?
17. 이 기호는 어떻게 불러요?
18. 그건 '헤헤 웃다'라는 뜻이야.
19. Can I borrow your eraser, please?
20. What are you uploading?

문장 해석

6. 점선은 하나의 직선 위에 있는 수많은 점들로 이루어져 있다.
7. 이메일 주소를 적을 때, 당신은 이메일 도메인 기호를 사용해야 한다.
8. 콘서트는 어땠어? - 그냥 그랬어.
9. 샤프는 연필깎이가 필요 없다.
10. 코로나-19 때문에 학생들은 새로운 것들을 배우기 위해 동영상 강의를 이용해야만 한다.

연습문제 13

1. ⓔ 2. ⓐ 3. ⓓ 4. ⓒ 5. ⓑ
6. ⓐ 7. ⓐ 8. ⓑ 9. ⓑ 10. ⓐ

11. playground
12. mathematics
13. willow tree
14. carnation
15. dandelion
16. 우리는 곧 중학생이 되는구나.
17. 좋아하는 과목이 뭐예요?
18. 직접 가서 보고 싶어요.
19. What's the name of this flower?
20. What a cute grass!

문장 해석

6. 초등학교는 아이가 들어가는 첫 학교이다.
7. 아이들의 좋은 심성을 위해서 학교에서 미술을 가르쳐야 한다.
8. 가을에 단풍나무의 잎들은 붉은색으로 변한다.
9. 한국의 국화는 무궁화이다.
10. 나는 행운의 상징인 네 잎 클로버를 찾았다.

연습문제 14

1. ⓐ 2. ⓓ 3. ⓑ 4. ⓔ 5. ⓒ
6. ⓑ 7. ⓑ 8. ⓐ 9. ⓐ 10. ⓐ

11. hippo(=hippopotamus)
12. cricket
13. eagle
14. shark
15. dew
16. 동남아에서 코끼리를 타본 적이 있니?
17. 그럼, 거미는 곤충이 아니야?
18. 오늘 아침에 우리 집에 제비 한 쌍이 둥지를 틀었어.
19. Do you call all that live in the water fish?
20. It will be sunny and clear.

문장 해석

6. 시베리아 호랑이들은 요즘 멸종 위기에 처해 있다.
7. 나방은 나비와 생김새가 비슷하다. 하지만 그것들은 예쁜 색을 갖지 않는다.
8. 학은 한국에서 천연기념물로 보호된다.
9. 불가사리는 어떤 물고기의 알들에게는 위험할 수 있다.
10. 허리케인은 나무와 집의 지붕을 날려버릴 수 있다.

연습문제 15

1. ⓒ 2. ⓔ 3. ⓓ 4. ⓐ 5. ⓑ
6. ⓑ 7. ⓐ 8. ⓑ 9. ⓐ 10. ⓑ

11. rubbish
12. desert
13. alien
14. airfare
15. captain

16. 지금 당장 시작해야겠군요!
17. 어느 정도로 큰가요?
18. 우주를 여행하고 싶어.
19. A window seat, please.
20. Here it is.

문장 해석

6. 산성비 때문에 동상들이 녹아 없어질 수 있다.
7. 북극곰들은 북극 지역에서 산다.
8. 북두칠성은 국자처럼 생겼다.
9. 당신의 목적지는 어디입니까? - 나의 목적지는 플로리다입니다.
10. 나는 통로 자리보다 창가 자리를 선호한다. 왜냐하면 거기서는 밖을 내다볼 수 있기 때문이다.

연습문제 16

1. ⓓ 2. ⓒ 3. ⓑ 4. ⓔ 5. ⓐ
6. ⓐ 7. ⓑ 8. ⓐ 9. ⓐ 10. ⓑ

11. subway
12. battery
13. last stop
14. track
15. submarine

16. 열기구를 타본 적이 있니?
17. 수리센터에 가자.
18. 직진하다가 빵집에서 오른쪽으로 가렴.
19. Two tickets for New York, please.
20. Wow, I envy you.

문장 해석

6. 구급차가 나타났을 때, 모든 차들이 그 길에서 비켰다.
7. 비가 내리기 시작했다. 그리고 와이퍼가 작동하기 시작했다.
8. 목적지에 일찍 도착하기 위해 너는 버스를 타야만 해. 다른 어떤 차도 버스전용차선을 위반할 수 없어.
9. 시베리아를 횡단하기 위해, 우리 가족은 침실 기차를 탔다.
10. 승선하면 만약의 경우를 대비해 구명조끼부터 입어야 한다.

연습문제 17

1. ⓔ 2. ⓒ 3. ⓓ 4. ⓐ 5. ⓑ
6. ⓑ 7. ⓑ 8. ⓐ 9. ⓑ 10. ⓐ

11. traffic
12. attraction
13. wake-up call
14. rare
15. pudding

16. 항상 조심해야 하는 거 알지.
17. 이 근처에 식물원이 있나요?
18. 예약하셨나요?
19. I'll have it.
20. What would you order?

문장 해석

6. 운전할 때, 보행자들을 주의해야 한다.
7. 탐은 비행기가 날짜변경선을 지날 때 시계를 맞춰야 했다.
8. 우리 가족이 호텔 방에 들어갔을 때, 나는 곧바로 소형 냉장고로 달려가서 차가운 음료들을 발견했다.
9. 요리사가 너무 훌륭해서 우리는 식사를 즐길 수 있었다.
10. 디저트로 뭘 드시겠어요? - 저는 아이스크림을 먹겠습니다.

연습문제 18

1. ⓓ 2. ⓒ 3. ⓐ 4. ⓔ 5. ⓑ
6. ⓐ 7. ⓐ 8. ⓑ 9. ⓑ 10. ⓐ

11. receipt
12. lip balm
13. butcher's
14. bookshelf
15. post office

16. 네, 지금 재고 정리 세일 중이에요.
17. 엄마, 로션이 떨어졌어요.
18. 조금 있으면 저녁을 먹을 거야.
19. Can I join you?
20. Please send it by air mail.

문장 해석

6. 이 신상품 드레스는 매우 매력적으로 보인다.
7. 해변에 왔으니 선블록을 발라야 한다.
8. 학교에 가기 전에, 문방구에 들러서 공책과 연필을 좀 사야 한다.
9. 어서 새 책을 빌리고 싶어.
10. 편지를 보내기 위해서는 봉투에 주소를 쓰고 우표를 붙여야 한다.

연습문제 19

1. ⓔ 2. ⓒ 3. ⓓ 4. ⓐ 5. ⓑ
6. ⓐ 7. ⓑ 8. ⓑ 9. ⓑ 10. ⓐ

11. in front of
12. accident
13. sweat
14. cancer
15. cotton

16. 목이 아프거나 콧물이 나오나요?
17. 제가 심폐소생술을 할 줄 압니다.
18. 나는 너무 졸려.
19. Take this pill, please.
20. It's almost the same with ours.

문장 해석

6. 여기가 처음이니 지도가 필요해.
7. 심한 두통은 응급 상황일 수 있다.
8. 나는 감기에 걸려서 큰 기침을 했다.
9. 탐은 충치가 있어서 치과에 갔다.
10. 나는 열이 있어서 해열제가 필요했다.

연습문제 20

1. ⓒ 2. ⓐ 3. ⓔ 4. ⓑ 5. ⓓ
6. ⓑ 7. ⓑ 8. ⓐ 9. ⓐ 10. ⓑ

11. daisy
12. Hades
13. sniff
14. LTNS
15. mother

16. 당신의 탄생석은 무엇인가요?
17. 그녀는 달과 순결의 여신이에요.
18. 재채기를 좀 조용히 해주세요.
19. I'm in a hurry.
20. I love you the most, too.

문장 해석

6. 진주는 부귀와 장수를 상징한다.
7. 데메테르는 농업의 여신이고 결혼과 여성을 보호한다.
8. 아기 조카는 내가 까꿍이라고 할 때 밝게 웃는다.
9. 내 절친에게 작별 인사를 할 때, 나는 보통 다음에 보자고 한다.
10. 우리는 서로에게 영원히 함께 하기로 약속했다.

컴팩트 단어장

Chapter 1 나라 소개

Unit 1. 5대양 7대주   p 24

Pacific Ocean	퍼시픽 오션	태평양
North America	놀쓰 어메리카	북미
South America	싸우쓰 어메리카	남미
Atlantic Ocean	애틀랜틱 오션	대서양
Europe	유럽	유럽
Africa	애프리카	아프리카
Indian Ocean	인디언 오션	인도양
Asia	에이지아	아시아
Oceania	오시아니아	오세아니아
South Pole (=Antarctica)	싸우쓰 폴(= 앤타크티카)	남극
the Antarctic Ocean	디 앤탈ㅋ틱 오션	남극해
the Arctic Ocean	디 알ㅋ틱 오션	북극해

Unit 2 국가   p 26

Korea	코리아	한국
China	차이나	중국
Japan	저팬	일본
U.S.A.(United States of America)	유에쓰에이 (유나이티드 스테이츠 어브 아메리카)	미국
Canada	캐너더	캐나다
Mexico	멕시코	멕시코
Brazil	브라질	브라질
Thailand	타일랜드	태국
Philippines	필리핀즈	필리핀
France	프랜스	프랑스
England	잉글런드	영국
Switzerland	스윗쩔랜드	스위스
Italy	이틀리	이탈리아
Germany	절머니	독일
Hungary	헝가리	헝가리
Singapore	싱거포어	싱가포르
Indonesia	인도니지아	인도네시아
Nigeria	나이지리아	나이지리아
Sudan	수단	수단
India	인디아	인도

Unit 3 미국 지리   p 28

Alabama	앨라배마	앨라배마
Alaska	얼래스커	알래스카
Arizona	애러조우나	애리조나
Arkansas	알컨쏘우	아칸소
California	캘러포:니아	캘리포니아
Colorado	콜로라도	콜로라도
Connecticut	커네티컷	코네티컷
Delaware	델라웨어	델라웨어
Florida	플로리다	플로리다
Georgia	조지아	조지아
Hawaii	하와이	하와이
Idaho	아이다호우	아이다호
Illinois	일러노이	일리노이
Indiana	인디애나	인디애나
Iowa	아이오와	아이오와
Kansas	캔저스	캔자스
Kentucky	켄터키	켄터키
Louisiana	루이지애너	루이지애나
Maine	메인	메인
Maryland	메럴랜드	메릴랜드
Massachusetts	매서추세츠	매사추세츠
Michigan	미시건	미시간
Minnesota	미너쏘우타	미네소타
Mississippi	미서씨피	미시시피
Missouri	미주리	미주리

Montana	만태너	몬태나
Nebraska	너브래스카	네브래스카
Nevada	네바다	네바다
New Hampshire	뉴 햄프셔	뉴햄프셔
New Jersey	뉴 저지	뉴저지
New Mexico	뉴 멕시코	뉴멕시코
New York	뉴욕	뉴욕
North Carolina	노스 캐럴라이나	노스캐롤라이나
North Dakota	노스 다커타	노스다코타
Ohio	오하이오	오하이오
Oklahoma	오클라호마	오클라호마
Oregon	오레건	오리건
Pennsylvania	펜실베이니아	펜실베이니아
Rhode Island	로드 아일랜드	로드아일랜드
South Carolina	싸우스 캐럴라이나	사우스캐롤라이나
South Dakota	싸우스 다커타	사우스다코타
Tennessee	테네시	테네시
Texas	텍사스	텍사스
Utah	유타	유타
Vermont	벌만트	버몬트
Virginia	벌지니아	버지니아
Washington	워싱턴	워싱턴
West Virginia	웨스트 벌지니아	웨스트버지니아
Wisconsin	위스칸신	위스콘신
Wyoming	와이오우밍	와이오밍

Unit 4 미국 명소　　　　　　　　　　p 30

Times Square	타임즈 스퀘어	타임 스퀘어
Statue of Liberty	스태츄 옵 리벌티	자유의 여신상
Empire State Building	엠파이어 스테이트 빌딩	엠파이어 스테이트 빌딩
Lombard Street	롬바드 스트릿	롬바드가
Rockefeller Center	락펠러 세너	록펠러센터
Fisherman's Wharf	피셔먼즈 워프	피셔맨스워프
Central Park	센트럴 팍	센트럴 파크
Hollywood Walk of Fame	헐리웃워크 오브 페임	할리우드 명예의 거리
Union Station	유니언 스테이션	유니온 스테이션
the Strip in Las Vegas	더 스트립 인 라스베이거스	라스베이거스 스트립
Grand Central Strip	그랜 센트럴 스트립	그랜드 센트럴 스트립
Walt Disney World(=Disneyland)	월트 디즈니 월드	월트 디즈니 월드
Golden Gate Bridge	골든 게이트 브릿지	금문교
Faneuil Hall	패뉴일 홀	퍼네일 홀
Balboa Park	발보아 팍	발보아 공원
Ghirardeli Square	기라델리 스퀘어	기라델리 광장
La Jolla Beach	라 호야 비치	라호야 비치
Grand Canyon	그랜 캐년	그랜드 캐니언
Saranac Lakes	쌔러낵 레익스	사라낙 호수
Manhattan Beach	맨해튼 비치	맨허튼 해변

Unit 5 국경일 및 축제일　　　　　　p 32

New Year's Day	뉴 이얼즈 데이	새해(1월 1일)

Martin Luther King Jr. Day	마틴 루터 킹 주니어 데이	킹 목사 탄생일(1월 셋째 월요일)
(St.) Valentine's Day	(쎄인) 밸런타인즈 데이	발렌타인데이(2월 14일)
President's Day	프레지던츠 데이	프레지던트 데이(2월 셋째 월요일)
Washington's Birthday	워싱턴즈 벌쓰데이	조지워싱턴 기념일
April Fools' Day	에이프럴 풀즈 데이	만우절(4월 1일)
Easter	이스터	부활절(춘분 후 첫 보름 다음 일요일)
Earth Day	얼쓰 데이	지구의 날(4월 22일)
Mother's Day	머덜즈 데이	어머니 날(5월 둘째 일요일)
Memorial Day	메모리얼 데이	현충일(5월 마지막 월요일)
Father's Day	파덜즈 데이	아버지의 날(6월 셋째 일요일)
Independence Day(=the Fourth of July)	인디펜던스 데이	독립기념일(7월 4일)
Labor Day	레이버 데이	근로자의 날(9월 첫째 월요일)
Columbus Day	컬럼버스 데이	콜럼버스의 날(10월 둘째 월요일)
Halloween	핼로윈	할로윈 데이(10월 31일)
Veteran's Day	베터랑즈 데이	재향군인의 날(11월 11일)
Thanksgiving Day	땡스기빙 데이	추수감사절(11월 넷째 목요일)
Black Friday	블랙 프라이 데이	블랙프라이데이(11월 넷째 금요일)
Cyber Monday	싸이버 먼데이	사이버먼데이(추수감사절 다음 월요일)
Christmas	크리스마스	크리스마스(12월 25일)

Chapter 2 인간

Unit 6 가족   p 36

grandfather	그랜파더	할아버지
grandmother	그랜마더	할머니
grandparents	그랜페어런츠	조부모
father	파더	아버지
mother	마더	어머니
parents	페어런츠	부모
husband	허즈번드	남편
wife	와이프	아내
brother	브라더	형제, 형, 오빠, 아우
sister	씨스터	자매, 언니, 누나, 여동생
son	썬	아들, 자식
daughter	도러	딸
uncle	엉클	아저씨
aunt	애엔트	아주머니
father-in-law	파더-인-로	장인, 시아버지
mother-in-law	마더-인-로	장모, 시어머니
parents-in-law	페어런츠-인-로	처부모, 시부모

nephew, niece	네퓨, 니쓰	(남자) 조카, (여자) 조카
daughter-in-law	도러-인-로	며느리
son-in-law	썬-인-로	사위

Unit 7 삶   p 38

man	맨	남자
woman	워먼	여자
old man	올드 맨	어르신
old lady	올드 레이디	노부인
middle aged person	미들 에이쥐드 펄쓴	중년
boy	보이	소년
girl	걸	소녀
adolescent	어돌레쎈트	청소년
pregnant woman	프레그넌 워먼	임산부
birth	벌쓰	출생
newborn baby	뉴본 베이비	갓난아기
infant	인펀트	영아
toddler	타를러	유아
child	촤일드	어린이
birthday	벌쓰데이	생일
graduation	그래쥬에이션	졸업
dating(=going out (with))	데이팅(=고잉 아웃 (윗))	연애
marriage	메리쥐	결혼
one's sixtieth birthday	원즈 씩스티쓰 벌쓰데이	환갑
the age of seventy	디 에이쥐 옵 쎄븐티	칠순

Unit 8 신체(외)   p 40

head	헤드	머리
forehead	폴헤드	이마
eye	아이	눈
nose	노우즈	코
mouth	마우쓰	입
ear	이어	귀
throat	쓰로웃	목
shoulder	쇼울더	어깨
arm	아암	팔
hand	핸드	손
chest	췌스트	가슴
belly(=abdomen)	벨리(=앱도먼)	배
waist	웨이스트	허리
buttocks	버톡스	엉덩이
leg	렉	다리
thigh	싸이	허벅지
foot	풋	발
toe	토우	발가락
heel	힐	뒤꿈치
top of the foot	탑 옵 더 풋	발등

Unit 9 신체(내)   p 42

brain	브레인	뇌
thyroid	싸이로이드	갑상선
salivary gland	쌜러베리 글랜드	침샘
heart	헐트	심장
bronchial tubes	브랑키얼 튜브즈	기관지
throat	쓰롯	식도
stomach	스토먹	위
lung	렁	허파(폐)
liver	리버	간
gall bladder	걸 블래더	쓸개
small intestine	스몰 인테스틴	소장
bone	본	뼈

muscle	머쓸	근육
fat	팻	지방
blood vessel	블러드 베쎌	혈관
capillary	캐필러리	모세혈관
artery	알터리	동맥
vein	베인	정맥
bladder	블래더	방광
kidney	키드니	콩팥

Unit 10 헤어   p 44

hair	헤어	머리카락
hair style	헤어 스타일	머리모양
perm	퍼엄	파마
straight perm	스츄레잇 퍼엄	매직 파마
cut	컷	커트
dyed hair	다이드 헤어	염색머리
breached hair	브리취트 헤어	브리치 머리
bald hair	볼드 헤어	대머리
bobbed hair	밥드 헤어	단발머리
curly hair	커얼리 헤어	곱슬머리
pigtail(braided hair)	픽테일(브레이 헤어)	땋은 머리
part	파트	가르마
clam/plain hair	캄/플레인 헤어	차분한 머리
bangs	뱅즈	앞머리
gray hair	그레이 헤어	흰머리
hair loss	헤어 로쓰	탈모
thin hair	씬 헤어	숱이 적은 머리
stiff hair	스팁 헤어	뻣뻣한 머리
Dandruff falls.	댄드러프 폴즈.	비듬이 떨어지다
gray hair	그레이 헤어	새치머리

Unit 11 피부   p 48

dry skin	드라이 스킨	건성 피부
normal skin	노멀 스킨	중성 피부
oily skin	오일리 스킨	지성 피부
combination skin	컴비네이션 스킨	복합성 피부
sensitive skin	쎈써티브 스킨	민감성 피부
freckles	프레클즈	주근깨
pimple/acne	핌플/애크니	여드름
acne scar	애크니 스카	여드름 자국
atopy	애터피	아토피
dark circle	다크 써클	다크서클
freckles	프레클즈	기미
pimple	핌플	뽀루지
wrinkle	링클	주름
mole	모울	점
sebum	쎄범	피지
T-zone	티-존	T존
bare face	베얼 페이스	맨 얼굴
bad skin/coarse skin	배드 스킨/코얼스 스킨	거친 피부
squeeze	스퀴즈	~을 짜다
massage	머싸쥐	마사지

Unit 12 성격, 기질   p 50

rash	래쉬	성급한
impatient	임페이션트	조급한
arrogant	애러건트	건방진
impulsive	임펄시브	충동적인
bright(=smart)	브라잇(=스마아트)	총명한
introverted	인트로벌티드	내성적인
kind	카인드	친절한
lazy	레이지	게으른

miserly	마이절리	인색한
modest(=humble)	마디스트(=험블)	겸손한
capricious	캐프리셔스	변덕스러운
sociable	쏘셔블	사교적인
patient	페이션트	인내심이 있는
cowardly	카워들리	겁 많은, 비겁한
rude	루드	무례한
wise	와이즈	현명한
sensitive	쎈써티브	민감한
serious	씨리어스	진지한
shy	샤이	수줍어하는
stupid	스튜:피드	어리석은

Unit 13 행동   p 52

agree	어그리:	동의하다
appreciate	어프리:시에이트	감사하다
believe	빌리:브	믿다
consider	컨씨더	고려하다
enjoy	인조이	즐기다
feel	필	느끼다
find out	파인드 아웃	발견하다
forget	폴겟	잊다
listen	릿쓴	듣다
wish	위쉬	바라다
know	노우	알다
like	라이크	좋아하다
see	씨:	보다
love	러브	사랑하다
need	니드	필요하다
realize	뤼:얼라이즈	깨닫다
ask	애스크	요구하다
rest	뤠스트	쉬다

hear	히얼	들리다
say, speak	쎄이, 스피:크	말하다

Unit 14 직업   p 54

accountant	어카운턴트	회계사
fire fighter	파이어 파이터	소방관
voice actor/actress	보이스 액터/액트리스	성우
judge	져쥐	판사
architect	알키텍트	건축가
artist	아:티스트	예술가
baker	베이커	제빵사
bank clerk	뱅크 클럭	은행원
barber	바:버	이발사
barman	바:맨	술집 주인
engineer	엔쥐니어	엔지니어
care giver	케어 기버	간호인
cashier	캐쉬어	계산원
car racer	카 레이서	카레이서
chemist	케미스트	화학자
civil servant	씨빌 써:번트	공무원
songwriter/composer	쏭:라이터/컴포우저	작곡가
cook	쿡	요리사
film director	핌 디렉터	영화감독
dancer	댄써	무용수

Chapter 3 가정

Unit 15 집의 종류   p 56

apartment	어파:트먼트	아파트
bungalow	벙걸로우	방갈로
caravan	캐러밴	이동식주택

English	발음	한국어
tile-roofed house	타일 루프트 하우스	기와집
cottage	카:티쥐	시골의 작은 집
castle	캐쓸	성
duplex	듀:플렉스	두 세대용 건물
flat	플랫	공동 주택
detached house	디태취트 하우스	단독 주택
houseboat	하우스봇	선상가옥
hut	헛	오두막
Korean-style house	코리언-스타일 하우스	한옥
log house	록 하우스	통나무집
mansion	맨션	대저택
mobile home	모바일 홈	이동주택
palace	팰리스	궁전, 대궐
penthouse	펜트하우스	고급 옥상 주택
row houses	뤄우 하우지즈	연립주택
studio	스튜:디오	원룸
pile dwelling	파일 드웰링	수상 가옥

Unit 16 집의 부속물　　　　　p 60

English	발음	한국어
roof	루프	지붕
attic	애틱	다락방
bedroom	베드룸	침실
landing	랜딩	층계참
restroom	뤠스트룸:	화장실
balcony	밸커니	발코니
hall	홀:	복도
kitchen	킷췬	부엌
front door	프론트 도어	현관
basement	베이스먼트	지하실
sun lounge	썬 라운쥐	일광욕실
lounge	라운쥐	라운지
study	스터디	공부방, 서재
storage	스토:리쥐	창고
living room	리빙 룸:	거실
dining room	다이닝 룸:	식당
utility room	유틸리티 룸:	다용도실
shower room	샤워 룸:	샤워실
patio	패리오우	파티오
dress room	드레쓰 룸:	옷방

Unit 17 가구　　　　　p 62

English	발음	한국어
armoire	암와-르	장식장
bookcase	북케이스	책장
cabinet	캐비넷	캐비닛
chiffonier	쉬포니어	양복장
chest of drawers	췌스트 옵 드로워즈	서랍장
closet	클로:짓	벽장
coat stand	콧 스탠드	옷걸이
cupboard	커보드	찬장
display cabinet	디스플레이 캐비넷	진열장
cradle	크레이들	요람
dressing table	드레씽 테이블	화장대
drinks cabinet	드링크스 캐비넷	술 진열장
linen chest	린넨 췌스트	수납상자
ottoman	오:러만	오토만
bed	베드	침대
shoe rack	슈 랙	신발장
filing cabinet	파일링 캐비닛	문서진열장
sideboard	싸이드보드	식기 수납장

| table | 테이블 | 탁자 |
| wardrobe | 워:드로브 | 옷장 |

Unit 18 가정용품　　　　　　p 64

blanket	블랭킷	담요
blind	블라인드	블라인드
broom	브룸	빗자루
clock	클락:	시계
curtain	컬:튼	커튼
cushion	쿠션	쿠션
duvet	두:베이	이불
hat stand	햇 스탠드	모자걸이
ironing board	아이어닝 보:드	다림질 판
lamp	램프	등
lightbulb	라잇	전구
mattress	매트리스	매트리스
pillow	필로우	베개
sheet	쉬:트	침대 시트
bin	빈	쓰레기통
detergent	디털전트	세제
duster	더스터	먼지 터는 솔
fire extinguisher	파이어 익스팅귀셔	소화기
mop	맙	자루 걸레
down quilt	다운 퀼트	오리털 이불

Unit 19 전자 제품　　　　　　p 66

refrigerator	리프리저레이러	냉장고
washing machine	워싱 머쉰	세탁기
television	텔레비젼	텔레비전
air conditioner	에어 컨디셔너	에어컨
radio	레이디오	라디오
remote controller	리못 컨트롤러	리모컨
computer	컴퓨:터	컴퓨터
vacuum cleaner	배큠: 클리:너	진공청소기
monitor	모:니터	모니터
speaker	스피:커	스피커
range hood	레인쥐 후드	레인지후드
laptop computer	랩탑 컴퓨터	노트북
dishwasher	디쉬워:셔	식기세척기
gas range	개스 레인지	가스레인지
oven	오븐	오븐
drying machine	드라잉 머쉰	건조기
humidifier	휴:미디파이어	가습기
dehumidifier	디:휴:미디파이어	제습기
iron	아이언	다리미
air purifier	에어 퓨리파이어	공기청정기

Unit 20 주방용품　　　　　　p 68

tongs	토옹스	집게
table cloth	테이블 클로쓰	식탁보
measuring cup	메줘링 컵	계량컵
blender	블렌더	믹서
napkin	냅킨	냅킨
oven gloves	오븐 글러브즈	오븐용 장갑
rice pot	라이스 팟	밥솥
rolling pin	롤링 핀	밀대
dishmat	디쉬맷	냄비 받침
bowl	보울	그릇
apron	에이프런	앞치마
cutting board	컷팅 보드	도마
ladle	레이를	국자

English	발음	한국어
cup	컵	컵
cleaver(=kitchen knife)	클리:버(=킷췬 나이프)	식칼
pot	팟	냄비
butter dish	버러 디쉬	버터 접시
frying pan	프라잉 팬	프라이팬
kettle	케를	주전자
coffee pot	커:피 팟:	커피포트

Unit 21 욕실용품 p 72

bathtub	배쓰텁	욕조
basin (=washbasin)	베이슨(=워쉬베이슨)	세면대
toilet	토일렛	변기
soap	솝	비누
toothpaste	투:쓰페이스트	치약
toothbrush	투:쓰브러쉬	칫솔
shampoo	샴푸:	샴푸
(hair) conditioner	(헤어) 컨디셔너	린스
towel	타월	수건
mirror	미러	거울
faucet	포셋	수도꼭지
electric razor	일렉트릭 레이저	전기면도기
bath toys	배쓰 토이즈	욕조 장난감
bath mat	배쓰 맷	욕실용 매트
rack	랙	선반
shaving cream	쉐이빙 크림	면도용 크림
shower	샤워	샤워기
scale	스케일	체중계
toilet paper	토일렛 페이퍼	휴지
mouthwash	마우쓰워:쉬	구강 청결제

Unit 22 인테리어 p 74

wallpaper	월:페이퍼	벽지
wooden floor	우든 플로어	목제 마루
marble floor	마:블 플로어	대리석 마루
paint	페인트	페인트
molding of the ceiling	몰딩 옵 더 씰:링	천정 몰딩
washboard	워:쉬보:드	걸레받이
sink	씽크	싱크대
lighting equipment	라이팅 에큅먼트	조명
florescent light	플로:레쎈트 라잇	형광등
LED light	엘이디 라잇	LED등
interior door	인티리어 도어	실내문
sandwich panel	샌위치 패널	샌드위치패널
MFD plate	엠에프디 플레이트	MFD판
art wall	아:트 월:	아트월
boiler	보일러	보일러
ondol pipe	온돌 파이프	온돌 파이프
bathroom	배쓰룸:	욕실
ondol	온돌	온돌
steel bar	스틸: 바:	철근
floor	플로:어	마루

Unit 23 공구 p 76

bolt/nut	볼트/넛트	볼트/너트
screw (spike)	스크루: (스파이크)	나사(못)
hammer	해머	망치
mallet	맬릿	나무망치
screwdriver	스크루:드라이버	드라이버

handsaw	핸드쏘:	톱
pliers	플라이어스	펜치
nipper	니퍼	니퍼
electric drill	일렉트릭 드릴	전동 드릴
spanner	스패너	스패너
wrench	렌취	렌치
sprit level	스프릿 레벨	수평계
glue gun	글루: 건	글루건
gimlet	김릿	목공용 송곳
toolbox	툴:박:스	공구함
shear	쉬어	(원예용) 전단기
snips	스닙스	(금속 절단용) 가위
shovel	셔블	(끝이 뾰족한) 삽
spade	스페이드	(사각모양) 삽
trowel	트로월	모종삽

Chapter 4 식품

Unit 24 요리 방법　　　　　　　p 78

bake	베이크	굽다
barbecue	바:베큐:	바비큐 하다
boil	보일	끓이다
chop	찹:	썰다
cut	컷	자르다
drain	드레인	(물이나 액체 등을) 빼내다
fry	프라이	(기름에) 굽다, 튀기다
grate	그레이트	갈다
grill	그릴	굽다
melt	멜트	녹이다
mix	믹스	섞다, 혼합하다
peel	필:	껍질을 벗기다
pour	푸:어	붓다
roast	뤄스트	(오븐이나 불에) 굽다
stir	스터:	젓다
sift	씨프트	채로 치다, 거르다
slice	슬라이스	(얇게) 썰다
squeeze	스퀴:즈	(손으로) 짜다
steam	스팀:	찌다
stew	스튜:	(천천히) 끓이다

Unit 25 과일　　　　　　　　　　p 80

watermelon	워:러멜론	수박
strawberry	스트로:베리	딸기
grape	그뤠이프	포도
apple	애플	사과
pear	페어	배
peach	피:취	복숭아
banana	버내너	바나나
mangosteen	맹고스틴:	망고스틴
orange	오린쥐	오렌지
lychee	리:취:	여지
kiwi	키위	키위
blueberry	블루베리	블루베리
pineapple	파인애플	파인애플
mango	맹고우	망고
cherry	췌리	체리
coconut	코코넛	야자
quince	퀸스	모과
durian	두리언	두리안

melon	멜론	멜론
apricot	애프리컷	살구

Unit 26 채소 p 84

leek	릭	대파
lemongrass	레먼그래스	레몬그라스
lettuce	레티스	양상추
mint leaves	민트 리브즈	박하잎
mushroom	머쉬룸	버섯
mustard	머스타드	갓, 겨자
olive	올리브	올리브
onion	어니언	양파
paprika	파프리카	파프리카
parsley	파슬리	파슬리
pea	피	콩
potato	포테이토	감자
peppermint	페퍼민트	페퍼민트
pumpkin	펌프킨	호박
radish	래디쉬	무
rosemary	로즈매리	로즈메리
carrot	캐럿	당근
spinach	스피니취	시금치
sweet potato	스윗 포테이토	고구마
tomato	토메이도우	토마토

Unit 27 육류 p 86

beef	비프	쇠고기
chicken	취킨	닭고기
duck meat	덕 밋	오리고기
lamb	램	새끼양고기
mutton	머튼	양고기
pork	포크	돼지고기
sausage	쏘시쥐	소시지
turkey	터키	칠면조
veal	비을	송아지고기
venison	베니슨	사슴고기
horse meat	호올스 미트	말고기
brisket	브리스킷	양지머리
filet mignon	필레이 미뇽	최상급 스테이크용 고기
rib	립	갈비
rump	럼프	엉덩이살
sirloin	써로인	등심
T-bone steak	티-본 스테이크	티본스테이크
shoulder butt	쇼울더 벗	항정살
belly	벨리	삼겹살
tenderloin	텐더 로인	안심

Unit 28 수산물 p 88

abalone	애벌로우니	전복
anchovy	앤초비	멸치
bass	배스	농어
squid	스퀴드	오징어
carp	칼프	잉어
catfish	캣피쉬	메기
cod	카드	대구
sea snail	씨 스네일	골뱅이
croaker	크로커	조기
hairtail	헤어테일	갈치
herring	헤링	청어
lobster	랍:스터	바닷가재
mackerel	매크럴	고등어
mussel	머슬	홍합
oyster	오이스터	굴
mackerel pike	매커럴 파이크	꽁치
plaice	플레이스	넙치
pollack	팔랙	명태

salmon	쌔먼	연어
snapper	스내퍼	도미

Unit 29 곡물　　　　　　　　　p 90

rice	라이스	쌀
milled rice	밀드 라이스	백미
brown rice	브라운 라이스	현미
glutinous rice	글루티너스 라이스	찹쌀
barley	바알리	보리
wheat	윗:	밀
rye	라이	호밀
oats	오웃츠	귀리
Job's tears	좝스 티얼즈	율무
bean	빈	콩
soybean	쏘이빈	대두
horse bean	호올스 빈	작두콩
adzuki bean(=red bean)	아즈키 빈(=레드 빈)	팥
pea	피	완두
mung beans	멍 빈즈	녹두
buckwheat	벅윗	메밀
millet	밀릿	기장
peanut	피:넛	땅콩
chickpea	칙피:	병아리콩
corn	콘	옥수수

Unit 30 유제품　　　　　　　　p 92

butter	버러	버터
buttermilk	버러밀크	버터밀크
cheese	취즈	치즈
condensed milk	컨덴스트 밀크	연유
cottage cheese	카:티쥐 취즈	코티지치즈
cream	크림	크림
cream cheese	크림: 취:즈	크림치즈
crème fraiche	크렘 프레쉬	크렘프레쉬
dairy products	데어리 프로:덕츠	유제품
egg	에그	달걀
free-range egg	프리: 레인지 에그	풀어놓고 기른 닭의 달걀
fresh cream	프레쉬 크림	생크림
fromage frais	프루마:쥬 프레이	프로마쥬 프레이
full-fat milk	풀-팻 밀크	고지방우유
low-fat milk	로우 팻 밀크	저지방우유
gelato	젤라:토	젤라토
goat's cheese	곳츠 취즈	염소 우유로 만든 치즈
margarine	마:저린:	마가린
mayonnaise	메이어네이즈	마요네즈
milk	밀크	우유

Unit 31 냉동식품 외　　　　　　p 96

bacon	베이컨	베이컨
baked beans	베이크트 빈:즈	찐콩
canned corn	캔드 콘:	옥수수 통조림
chips	칩스	감자칩
corned beef	콘:드 비:프	쇠고기 통조림
corn meal	콘 밀	옥수수 가루
crab stick	크랩 스틱	게맛살
cured meat	큐얼드 미트	절인 고기
energy bar	에너지 바:	강장캔디

fish fingers	피쉬 핑거스	(스틱 모양의) 생선 튀김
fishcake	피쉬 케익	어묵
frozen fruit	프로즌 프룻:	냉동 과일
frozen pizza	프로즌 핏자	냉동 피자
fruit juice	프룻: 쥬:스	과즙
glass noodles	글래스 누들즈	당면
ham	햄	햄
ice cream	아이스 크림:	아이스크림
processed meat	프로세스드 미:트	가공육
peanut butter	피:넛 버러	땅콩버터
pie filling	파이 필링	파이 속

Unit 32 빵   p 98

bagel	베이글	베이글
baguette	바게뜨	바게트
breadstick	브레드스틱	막대 빵
bread crumbs	브레드크럼즈	빵가루
brown bread	브라운 브레드	갈색빵
bun	번	번빵
chapati	처파리	차파티
croissant	크롸:상:	크로와상
crumpet	크럼핏	크럼핏
donut	도우넛	도넛
focaccia	포캐치아	포카치아
garlic bread	갈릭 브레드	마늘빵
hamburger bun	햄버거 번	햄버거번
bread	브레드	식빵
muffin	머핀	머핀
naan	나안	난

pancake	팬케잌	팬케이크
pitta	피타	피타빵
pretzel	프렛츨	프레첼
quiche	키:쉬	키시(파이의 일종)

Unit 33 소스, 양념, 통   p 100

anchovy sauce	앤초비 쏘:스	안초비소스
chili sauce	칠리 쏘:스	칠리소스
cooking oil	쿠킹 오일	식용유
cooking wine	쿠킹 와인	맛술
dip	딥	소스
ketchup	케첩	케첩
olive oil	올리브 오일	올리브유
oyster sauce	오이스터 쏘:스	굴소스
pepper	페퍼	후추
red chili paste	뤠드 칠리 페이스트	고추장
salt	쏠트	소금
sesame oil	쎄서미 오일	참기름
soy sauce	쏘이 쏘:스	간장
soybean paste	쏘이빈 페이스트	된장
starch syrup	스타취 시럽	물엿
sugar	슈거	설탕
Tabasco	터배스코우	타바스코 소스
vinegar	비니거	식초
mayonnaise	메이어네이즈	마요네즈
mustard sauce	머스타드 쏘:스	머스터드 소스

Unit 34 세계 요리 및 간식   p 102

rendang	뤤당	비프 렌당
nasi goreng	나시 고렝	나시 고랭

sushi	스시	스시
tom yam kung	똠 양 꿍	톰양쿵
pad thai	팟 타이	팟타이
papaya salad	파파야 샐러드	솜탐
dim sum	딤썸	딤섬
ramen	롸멘	라면
peking duck	피킹 덕	베이징덕
massaman curry	매써만 커리	마사만커리
lasagna	라자냐	라자냐
chicken rice	취킨 라이스	치킨라이스
satay	사:테이	사테
ice cream	아이스크림	아이스크림
kebab	케밥:	케밥
gelato	젤라:토	젤라또
green curry	그린 커리	그린 카레
pho	포:	포
fish 'n' chips	피쉬 앤 칩스	피시앤칩스
egg tart	에그 타르트	에그타르트

Unit 35 한국 요리   p 104

Kimchi	킴취	김치
dried seaweed rolls(=Korean rolls)	드라이드 씨위드 롤즈	김밥
Kimchi fried rice	킴취 프라이드 라이스	김치볶음밥
sizzling stone pot bibimbap	씨즐링 스톤 팟 비빔밥	돌솥비빔밥
bulgogi with rice	불고기 윗 라이스	불고기덮밥
rice mixed with vegetables and beef	라이스 믹스트 윗 베저터블즈 앤 비프	비빔밥
bean paste stew	빈 페이스트 스튜	된장찌개

rice with leaf wraps	라이스 윗 리프 랩스	쌈밥
nutritious stone pot rice	뉴트리셔스 스톤 팟 라이스	영양돌솥밥
spicy stir-fried squid with rice	스파이씨 스터프라이드 스퀴드 윗 라이스	오징어덮밥
bean sprout soup with rice	빈 스프라웃 숲 윗 라이스	콩나물국밥
pine nut porridge	파인 넛 포리쥐	잣죽
rice porridge with abalone	라이스 포리쥐 윗 애벌로우니	전복죽
pumpkin porridge	펌킨 포리쥐	호박죽
black sesame and rice porridge	블랙 쎄서미 앤 라이스 포리쥐	흑임자죽
mandu	만두	만두
chilled buckwheat noodles	칠드 벅윗 누들즈	물냉면
mixed noodles	믹스트 누들즈	비빔국수
spicy mixed buckwheat noodles	스파이씨 믹스트 벅윗 누들즈	비빔냉면
sujebi(=Korean style pasta soup)	수제비	수제비

Unit 36 한국 간식 및 밑반찬   p 108

kkakdugi(=sliced radish kimchi)	깍두기	깍두기
watery kimchi made of sliced radishes	워러리 킴취 메이드 옵 슬라이스트 래디쉬즈	나박김치
napa cabbage kimchi	내퍼 캐비쥐 킴취	배추김치
white kimchi	와이트 킴취	백김치
wrapped kimchi	랩트 킴취	보쌈김치

English	Korean (pronunciation)	Korean
stuffed cucumber pickle	스터프트 큐컴버 피클	오이소박이
pickled vegetables	피클드 베저터블즈	장아찌
soy sauce marinated crab	쏘이 쏘스 매리네이티드 크랩	간장게장
salted seafood	쏠티드 씨푸드	젓갈
rice ball cake	라이스 볼 케이크	경단
honey-filled rice cake	하니-필드 라이스 케이크	꿀떡
steamed white rice cake	스팀드 와이트 라이스 케이크	백설기
yakbap	약밥	약식
flower rice pancake	플라워 라이스 팬케이크	화전
sweet rice puffs	스윗 라이스 퍼프스	강정
tea confectionery	티 컨펙셔너리	다식
honey cookie	허니 쿠키	약과
green tea	그린 티:	녹차
green plum tea	그린 플럼 티:	매실차
cinnamon punch	씨너먼 펀취	수정과

Chapter 5 의류 및 액세서리

Unit 37 의복   p 110

English	Korean (pronunciation)	Korean
hanbok(=Korean traditional clothes)	한복	한복
dress	드레쓰	드레스
suit	숱:	정장
tuxedo	턱시도	턱시도
jacket	재킷	재킷
(one-piece) dress	(원-피스) 드레쓰	원피스
dress shirt	드레쓰 셔:트	와이셔츠
trousers(=pants)	트라우저스(=팬츠)	바지
waistcoat	웨이스트콧	조끼
shorts	숏츠	반바지
jeans	진:스	청바지
overalls	오버롤:즈	멜빵바지
blouse	블라우스	블라우스
skirt	스커트	치마
miniskirt	미니스커:트	미니스커트
t-shirt	티-셔:트	티셔츠
sleeveless shirt	슬리:브리스 셔:트	민소매
coat	코우트	코트
duck-down parka	덕다운 파카	다운 파카
gym clothes	짐 클로우쓰	운동복

Unit 38 가방 및 소품   p 112

English	Korean (pronunciation)	Korean
backpack	백팩	백팩
clutch bag	클러취 백	클러치 백
cross bag	크로쓰 백	크로스 백
handbag	핸드백	핸드백
button	버튼	단추
bracelet	브레이슬럿	팔찌
earmuffs	이어머프스	귀마개
earrings	이어링즈	귀걸이
gloves	글러브즈	장갑
hairband	헤어 밴드	헤어 밴드
hairpin	헤어 핀	머리핀
necklace	넥클러스	목걸이
ring	링	반지
scarf	스카프	스카프
sunglasses	썬글래씨즈	선글라스

umbrella	엄브렐러	우산
wallet	월:릿	지갑
watch	워취	손목시계
anklet	앵클릿	발찌
brooch	브로우취	브로치

Unit 39 모자   p 114

baseball cap	베이스볼:캡	야구 모자
beanie	비니	비니 모자
beret	버레이	베레모
boater	보우러	맥고모자
bobble hat	보블 햇	털실 모자
bonnet	바:닛	보닛 모자
bowler	보울러	정장 모자
capeline	케이프라인	여성용 모자
cloche	클로우쉬	(여성용) 정장 모자
cowboy hat	카우보이 햇	카우보이 모자
hard hat	하드 햇	안전모
helmet	헬멧	헬멧
panama hat	패너머 햇	파나마 모자
sombrero	쏨브레로	챙이 넓은 중절모
straw hat	스트로우 햇	밀짚모자
sun cap	썬 캡	햇볕 가리는 모자
cossack hat	코:새크 햇	챙이 없는 모자
trilby	트릴비	중절모
turban	터:번	터번
bucket hat	버킷 햇	벙거지 모자

Unit 40 신발   p 116

boots	부츠	부츠
wooden shoes	우든 슈즈	나막신
cowboy boots	카우보이 부츠	카우보이 부츠
flats	플랫츠	굽이 없는 신발
flip flops	플립 플롭스	슬리퍼
high heels	하이 힐즈	하이힐
hiking boots	하이킹 부츠	등산화
loafers	로퍼즈	간편화
moccasins	머:카신즈	뒤축 없는 신발
ballet shoes	발레 슈:즈	발레 슈즈
platform shoes	플랫폼: 슈즈	통굽 구두
roller skates	롤러 스케이츠	롤러스케이트
running shoes	러닝 슈즈	운동화
sandals	샌들즈	샌들
shoes	슈:즈	신발
clogs	클락스	일본 나막신
wingtips	윙팁스	윙팁스
stilettos	스틸레토	뾰족구두
thongs	썽즈	고무 슬리퍼
uggs	어그스	어그 부츠

Chapter 6 생활

Unit 41 시간   p 120

date	데잇	날짜
day	데이	하루
dawn	던	새벽
morning	모:닝	아침
noon	눈	정오

English	발음	한국어
afternoon	애프터눈:	오후
evening	이:브닝	저녁
night	나잇	밤
midnight	미드나잇	자정
today	투데이	오늘
tomorrow	투마로우	내일
tonight	투나잇	오늘밤
yesterday	예스터데이	어제
the day before yesterday	더 데이 비포 예스터데이	그저께
the day after tomorrow	더 데이 애프터 투마로우	모레
hour	아우어	시
minute	미닛	분
second	세컨	초
an hour	언 아워	한 시간
half an hour	해프 언 아워	30분

Unit 42 요일과 달   p 122

English	발음	한국어
day and month	데이 앤 먼쓰	요일과 달
Monday	먼데이	월요일
Tuesday	튜즈데이	화요일
Wednesday	웬즈데이	수요일
Thursday	떨즈데이	목요일
Friday	프라이데이	금요일
Saturday	쌔터데이	토요일
Sunday	썬데이	일요일
January	재뉴어리	1월
February	페브러리	2월
March	마취	3월
April	에이프럴	4월
May	메이	5월
June	준	6월
July	줄라이	7월
August	어거스트	8월
September	셉템버	9월
October	옥토버	10월
November	노벰버	11월
December	디셈버	12월

Unit 43 취미   p 124

traveling	트래벌링	여행
(mountain) climbing	(마운틴) 클라이밍	등산
listening to music	리스닝 투 뮤직	음악 감상
fishing	피슁	낚시
reading	뤼딩	독서
cooking	쿠킹	요리
watching movies	워:칭 무비즈	영화감상
drawing	드로윙	그림 그리기
taking a picture	테이킹 어 픽처	사진촬영
playing a computer game	플레잉 어 컴퓨터 게임	게임하기
playing billiards	플레잉 빌리어즈	당구치기
volunteering	발룬티어링	봉사
flower arrangement	플라워 어레인쥐먼트	꽃꽂이
dancing	땐씽	춤
playing Korean chess	플레잉 코리언 체스	장기 두기
gardening	가:드닝	정원 가꾸기
exercising (=working out)	엑설싸이징 (=월킹 아웃)	운동하기
playing the musical instrument	플레잉 더 뮤지컬 인스트루먼트	악기 연주

driving	드라이빙	드라이브
knitting	니팅	뜨개질

Unit 44 종교　　　　　　　　　p 126

Catholicism	캐쏠리씨즘	천주교
Christianity	크리스채너티	기독교
Buddhism	부디즘	불교
Confucianism	컨퓨:씨어니즘	유교
Hinduism	힌두:이즘	힌두교
Islam	이슬람	이슬람교
church	처:취	교회
worship	월:쉽	예배
mass	매쓰	미사
the Bible	더 바이블	성경
hymn	힘	찬송가
Jesus	지져스	예수
God	갓	하나님
resurrection	리저렉션	부활
baptism	뱁티즘	세례
priest	프리스트	신부
nun	넌	수녀
cross	크로스	십자가
temple	템플	절
Buddha	부다	부처

Unit 45 여가 활동　　　　　　　p 128

ball	볼	무도회
musical	뮤:지컬	뮤지컬
ballet	발레이	발레
talk show	톡 쇼	토크쇼
concert	칸:설트	콘서트
drama	드라마	드라마
exhibition	엑시비션	전시회
festival	페스티벌	축제
movie	무:비	영화
fireworks	파이어월크스	불꽃놀이
folk music	포크 뮤직	민속음악
horoscope	호:로스콥	점성술
jazz music	째즈 뮤직	재즈음악
magic	매직	마술
opera	아:프라	오페라
orchestra	오:케스트라	오케스트라
art	아:트	그림
pastime	패스타임	오락
shopping spree	쇼:핑 스프리	흥청망청 쇼핑하기
poem	포임	시

Unit 46 행사용품　　　　　　　p 132

balloon	벌룬:	풍선
candle	캔들	양초
champagne	샴페인	샴페인
clown	클라운	어릿광대
confetti	컨페티	색종이 조각
elf	엘프	요정
engagement ring	인게이쥐먼트 링	약혼반지
firecracker	파이어크래커	폭죽
fireworks	파이어월크스	불꽃놀이
garland	갈랜드	화환
Halloween	핼로윈	핼러윈 축제
holly	홀:리	호랑가시나무
invitation	인비테이션	초대장
illumination	일루미네이션	전등장식

English	발음	뜻
Jack-o'-Lantern	잭-오-랜턴	도깨비불
poinsettia	포인세티아	포인세티아
reindeer	뤠인디어	순록
sleigh	슬레이	썰매
snow globe	스노우 글로브	스노우볼
snowflake	스노우플레이크	눈송이

Unit 47 스포츠　　　　p 134

archery	알:춰리	양궁
athletics	애쓸레틱스	육상
badminton	배드민턴	배드민턴
basketball	배스킷볼	농구
beach volleyball	비취 발:리볼	비치발리볼
boxing	박:씽	권투
road bicycle racing	로드 바이씨클 뤠이씽	도로 자전거 경기
fencing	펜씽	펜싱
soccer(=football)	싸:커(=풋볼:)	축구
handball	핸드볼:	핸드볼
hockey	하:키	하키
judo	쥬:도	유도
rugby	럭비	럭비
swimming	스위밍	수영
table tennis	테이블 테니스	탁구
tae kwon do	태권도	태권도
tennis	테니스	테니스
volleyball	발:리볼:	배구
water polo	워터 폴로	수구
weightlifting	웨이트리프팅	역도

Unit 48 야외 활동　　　　p 136

billiards/pool	빌리아즈/풀	당구
boating	보우팅	보트 타기
bungee jumping	번지 점프	번지 점프
canoeing	카누잉	카누타기
car racing	카 뤠이씽	자동차 경주
climbing	클라이밍	등산
cycling	싸이클링	자전거 타기
fishing	피쉽	낚시
hang-gliding	행 글라이딩	행글라이딩
hiking	하이킹	도보 여행
horse racing	홀스 뤠이씽	경마
hot-air ballooning	핫 에어 벌루닝	열기구 타기
hunting	헌팅	사냥
in-line skating	인-라인 스케이팅	인라인 스케이트 타기
jet-skiing	제트-스키잉	제트스키 타기
motorcycling	모터싸이클링	오토바이 타기
mountain biking	마운틴 바이킹	산악자전거
paragliding	페러글라이딩	패러글라이딩
rafting	래프팅	래프팅
skydiving	스카이다이빙	스카이다이빙

Unit 49 야외용품　　　　p 138

English	발음	뜻
backpack	백팩	등짐
barbecue grill	바:비큐: 그릴	바비큐 그릴
binoculars	비나:큘러즈	쌍안경
burner	버:너	가열 기구
camper van	캠퍼 밴	캠핑 카
compass	컴파스	나침반
deck chair	덱 췌어	갑판 의자
gloves	글러브즈	장갑

hiking boots	하이킹 부:츠	하이킹 신발
knife	나이프	칼
lantern	랜턴	랜턴
mat	맷	매트
rope	로프	줄
skewer	스큐:어	꼬챙이
sleeping bag	슬리:핑 백	침낭
tent	텐트	텐트
thermos	써:모스	보온병
torch	톨:취	손전등
fishing line	피쉬 라인	낚시 줄
hook	훅	낚시 바늘

Unit 50 영화 　　　　　　　　p 140

animation	애니메이션	만화영화
audience	오:디언스	관객
billboard	빌보:드	광고판
blockbuster	블락:버스터	블록버스터
bloopers	블루:퍼즈	실수
box office	박:스 오:피스	매표소
cameo	캐미오	카메오
chick flick	칙 플릭	순정 영화
comedy movie	코:메디 무:비	희극 영화
director	디렉터	감독
disaster movie	디재스터 무:비	재난 영화
fantasy movie	팬터지 무:비	판타지 영화
gangster movie	갱스터 무:비	갱영화
horror movie	호:러 무:비	공포 영화
movie theater	무:비 씨어터	영화관
noir film	누아:르 필름	암흑가 영화
romance movie	로맨스 무:비	사랑 영화
screen	스크린:	영사막
sci-fi movie	싸이-파이 무:비	공상과학 영화
spoiler	스포일러	스포일러

Unit 51 음악 　　　　　　　　p 144

alto	앨토우	알토
band	밴드	밴드
baritone	배리토운	바리톤
bass	베이스	베이스
blues	블루스	블루스
brass band	브래스 밴드	브라스밴드
classical music	클래시컬 뮤직	클래식 음악
composer	컴포우저	작곡가
conductor	컨더터	지휘자
electronic music	일렉트로닉 뮤직	전자 음악
folk music	포크 뮤직	포크 음악
heavy metal	헤비 메를	헤비메탈
hip-hop	힙합	힙합
jazz	째즈	재즈
musician	뮤:지션	음악가
national anthem	내셔널 앤썸	국가
opera	아:프라	오페라
orchestra	오:케스트라	오케스트라
reggae	레게이	레게
rock	락:	락

Unit 52 악기 　　　　　　　　p 146

accordion	어코디언	아코디언
keyboard	키:보:드	키보드
organ	올:건	오르간
piano	피애노	피아노

double bass	더블 베이스	더블 베이스
cello	첼로	첼로
guitar	기타:	기타
harp	하프	하프
viola	비올라	비올라
violin	바이올린	바이올린
horn	혼:	호른
trombone	트럼:본	트롬본
trumpet	트럼펫	트럼펫
tuba	튜:바	튜바
bagpipes	백파입스	백파이프
clarinet	클래리넷	클라리넷
flute	플룻	플룻
oboe	오우보우	오보에
piccolo	피컬로우	피콜로
saxophone	색소폰	색소폰

Unit 53 미술   p 148

abstract art	앱스트랙트 아:트	추상미술
applied art	어플라이드 아:트	응용미술
art critic	아:트 크리틱	미술 평론가
art director	아:트 디렉터	미술 감독
art exhibition	아:트 엑시비션	미술 전시회
art gallery	아:트 갤러리	미술관
art handcraft	아:트 핸드크래프트	미술 공예품
art institute	아:트 인스티튜:트	미술 학원
art object	아:트 오:브젝트	미술 세공품
art supplies	아:트 써플라이즈	미술 용품
art teacher	아:트 티쳐	미술 선생님

artist	아:티스트	미술가
easel	이:젤	이젤
installation art	인스톨레이션 아:트	설치 미술
modern art	모:던 아:트	현대 미술
oil painting	오일 페인팅	유화
brush	브러쉬	붓
paint	페인트	물감
palette	팰럿	팔레트
plastic art	플래스틱 아:트	조형 미술

Unit 54 색상   p 150

white	와이트	흰색
black	블랙	검은색
gray	그레이	회색
red	뤠드	빨간색
orange color	오린쥐 컬러	주황색
yellow	옐로우	노란색
green	그린:	초록색
blue	블루	파란색
navy	네이비	남색
purple	퍼:플	보라색
pink	핑크	분홍색
wine color	와인 컬러	와인색
brown	브라운	갈색
blue-green(=turquoise)	블루-그린 (=털쿼이즈)	청록색
yellowish green	옐로위시 그린	연두색
ivory	아이보리	상아색
mint color	민트 컬러	민트색
gold color	골드 컬러	금색
silver color	실버 컬러	은색
fluorescent color	플로:레선트 컬러	형광색

Unit 55 수학　　　　p 152

addition	애디션	더하기
subtraction	써브트랙션	빼기
division	디비젼	나누기
multiplication	멀티플리케이션	곱하기
sum(=total)	썸(=토럴)	합
square	스퀘어	제곱
cubing(=cube)	큐빙(=큐브)	세제곱
root symbol	룻 심벌	루트기호
coefficient	코우이피션트	계수
multiple	멀티플	배수
fraction	프랙션	분수
denominator	디노:미네이러	분모
percentage	펄센티쥐	백분율
average(=mean)	애버리쥐(=민:)	평균
parenthesis	퍼렌써시스	괄호
function	펑크션	함수
equation	이퀘이션	방정식
differential	디퍼렌셜	미분
integral calculus	인티그럴 캘컬러스	적분
sine	싸인	사인

Unit 56 선과 도형　　　　p 156

solid line	쏠:리드 라인	실선
dashed line	대쉬드 라인	파선
dotted line	다:티드 라인	점선
curved	컬:브드	곡선의
diagonal	다이애거널	대각선의
horizontal	호:리즌:털	수평의
parallel	퍼럴렐	평행의
straight	스트레잇	직선의
vertical	벌:티컬	수직의
wavy	웨이비	물결모양의
zigzag	직잭	지그재그의
circle	썰:클	원
oval	오벌	타원형
regular triangle	레귤러 트라이앵글	정삼각형
triangle	트라이앵글	삼각형
square	스퀘어	정사각형
rectangle	렉탱글	직사각형
rhombus	롬:버스	마름모
parallelogram	퍼럴렐로그램	평행사변형
trapezoid	트래피조이드	사다리꼴

Unit 57 자판 기호　　　　p 158

tilde	틸드	~ 물결기호
exclamation mark	익스클래메이션 마크	! 느낌표
at sign	앳 싸인	@ 이메일 도메인 기호
hashtag	해쉬택	# 해시태그
dollar sign	달:러 싸인	$ 달러기호
percent sign	펄쎈트 싸인	% 백분율 기호
circumflex	썰:컴플렉쓰	^ 액센트
ampersand	앰펄샌드	& 앤드 기호
asterisk	애스터리스크	* 별표, 빽설표
parenthesis	퍼렌써씨스	( ) 괄호
hyphen, dash	하이픈, 대쉬	– 하이픈, 대쉬
underline	언덜라인	_ 밑줄, 언더바

영어	한글 발음	기호/뜻
plus sign	플러스 싸인	+ 더하기 기호
equal sign	이퀄 싸인	= 등호
backslash	백 슬래쉬	\ 백슬래쉬
vertical bar	버:티컬 바	| 세로선
slash	슬래쉬	/ 슬래쉬
bracket	브래킷	[ ] 대괄호
brace	브레이스	{ } 중괄호
colon	콜론	: 콜론

Unit 58 이모티콘　　p 160

영어	한글 발음	기호/뜻
being sad	비잉 쌔드	:(슬프다
smile	스마일	:-) 웃다
gaspingly	개스핑리	:-* 헉
What?	왓	:@ 뭐라고?
feeling bad	필:링 배드	:-[기분이 안 좋아
Well done. Good.	웰 던. 굿.	:^D 잘했어, 좋아
I can't believe it. I'm so blue.	아이 캔트 빌리빗. 아 임 쏘 블루.	:-C 안 믿겨져, 정말 우울해
lack of expression	랙 오 빅쓰프레션	:-| 무표정
so so	쏘 쏘	:~/ 그냥 그래
undecided	언디싸이디드	:-\ 결정되지 않았어
Wow	와우	:-O 와우
oh well	오 웰	:-P 에이 ~~
shocked	샥트	:O 충격 받은
silence at one corner	싸일런스 앳 원 코:너	:-Y 한쪽에서 침묵
best	베스트	^ 최고

영어	한글 발음	기호/뜻
high five	하이 파이브	^5 하이파이브
laugh foolishly	래프 풀리쉴리	(-) 헤헤 웃다
feeling sleepy	필:링 슬리피	|-| 졸려
yawn	요온	|-O 하품
being angry	비잉 앵그리	):-(화나다

Unit 59 학용품　　p 162

영어	한글 발음	뜻
eraser	이레이저	지우개
notebook	노트북	공책
pencil	펜슬	연필
mechanical pencil	미케니컬 펜슬	샤프
sharp lead	샤:프 레드	샤프심
ballpoint pen	볼:포인트 펜	볼펜
highlighter	하이라이터	형광펜
ruler	룰:러	자
box cutter	박:스 커터	칼
compass	컴파스	컴퍼스
scissors	씨절스	가위
colored pencil	컬러드 펜슬	색연필
notebook	노트북	수첩
correction tape	커렉션 테입	수정 테이프
glass tape	글래쓰 테잎	유리테이프
post-it	포스트 잇	포스트 잇
pencil case	펜슬 케이스	필통
bag	백	가방
pencil sharpener	펜슬 샤프너	연필깎이
glue stick	글루: 스틱	딱풀

Unit 60 인터넷   p 164

404 error	포로포 에러	페이지가 없음
access	액쎄스	접근
attachment	어태취먼트	첨부
comment	커멘트	댓글
connect	커넥트	연결하다
download	다운로드	다운로드
drag	드랙	끌다
firewall	파이어월:	방화벽
install	인스톨:	설치하다
ISP	아이에스피:	인터넷 서비스 제공자
IT	아이티:	정보통신기술
hotspot	핫스팟:	핫스팟
lurker	럴:커	눈팅족
mouse potato	마우스 포테이토	인터넷 중독
phishing	피슁	피싱사기
SNS	에스에네스	소셜 네트워크 서비스
thumbnail	썸네일	섬네일
upload	업로드	업로드하다
username	유절네임	사용자이름
video lecture	비디오 렉쳐	동영상강의

Unit 61 학교   p 168

kindergarten	킨더가:튼	유치원
elementary school	엘레멘터리 스쿨	초등학교
middle school	미들 스쿨	중학교
high school	하이 스쿨	고등학교
university, college	유:니버:서티, 칼:리쥐	대학교
playground	플레이그라운드	운동장
infirmary	인퍼:머리	양호실
dormitory	돌:미터:리	기숙사
classroom	클래쓰룸:	교실
class	클래쓰	수업
textbook	텍스트북	교과서
test (=examination)	테스트(=이그재미네이션)	시험
homework	홈월크	숙제
scholarship	스칼:라쉽	장학금
report card	리포트 카드	성적표
entrance ceremony	엔트런스 세리머니	입학식
graduation ceremony	그래쥬에이션 세리머니	졸업식
homeroom teacher	홈룸: 티쳐	담임
stall	스톨:	매점
classmate	클래쓰메이트	반 친구

Unit 62 교과목   p 170

mathematics	매쓰매틱스	수학
history	히스토리	역사
science	싸이언스	과학
literature	리터리쳐	문학
earthscience	얼쓰싸이언스	지구과학
philosophy	필로:소피	철학
geography	지오:그래피	지리
psychology	싸이칼:러지	심리학
biology	바이알:러지	생물학
astronomy	애스트로:노미	천문학
art	아:트	미술
physics	피직스	물리학

economics	이:코노:믹스	경제학
pedagogy	페더고:지	교육학
English literature	잉글리쉬 리터리춰	영문학
ecology	이칼:러쥐	생태학
theology	씨알:러쥐	신학
engineering	엔쥐니어링	공학
mandatory subject	맨더토:리 써브젝트	필수과목
elective (course)	일렉티브 (코스)	선택과목

Chapter 7 자연

Unit 63 나무   p 172

cedar	씨덜	삼나무
palm tree	팜 츄리	종려나무
lemon tree	레먼 츄리	레몬나무
birch	벌취	자작나무
gingko (tree)	징코 (츄리)	은행나무
maple (tree)	메이플 (츄리)	단풍나무
zelkova (tree)	젤코우바 (츄리)	느티나무
pine	파인	소나무
fir	퍼	전나무
persimmon tree	펄씨먼 츄리	감나무
apple tree	애플 츄리	사과나무
willow tree	윌로우 츄리	버드나무
cypress	싸이프러쓰	편백나무
nut pine	넛 파인	잣나무
palm tree	팜 츄리	야자수나무
metasequoia	메타세콰이어	메타세콰이아
khingan fir	킹건 퍼	분비나무
Korean plum-yem	코리언 플럼-엠	개비자나무
Korean arborvitae	코리언 알보바이티	눈측백
chestnut tree	체슷넛 츄리	밤나무

Unit 64 꽃   p 174

rose of Sharon	로즈 옵 샤론	무궁화
daffodil	대퍼딜	수선화
saffron	새프런	사프란
hyacinth	히아신쓰	히아신스
violet	바이올렛	제비꽃
tulip	튤립	튤립
rose	로즈	장미
forget-me-not	폴겟-미-낫	물망초
anemone	어네모니	아네모네
mum (=chrysanthemum)	멈(=크리잔티멈)	국화
cherryblossom	췌뤼블러썸	벚꽃
chamomile	캐모마일	캐모마일
daphne	대프니	서향
camellia	커밀리아	동백꽃
dandelion	댄덜라이언	민들레
water lily	워:터 릴리	수련
aster	애스터	과꽃
pink	핑크	패랭이꽃
carnation	카네이션	카네이션
lilac	라일락	라일락

Unit 65 풀   p 176

foxtail	팍스테일	강아지풀
clover	클로버	토끼풀
ribbongrass	리본그래스	갈풀
speedwell	스피드웰	꼬리풀
flower-of-an-hour	플라워-오-번-아우어	수박풀
arrowhead	애로우헤드	벗풀

thorn apple	쏜 애플	흰독말풀
yarrow	야로우	서양톱풀
spear-leaf selliquea fern	스피어-리프 셀리퀴어 펀	고란초
weed	위드	잡초
oats	옷츠	귀리
wild plant	와일드 플랜트	야생초
dandelion	댄더라이언	민들레
plantain	플랜틴	질경이
mare's-tail	메어즈-테일	말풀
ixeris	익세리스	씀바귀
goosefoot	구스풋	명아주
bracken (fern)	브래컨 (펀)	고사리
long-tail iris	롱-테일 아이리스	각시붓꽃
daisy fleabane	데이지 플리베인	개망초

Unit 66 동물 p 180

mouse	마우스	쥐
cow	카우	소
tiger	타이거	호랑이
rabbit	래빗	토끼
dragon	드래건	용
snake	스네이크	뱀
horse	호울스	말
sheep	쉽:	양
monkey	멍키	원숭이
dog	독	개
pig	픽	돼지
fox	팍스	여우
wolf	울프	늑대
hippo (=hippopotamus)	히포(=히포포:타무스)	하마
elephant	엘리펀트	코끼리
bear	베어	곰
giraffe	지래프	기린
panda	팬더	판다
camel	캐멀	낙타
lion	라이언	사자

Unit 67 곤충, 벌레 p 182

dragonfly	드래건플라이	잠자리
diving beetle	다이빙 비틀	물방개
cricket	크리켓	귀뚜라미
butterfly	버러플라이	나비
grasshopper	그래스하:퍼	메뚜기
pupa	퓨:파	번데기
mantis	맨티스	사마귀
cicada	시카:다	매미
moth	모:쓰	나방
ladybug	레이디벅	무당벌레
fly	플라이	파리
cockroach	카:크로취	바퀴벌레
mosquito	모스퀴:토	모기
bee	비:	벌
ant	앤트	개미
horsefly	홀:스플라이	등에
spider	스파이더	거미
dung beetle	덩 비:틀	쇠똥구리
beetle	비:틀	딱정벌레
silkworm	씰크웜:	누에

Unit 68 조류 p 184

sparrow	스패로우	참새
swallow	스왈:로우	제비
common kingfisher	커:먼 킹피셔	물총새

magpie	맥파이	까치
crow	크로우	까마귀
hawk	호:크	매
wild goose	와일드 구즈	기러기
eagle	이:글	독수리
penguin	펭귄	펭귄
crane	크레인	학
dove	더브	비둘기
duck	덕	오리
chicken	취킨	닭
turkey	털:키	칠면조
peacock	피:콕:	공작새
mandarin duck	맨더린 덕	원앙
parrot	패럿	앵무새
seagull	씨:걸	갈매기
cormorant	콜:모런트	가마우지
pelican	펠리컨	펠리컨

Unit 69 해양 동물   p 186

ray(=sting ray)	뤠이(=스팅 뤠이)	가오리
hairtail	헤어테일	갈치
mackerel	매크럴	고등어
flatfish(=halibut)	플랫피쉬(=핼리벗)	광어
shark	샤:크	상어
saury pike	쏘:리 파이크	꽁치
squid	스퀴드	오징어
cod	카:드	대구
starfish	스타:피쉬	불가사리
whale	웨일	고래
skate	스케이트	홍어
croaker	크로커	조기
tuna	튜:나	참치

eel	일:	장어
sweetfish	스윗:피쉬	은어
rockfish	락피쉬	우럭
trout	트라우트	송어
crayfish	크레이피쉬	가재
shrimp	쉬림프	새우
crab	크랩	게

Unit 70 날씨   p 188

blast	블래스트	돌풍
cold	콜드	차가운
cloudy	클라우디	흐린
cyclone	싸이클론	사이클론
dew	듀	이슬
drizzle	드리즐	이슬비
foggy	포:기	안개가 낀
forecast	포어캐스트	일기예보
frost	프로:스트	서리
gale	게일	강풍
gloomy	글루:미	어둑어둑한
hail	헤일	우박
humid	휴:미드	습한
hurricane	허:리케인	허리케인
icy	아이씨	차디찬
mild	마일드	온화한
moist	모이스트	축축한
muggy	머기	후텁지근한
shower	샤워	소나기
sleet	슬릿:	진눈깨비

Unit 71 환경   p 192

air pollution	에어 폴루:션	공기오염
alternative energy	얼터너티브 에너지	대체에너지

climate change	클라이밋 췌인쥐	기후변화
emission	에미션	(배기가스) 배출
endangered	인데인져드	멸종위기에 처한
energy crisis	에너지 크라이시스	에너지 위기
environmental pollution	엔바이런먼털 폴루:션	환경오염
exhaust	이그조:스트	(자동차의) 배기가스
fallout	폴:아웃	방사능 낙진
fossil fuel	파슬 퓨:얼	화석연료
fumes	퓸:즈	매연
global warming	글로벌 워:밍	지구 온난화
greenhouse effect	그린:하우스 이펙트	온실효과
nuclear fission	뉴:클리어 피션	핵분열
ozone depletion	오존 디플리:션	오존층 파괴
ground pollution	그라운드 폴루:션	토양오염
acid rain	애씨드 뤠인	산성비
recycle	리:싸이클	재활용하다
rubbish	러비쉬	쓰레기
water pollution	워:터 폴루:션	수질오염

Unit 72 지리   p 194

atmosphere	앳모스피어	대기
bay	베이	만
rainforest	뤠인포:리스트	열대 우림
catastrophe	커태스트로피	재난
cliff	클리프	낭떠러지
desert	데저트	사막
disaster	디재스터	재앙
dormant volcano	돌:먼트 볼케이노	휴화산
drought	드라웃트	가뭄
earthquake	얼:쓰퀘이크	지진
eruption	이럽션	(화산의) 분출
Arctic(=the North Pole)	알:ㅋ틱(=더 놀쓰 폴)	북극
flood	플러드	홍수
forest	포:리스트	숲, 산림
gravity	그래버리	중력
Antarctic(=the South Pole)	앤탈:ㅋ틱(=더 싸우스 폴)	남극
hemisphere	헤미스피어	반구
latitude	래리튜:드	위도
longitude	롱:기튜:드	경도
the equator	디 이퀘이터	적도

Unit 73 천문학   p 196

Mercury	머:큐리	수성
Venus	비:너스	금성
Earth	얼:쓰	지구
Mars	마:스	화성
Jupiter	쥬:피터	목성
Saturn	쌔턴	토성
Uranus	유러너스	천왕성
Neptune	넵튠:	해왕성
Sun	썬	태양
Moon	문:	달
black hole	블랙 홀	블랙홀
alien	에일리언	외계인
star	스타:	별
planet	플래닛	행성

shooting star(=meteor)	슈팅 스타:(=미:티어:)	별똥별
satellite	새틀라이트	위성
the Big Dipper	더 빅 디퍼	북두칠성
galaxy	갤럭시	은하
solar system	쏠라 씨스템	태양계
solar eclipse	쏠라 이클립스	일식

Chapter 8 여행과 교통

Unit 74 공항   p 198

air cargo	에얼 칼:고	항공화물
airfare	에얼페얼	항공운임
airline	에얼라인	항공사
airport tax	에얼폴트 택스	공항세
arrivals board	어라이벌즈 보:드	도착 안내 전광판
baggage check	배기쥐 체크	수하물표
baggage claim	배기쥐 클레임	짐 찾는 곳
lounge	라운쥐	라운지
check-in	췌크-인	탑승 수속
customs clearance	커스텀즈 클리어런스	통관
customs official	커스텀즈 오피셜	세관 직원
delayed	딜레이드	연착된
departure	디파:춰	출발
departures board	디파:춰즈 보:드	출발 안내 전광판
destination	데스티네이션	목적지
detector	디텍터	검색대
duty-free shop	듀:리-프리 샵	면세점

quarantine	쿼:런틴:	검역
air traffic control	에어 트래픽 컨트롤	항공교통관제
route	루:트	항로

Unit 75 비행기   p 200

cockpit	콕:핏	조정석
airstair	에어스테어	비행기 계단
aisle seat	아일 씻	통로 쪽 좌석
window seat	윈도우 씻	창가 좌석
blanket	블랭킷	담요
business class	비즈니스 클래쓰	비즈니스석
first class	펄:스트 클래쓰	일등석
economy class	이커:너미 클래쓰	이코노미석
cabin	캐빈	기내
captain	캡틴	기장
carry-on baggage	캐리-온 배기쥐	기내 휴대 수하물
disembarkation card	디스임바:케이션 카:드	입국카드
embarkation card	임바:케이션 카드	출국카드
emergency	이멀:젼시	응급상황
flight attendant	플라잇 어텐던트	승무원
cargo compartment	카고 컴파트먼트	화물칸
in-flight entertainment	인-플라잇 에너테인먼트	기내 영화
in-flight meal	인-플라잇 미일	기내식
take-off	테이크-오:프	이륙
landing	랜딩	착륙

Unit 76 교통수단　　　　p 204

airplane	에어플레인	비행기
ambulance	앰뷸런스	구급차
balloon	벌룬:	열기구
bicycle	바이씨클	자전거
boat	보웃트	보트
bus	버스	버스
carriage	캐리쥐	객차
convertible	컨버:터블	덮개 차
fire engine	파이어 엔진	소방차
forklift	포크리프트	지게차
helicopter	헬리콥:터	헬리콥터
locomotive	로커모티브	기관차
motorcycle	모터싸이클	오토바이
mountain bike	마운틴 바이크	산악자전거
police car	폴리:스 카:	경찰차
recycling truck	리:싸이클링 트럭	재활용 트럭
rowboat	로우보웃트	노 젓는 배
scooter	스쿠:터	스쿠터
subway	써브웨이	지하철
taxi	택시	택시

Unit 77 자동차　　　　p 206

speedometer	스피다:미터	속도계
fuel gauge	퓨:얼 게이쥐	연료 표시기
steering wheel	스티어링 휠:	핸들
brake pedal	브레이크 페달	브레이크 페달
accelerator	억셀러레이러	가속장치
hazard lights	해절드 라잇츠	경고등
driver's seat	드라이버즈 씻	운전석
handbreak	핸드브레이크	핸드브레이크
lock	락	잠금장치
roof	루:프	지붕
windscreen	윈드스크린:	앞 유리
wiper	와이퍼	와이퍼
battery	배터리	배터리
hood	후드	보닛
headlight	헤드라잇	헤드라이트
number plate	넘버 플레이트	번호판
fog light	포그 라잇	안개등
bumper	범퍼	범퍼
tire	타이어	타이어
trunk	트렁크	트렁크

Unit 78 버스　　　　p 208

bus driver	버스 드라이버	버스운전사
bus fare	버스 페어	버스 요금
bus journey	버스 져니	버스 여행
bus lane	버스 레인	버스 전용 차선
bus stop	버스 스탑	버스 정류소
chartered bus	차털드 버스	전세버스
coach	코우취	대형 관광버스
comfort stop	컴포트 스탑:	정차
direct bus	다이렉트 버스	직행 버스
double-decker bus	더블-데커 버스	이층 버스
express bus	익스프레스 버스	고속버스

영어	한글 발음	뜻
intercity bus	인터씨티 버스	시외버스
last stop	래스트 스탑	종착역
loaded bus	로디드 버스	만원버스
luggage hold	러기쥐 홀드	수화물 보관 공간
microbus	마이크로버스	소형버스
next stop	넥스트 스탑	다음 정거장
night bus	나잇 버스	야간 버스
passing lane	패씽 레인	추월 차선
trailer bus	트레일러 버스	견인차가 달린 대형 버스

Unit 79 기차   p 210

AVE	에이브이이	스페인의 고속철도
caboose	커부스	(기차의) 승무원실
waiting room	웨이팅 룸	대합실
CRH	씨알에이취	중국의 고속철도
Eurostar	유로스타	유로스타
excursion train	익스커:전 트레인	유람 열차
ICE	아이씨이/아이스	독일의 고속 열차
luggage rack	러기쥐 랙	소지품 걸이
monorail	모:노뤠일	단궤 열차
platform	플랫폼:	승강장
pull into	풀 인투	역에 들어오다
express freight train	익스프레스 프레잇 트레인	급행 화물 열차
sleeper train	슬리:퍼 트레인	침실 기차

영어	한글 발음	뜻
standee	스탠디:	(열차, 극장의) 입석 승객
stateroom	스테이트룸:	특실
tail light	테일라잇	미등
TGV	티쥐뷔	프랑스 고속열차
ticket barrier	티켓 배리어	개찰구
ticket inspector	티켓 인스펙터	검표 승무원
track	트랙	선로

Unit 80 배   p 212

영어	한글 발음	뜻
aircraft carrier	에어크래프트 케리어	항공모함
barge	바:쥐	바지 운반선
cabin number	캐빈 넘버	객실 번호
captain	캡틴	선장
cargo ship	칼:고 쉽	화물선
shipping container	쉬핑 컨테이너	컨테이너
crew	크루:	승무원
crude oil tanker	크루드 오일 탱커	원유운반선
cruise ship	크루즈 쉽	유람선
deep-sea fishing vessel	딥: 씨: 피싱 베쎌	원양어선
warship	워:쉽	군함
embark	임바:크	출항하다
fishing operation	피싱 오퍼레이션	조업
fishing vessel	피싱 베쎌	어선
harbor	하:버	항구
icebreaker	아이스브레이커	쇄빙선
life jacket	라이프 재킷	구명조끼
lifeboat	라이프보트	구조선

submarine	써브마린:	잠수함
refrigerated carrier	리프리저레이티드 캐리어	냉동선

Unit 81 교통안전　　p 216

abroad	어브로:드	해외로
convey	컨베이	운송하다
crosswalk	크로스워크	횡단보도
drunk driving	드렁크 드라이빙	음주운전
driving while drowsy	드라이빙 와일 드라우지	졸음운전
fine	파인	벌금
hit-and-run	힛-앤-런	뺑소니
intersection	인터섹션	사거리
jaywalking	제이워:킹	무단횡단
speeding	스피딩	과속
passenger	패씬저	승객
pavement	페이브먼트	포장도로
pedestrian	퍼데스트리언	보행자
roadway	로드웨이	도로
roundabout	라운드어바웃	로터리
sidewalk	싸이드워:크	인도
signpost	싸인포스트	표지판
street lamp	스트릿 램프	가로등
traffic	트래픽	교통량
traffic light	트래픽 라잇	신호등

Unit 82 관광　　p 218

accommodation	어커:머데이션	숙박시설
attraction	어트랙션	명소
carsickness	카:씩크니스	차멀미
city sightseeing	씨티 싸이트씨잉	시내관광
cruise	크루:즈	선박여행
field trip	필:드 트립	현장 학습
historic place	히스토:릭 플레이스	역사유적지
holiday	할:러데이	휴가
International Date Line	인터네셔널 데잇 라인	날짜 변경선
landmark	랜드마:크	지역명물
locals	로컬즈	현지인
night view	나잇 뷰	야경
observatory	업절:버토:리	전망대
package tour	패키지 투어	패키지여행
outlook	아웃룩	전망
permanent exhibition hall	펄머넌트 엑시비션 홀	상설전시관
relic	렐릭	유물
dabbling in water	대블링 인 워러	물놀이
ticket office	티켓 오:피스	매표소
sunbathing	썬베이딩	일광욕

Unit 83 호텔　　p 220

maid service	메이드 썰비스	객실 청소
minibar	미니바아	소형 냉장고
non-smoking room	난-스모킹 룸:	금연 객실
penthouse	펜트	특실
receptionist	리셉셔니스트	안내원
reservation	리절베이션	예약
rollaway bed	룰어웨이 베드	이동식 침대
room service	룸: 썰비스	룸서비스

room with a nice view	룸 위더 나이스 뷰	전망 좋은 방
single room	씽글 룸:	1인용 객실
suite room	스윗트 룸:	고급 객실
swimming pool	스위밍 풀	수영장
wake-up call	웨이크-업 콜	모닝콜
amenity	어메너티	편의시설
bedding	베딩	침구
chambermaid	체임버메이드	객실 담당 여종업원
check in	췌크 인	체크인하다
check out	췌크 아웃	체크아웃하다
complimentary breakfast	컴플리멘터리 브렉퍼스트	조식 무료
disposables	디스포저블즈	일회용품들

Unit 84 레스토랑 p 222

appetizer	애피타이저	전채요리
bill	빌	계산서
chef	쉐프	요리사
cuisine	뀌진:	요리법
dish of the day	디쉬 옵 더 데이	오늘의 음식
restaurant	뤠스토란트	식당
fancy restaurant	팬시 뤠스토란트	고급 레스토랑
high chair	하이 췌어	어린이용 의자
leftover	레프트오버	남은 음식
lunch special	런취 스페셜	점심 특별 메뉴
main dish	메인 디쉬	주 요리
make a reservation	메이커 레저베이션	예약하다

medium	미디엄	중간 정도로 익힘
order	오더	주문
well-cooked	웰-쿡트	잘 익은
overcooked	오버쿡트	너무 익은
rare	뤠어	설익은
reserved seat	리저:브드 씻	예약석
service included	써비스 인클루디드	팁이 포함됨
take out	테이크 아웃	가지고 나가다

Unit 85 레스토랑 음식 p 224

canapé	까나페	카나페
crumble	크럼블	크럼블
dessert	디저:트	후식
fish and chips	피쉬 앤 칩스	생선튀김과 감자튀김
fried rice	프라이드 라이스	볶음밥
gratin	그래튼	그라탕
lasagna	라자냐	라자냐
main dish	메인 디쉬	주 요리
mixed brill	믹스트 브릴	섞음 구이
omelet	오믈렛	오믈렛
pastry	페이스트리	구운 과자
pudding	푸딩	푸딩
roast	뤄스트	구이 요리
salad	샐러드	샐러드
scramble	스크램블	재료를 뒤섞은 요리
pie	파이	파이
sorbet	소:르베이	셔벗
soup	숩	수프
spaghetti	스파게리	스파게티
steak	스테이크	스테이크

Unit 86 쇼핑   p 228

brand-new	브랜-뉴:	신상품
cash register(=counter)	캐쉬 레지스터(=카운터)	계산대
cheap	칩	저렴한
clearance	클리어런스	재고정리
defective	디펙티브	하자가 있는
discount	디스카운트	할인
expensive	익스펜시브	비싼
express counter	익스프레스 카운터	빠른 계산대
warranty (=guarantee)	워:런티(=개런티)	보증(서)
installment	인스톨먼트	할부
interest-free	인터레스트-프리	무이자의
plastic bag	플래스틱 백	비닐봉투
purchase	펄:췌이스	구입하다
trolley	트롤:리	손수레
receipt	뤼씥:	영수증
refund	뤼:펀드	환불
retailer	뤼:테일러	소매점
sold out	쏠드 아웃	매진
special offer	스페셜 오우퍼	특별가
good bargain	굿 바:긴	싸게 산 물건

Unit 87 화장품   p 230

basic skin care products	베이직 스킨 케어 프로덕츠	기초화장품
toner	토너	스킨
lotion	로션	로션
cream	크림:	크림
essence	에쎈스	에센스
eye-cream	아이-크림	아이크림
body lotion	바디 로션	바디로션
hand cream	핸드 크림	핸드크림
lip balm	립 밤	립밤
makeup	메이컵	색조화장품
eye-shadow	아이-쉐도우	아이섀도
lipstick	립스틱	립스틱
eyebrow pencil	아이브로우 펜슬	아이브로펜슬
mascara	마스캐러	마스카라
nail polish	네일 폴리쉬	매니큐어
soap	쏩	비누
cleansing foam	클렌징 폼	클렌징 폼
sunblock	썬블록:	자외선 차단제
cushion	쿠션	쿠션
moisturizer	모이스쳐라이저	보습제

Unit 88 상점   p 232

antique shop	앤티크 샵	골동품가게
bakery	베이커리	제과점
bookmaker's	북메이커즈	마권가게
butcher's	붓처즈	정육점
car showroom	카 쇼룸	자동차 전시장
charity shop	채러티 샵	자선가게
pharmacy	파:머씨	약국
DIY store	디아이와이 스토어	DIY 가게
dress shop	드뤠스 샵	옷 가게
dry cleaner's	드라이 클리너즈	세탁소
fishmonger	피쉬몽거	생선가게
florist's	플로:리스츠	꽃집
garden center	가:든 쎈터	원예 용품점

영어	발음	한국어
general store	제네럴 스토:어	잡화상
gift shop	기프트 샵	선물 가게
hairdresser's	헤어드레써즈	미용실
hardware shop	하:드웨어 샵	철물점
stall	스톨:	매점
laundromat	론:드러맷	빨래방
stationery store	스테이셔너리 스토어	문방구

Unit 89 도서관   p 234

library	라이브러리	도서관
reading room	뤼딩 룸:	열람실
bookshelf	북쉘프	서가
audio-visual materials	오디오-비주얼 메테리얼즈	시청각자료
library card	라이브러리 카드	대출증
be overdue	비 오버듀	연체하다
suspend book lending	써스펜드 북 렌딩	대출 정지하다
new book	뉴 북	신간
novel	나벌	소설
essay	에쎄이	수필
fairy tale book	페어리 테일 북	동화책
picture book	픽처 북	그림책
photo collection(=photo album)	포토 컬렉션 (=포토 앨범)	사진집
book of poetry	북 옵 포이트리	시집
library	라이브러리	문고
books for children	북스 포 칠드런	아동서
book request	북 뤼퀘스트	도서 신청
librarian	라이브러리언	사서
the closed on day	더 클로우즈드 온 데이	휴관일
book search	북 썰:취	도서검색

Unit 90 우체국   p 236

영어	발음	한국어
post office	포스트오피스	우체국
mail clerk(=postal clerk)	메일 클럭 (포스털 클럭)	우체국 직원
mailbox	메일 박스	우체통
mail	메일	우편물
letter	레러	편지
postcard	포스트카드	우편엽서
New Year's card	뉴 이얼즈 카드	연하장
parcel	파:슬	소포
delivery service	딜리버리 써:비스	택배
postal fare	포스털 페어	우편요금
collect on delivery	컬렉트 온 딜리버리	착불, 수취인부담
registered mail	뤠지스터드 메일	등기
express mail(=express delivery)	익스프레스 메일(=익스프레스 딜리버리)	빠른우편
telegram	텔레그램	전보
envelope	엔벨롭	봉투
stamp	스탬프	우표
zip code	집 코드	우편번호
recipient	뤼씨피언트	받는 사람
sender	쎈더	보내는 사람
fragile	프래즐	깨지기 쉬운

Unit 91 방향과 위치		p 240
across	어크롸쓰	~을 가로질러
after	애프터	~후에
along	얼롱	~을 따라
around	어롸운드	~주위에
at	앳	~에
behind	버하인드	~뒤에
direction	디렉션	방향
down	다운	~아래로
far	파	거리가 먼
from	프롬	~로부터
in front of	인 프론 토브	~의 앞에
keep going	킵 고잉	계속 가다
map	맵	지도
nearby	니어바이	인근에, 가까운 곳에
next to	넥스 투	~옆에
on	온	~위에
opposite	어:파짓트	~ 맞은편에
shortcut	숄트컷	지름길
straight	스트뤠잇트	곧장
to	투	~로

Chapter 9. 위급 상황

Unit 92 응급 상황		p 242
accident	액씨던트	사고
ambulance	앰불런스	앰불런스
attack	어택	폭행
bleeding	블리:딩	출혈
break down	브레이크 다운	고장나다
CPR	씨피알	심폐소생술
dial	다이얼	전화하다
earthquake	얼:쓰퀘이크	지진
emergency call	이멀:젼씨 콜	응급전화
explosive	익스플로씨브	폭발물
first aid	펄스트 에이드	응급처치
go flat	고우 플랫	펑크 나다
hazard lights	해절드 라잇츠	비상등
headache	헤데이크	두통
hit	힛	차에 치다
hurt	헐트	다치다
pickpocket	픽파:킷	소매치기
report	뤼폴트	신고하다
robber	롸:버	강도
terror	테러	테러

Unit 93 생리 현상		p 244
sweat	스웻	땀
sweat gland	스웻 글랜드	땀샘
saliva	설리바	침
nasal discharge	네이절 디스차쥐	콧물
earwax	이어왁스	귀지
bogey(=booger)	보기(=부걸)	코딱지
yawning	요닝	하품
hiccup	히컵	딸꾹질
sneeze	스니:즈	재채기
belch(=burp)	빌취(=벌프)	트림
gas	개스	방귀
breath	브레쓰	숨
cough	커프	기침
sigh	싸이	한숨
urine	유린	소변

feces	피:씨:즈	대변
sleep	슬립	눈곱
phlegm	플레즘	가래
dandruff	댄드러프	비듬
eardrum	이어드럼	고막

Unit 94 병명   p 246

ache	에이크	아픔, 통증
allergy	앨러쥐	알레르기
arthritis	알쓰라이티스	관절염
atopy	애터피	아토피
autism	오:티즘	자폐증
blister	블리스터	물집
blood pressure	블러드 프레슈어	혈압
bruise	브루:즈	멍
burn	번	화상
cancer	캔써	암
cavity	캐버티	충치
chills	칠스	한기
cold	콜드	감기
constipation	컨스티페이션	변비
diarrhea	다이어리:아	설사
enteritis	엔터라이러스	장염
eczema	익지머	습진
fever	피:버	열
flu	플루:	독감
food poisoning	푸드 포이즈닝	식중독

Unit 95 의약품   p 248

adhesive bandage	어드히시브 밴디쥐	접착성 밴드
antacid	앤터씨드	제산제
antiallergic drug	앤티앨러직 드럭	알레르기약
antidiarrheal	앤티다이어리얼	지사제
antiseptic	앤티셉틱	소독제
aspirin	애스피린	아스피린
bandage	밴디쥐	붕대
cotton	카:튼	탈지면
cough syrup	코:프 시럽	기침 감기약
disinfectant	디스인펙턴트	소독약
dressing	드뤠씽	드레싱, 붕대감기
enema	에너머	관장제
expectorant	익스펙토런트	(가래를 삭여 주는) 거담제
eye drops	아이 드랍스	안약
fever reducer	피버 리듀서	해열제
first aid kit	펄스트 에이드 킷	구급상자
gauze	거:즈	거즈
hair restorer	헤어 리스토어러	발모제
indigestion tablets	인다이제스쳔 태블릿츠	소화제
laxative	랙서티브	완하제

Chapter 10 기타

Unit 96 탄생석, 탄생화   p 252

garnet	가:넷	석류석
amethyst	애머씨스트	자수정
aquamarine	아쿠아마린:	남옥
diamond	다이아몬드	금강석
emerald	에메랄드	취옥
pearl	펄	진주